ZHONGGUO YIWU JIAOYU GONGPING TUIJIN SHIZHENG YANJIU

袁振国　主　编
田慧生　副主编

中央教育科学研究所2008年度科研业务费专项资金项目成果丛书

中国义务教育公平推进实证研究

张　珏　张振助　编著

教育科学出版社
·北　京·

课 题 组

负 责 人：张　珏　上海市教育科学研究院
核心成员：（按姓氏笔画排列）
王　红　上海市教育科学研究院
王秀军　上海市教育科学研究院
付　炜　上海市教育科学研究院
刘菊香　上海市教育科学研究院
李芙蓉　上海市教育科学研究院
杜晓利　上海市教育科学研究院
杜　瑛　上海市教育科学研究院
杨晓凤　上海市教育科学研究院
邱国华　上海市教育科学研究院
祝新宇　上海市教育科学研究院
董业军　上海市教育科学研究院

Contents

目 录

第四章

推进义务教育公平的政府努力

第五章

我国义务教育普及与巩固总体状况

第六章

我国义务教育资源均衡配置总体状况

Preface

前　言

作为推进社会公平的重要途径，促进教育尤其是大力促进义务教育公平越来越受到社会各界的广泛关注。党的十七大把社会公平正义提到了前所未有的高度，把教育公平放在了突出位置，把促进教育公平作为我国教育的基本政策。这既体现了以民生为本的重要执政理念，也符合国际社会共同的价值追寻。本研究对我国及各地推进义务教育公平的基本状况进行了系统分析，力图科学、系统反映我国义务教育公平的进展及成就，及时掌握义务教育公平发展中存在的突出问题及其主要原因，并在此基础上梳理了发展思路，提出了对策建议。

本研究突出体现了实证分析的特色，即以全国及各地义务教育城乡、县际和校际资源均衡配置定量分析为基础，梳理和挖掘全国及各地教育事业和教育经费统计数据信息，运用分组倍率、城乡倍率、基尼系数等统计及分析方法，选取入学水平、教师学历结构、事业费拨款水平等重要指标，从全国和各省份两个层面，对近年以来我国在义务教育经费投入、办学条件改善、教师队伍建设与师资配置等方面的基本状况进行系统的分类分析与判断，有利于全面、客观地了解和掌握我国义务教育公平推进的努力和进步程度以及存在的突出问题，有利于明确下一步推进义务教育公平发展的思路与重点，有利于各级政府制定有效的政策与对策并付诸实践，有利于支撑和实现有效的公共监督及其科学评价。

研究结果表明，在党和政府以及全国人民的共同努力下，尤其是随着新增教育经费主要用于农村以及义务教育保障新机制等政策、制度的全面实施与落实，我国广大农村地区义务教育经费投入水平大幅提高，基本办学条件明显改善，甚至出现了公共教育投入县际差距明显小于财政支出县际差距的好势头。但是，从保障教育教学质量、提高教师队伍水平的主要指标分析结果看，教学仪器设备值水平、高水平教师配置水平、教职工人均收入水平等方面的城乡、地区差距依然较大，部分地区甚至问题还很突出。从整体上促进推进公平、实现我国义务教育均衡发展，依然任重道远。

本书包含十章内容。

第一、二章讨论了本书研究的目的和意义、研究内容边界及主要研究方法，重点解释了多维度分析各类指标，以清晰界定教育公平的实证研究内容，并阐述了等分组倍率、等分组差值、城乡倍率、基尼系数等测度方法的数理分析原理。

第三、四章从国内、国外两个角度分析探讨了国际社会及我国政府围绕推进义务教育公平所采取的政策举措，为未来进一步推动我国义务教育公平提供了经验与借鉴。

第五、六章从全国层面分析我国义务教育普及水平和资源配置情况。第五章阐明我国在九个发展中人口大国率先普及九年义务教育和为世界全民教育作出的积极贡献，并对追求高质量全民教育所面临的严峻任务进行了探讨。第六章研究全国义务教育资源总体均衡配置的进展及存在的突出差距问题。研究数据显示，全国农村义务教育学校生均拨款增长快于城镇，事业费城乡、县际差距进一步缩小，而公用经费和教职工人均年收入水平城乡、县际差距却依然较大；全国农村中小学在合格师资、校舍建筑面积和计算机配置水平等基本办学条件方面有了较大改善，城乡、县际差距进一步缩小，而高水平教师、生均教学仪器设备值和建网学校比例等全国城乡、县际差距仍较明显。

第七、八、九章从各省份内部角度分析了义务教育资源城乡、地区的配置状况，各省份义务教育经费投入、办学条件和教师队伍等资源配置均衡程度进展明显，但某些资源配置的城乡、县际差距依然明显，甚至部分资源配置差距有所扩大。具体来讲，在投入方面，绝大多数省份小学事业费和公用经费城乡、县际差距均有缩小，多数省份初中事业费县际差距呈扩大态势，绝大多数省份教职工收入县际差距有不同程度的扩大；在办学条件方面，除建网学校比例外，多数省份小学和初中的生均校舍面积、生均仪器设备值、每百名学生拥有计算机台数等指标城乡、县际差距都逐年缩小，但中西部地区省份水平较低、差距较大；在教师队伍方面，多数省份小学和初中的教师合格率以及中高级职称教师比例城乡、县际差距均有缩小，多数省份小学高一层学历教师①比例的城乡差距依然较大，初中城乡、县际差距呈扩大趋势，中西部地区代课教师比例依然较高。

第十章提出了义务教育公平推进的构想与建议，主要围绕推进义务教育公平需要确立的战略思路、目标与重点提出了若干对策建议。

本研究内容是中央教育科学研究所2008年度科研业务费专项资金项目——中国教育公平推进研究及数据库建设课题组全体成员集体讨论、集成创新的最终成果，也是上海市教育科学研究院智力开发研究所在长期从事国家基础教育监测工作中不断探索和积累的结晶。本书各章执笔完成人员为：董业军、祝新宇（第一章），董业军、刘菊香（第二章），杜瑛（第三章），张振助（第四、五、六章），李芙蓉（第七章），付炜（第八章），王秀军（第九章），杜晓利（第十章）。全书由张珏统稿；胡瑞文、陈国良、茅鸿祥担当本研究的顾问；张振助、邱国华、王秀军、王红、刘菊香、杨晓凤等承担了数据信息处理分析框架设计、专项数据库建设以及大量的出版修改工作。

我们对我国及各地义务教育公平的研究仍然是初步的，需要在今后结合国家基础教育监测工作开展更加深入的研究。本书中的疏漏、错误之处，恳请读者指正。

① 高一层学历教师指小学大专及以上学历教师，下同。

第一章

研究背景与意义

教育公平既是目前的一个社会热点话题，也是备受理论界关注和广泛讨论的重大课题，同时，还是各级政府努力推进和着力落实的重点工作。本研究立足于当前广大人民群众关心、社会和政府关注的义务教育阶段推进公平的论题，以全国教育事业统计和经费统计数据为基础，从我国目前所处的发展时期特点、教育领域贯彻落实科学发展观的要求、义务教育发展面临的新形势新挑战以及世界各国推进义务教育公平的共同趋势等角度，分析了现阶段我国推进义务教育公平的基本背景及其现实意义。在论证落实人人都有接受教育的权利和义务、政府提供相对平等的接受教育的机会和条件、保证受教育者获得个性发展和实现相对均等的高质量教育与目前我国推进义务教育公平的相互关系的基础上，提出了分析全国及各省份义务教育机会和结果均等、师资配置均衡、教育经费配置均衡、办学条件保障均衡状况的指标，为多角度展开推进义务教育公平的实证分析奠定了基础。

第一节 研究背景

我国已站在了新的历史发展的起点上，正处于发展的战略机遇期和矛盾突发期，伴随经济发展和人民群众收入水平的提高，必然对物质文化生活尤其是对接受更高质量的教育产生新的需求。面对新时期的新形势，党中央提出了优先发展教育、建设人力资源强国的民生建设重大目标，为教育领域实现科学发展提出了新的历史使命。目前，我国义务教育发展的重心正逐步从注重数量规模增长转向巩固、提高以及全面均衡发展，为推进义务教育公平提供了内部需要。放眼世界，追求教育公平一直是不同国家发挥政府职能的共同理想和政策取向。立足于这样的大背景，本研究讨论了推进我国义务教育公平研究的理论应用创新和实践意义，并提出了分析我国及各省份义务教育公平进展及其存在差距的方面以及指标选择情况。

一、推进教育公平是全面建设小康社会的重要任务

我国经济社会发展正逐步进入到新的历史时期。改革开放以来，党中央、国务院带领全国人民在实践中探索，初步建立了社会主义市场经济体制，确立了以公有制为主体、多种所有制经济共同发展的基本经济制度。经过 30 年的持续快速发展，我国经济实现了年均 9.7% 的增速，远远超过世界平均 3% 的增长。改革开放带来举世瞩目的成就，使我国的国际地位和影响力不断提升。据国家统计局发布的《2007 年国民经济和社会发展统计公报》显示，2007 年，全年国内生产总值达到 246 619 亿元，比上年增长 11.4%。经济的快速发展，推动了人民群众的物质文化需要不断提高并日益趋于多样化、多层化，也导致了社会的利益关系变得更加复杂、统筹兼顾各方利益的难度加大，导致劳动就业、社会保障、医疗卫生等与广大人民群众休戚相关的利益问题矛盾突出，体制创新开始触及深层次的矛盾、人民内部矛盾也多样多发，利益诉求出现新的情况。

根据国际经验和教训，人均国民生产总值从 1 000 美元到 3 000 美元，是一个国家发展的关键阶段。目前，我国正处于这一历史发展的重要时期，既可能因为战略以及政策选择得当而促进经济、社会持续平稳发展，也可能因为应对失误、社会发展失调而导致经济徘徊不前和社会长期动荡。在这样

一个时期，经济体制、社会结构、利益格局及思想观念领域都发生了深刻变化，各种新的问题与矛盾也随之出现，甚至出现新的经济社会发展不平衡。例如，2006 年，上海市人均地区生产总值为 57 695 元，而贵州省只有 5 787 元，后者仅相当于前者的 1/10 左右。这必然导致社会财富分配差距的拉大。

我国当前收入分配水平差异的现实情况不容乐观。在区域之间，城镇居民的收入差距有所扩大。例如，2006 年，上海市城镇居民家庭收入为 22 808. 60元，贵州省为 9 439. 30 元，两者相差 13 369. 30 元，两地差距比 2002 年的 8 288. 52 元扩大了 60% 以上；在城乡之间，受二元结构等社会背景的影响，城乡经济和人民生活水平差异依然明显。例如，2006 年，城镇居民家庭人均可支配收入为 11 759. 45 元，而农村家庭人均年纯收入为 3 587. 00元，两者相差 8 172. 45 元；在不同阶层和人群之间，收入差距也呈扩大态势。以浙江省为例，根据国家统计局 2007 年的调查，20% 的低收入户人均财产性收入为 176 元，比 2002 年增长了 2. 1 倍；而占调查户数 20% 的高收入户人均财产性收入达 3 585 元，比 2002 年增长 5. 1 倍。20% 高收入户人均财产性收入相当于 20% 低收入户的 20 倍。

从目前的形势看，经济发展的不平衡及收入分配差距扩大化问题，已给社会生活造成了新的矛盾。经济发展水平的差异直接导致不同地区和城乡之间在社会保障、公共卫生、教育文化等各项公共服务的投入上的差距。以义务教育经费的投入为例，2006 年，东部地区普通初中生均预算内公用经费为 523 元，西部地区为 419 元，而中部地区则仅有 252 元。同年，东部地区小学生均预算内公用经费为 356 元，西部地区为 295 元，中部地区仅有 185 元。收入的差异使得地区、城乡、人群享受社会服务的能力也产生较大差距。以文教娱乐的消费能力为例，2006 年，我国城镇居民家庭人均全年在文教娱乐方面可以支出 1 203. 0 元，而农村居民家庭人均全年在文教娱乐方面的支出仅为 305. 1 元，约占城镇居民的 1/4。经济发展不平衡所导致的贫富差距在一定程度上制约了人民群众共同享受改革发展成果，对社会的稳定健康发展带来了不利影响，缩小发展差距和促进协调发展的任务极为艰巨。

社会新问题的出现、愈加复杂和多元利益格局的形成，反映出我国现阶段正处于一个发展机遇和矛盾凸显并存的关键时期。要协调好错综复杂的社会关系，化解各种新的社会矛盾，保持社会的和谐健康发展，显然离不开社会公平正义的实现。而教育不但承载着促进社会发展和文明进步的重任，也对个人和社会的全面发展产生着重要的影响，教育公平既是社会公平的组成部分，又是推进社会公平的重要基础。推进教育公平是新时期解决我国教育发展差距问题的重要目标，也是实现小康社会的基本要求，正是从这个意义上讲，推进教育公平是全面建设小康社会的重要任务。

二、推进教育公平是民生为本执政理念的重要体现

优先发展教育、建设人力资源强国，是党在新时期新阶段顺应民意、改善民生的一项重大奋斗目标，而教育事业的发展必然肩负着实现这一目标的历史使命。基于推进公平在目前社会发展阶段中的重要性与急迫性，党中央高瞻远瞩、审时度势，面对我国经济社会发展的新局面、新问题与新挑战，先后提出了科学发展观和建设社会主义和谐社会的战略构想。

在十七大上，党对科学发展观的内涵又进行了更为深刻、全面的阐述，提出了“科学发展观，第一要义是发展，核心是以人为本，基本要求是全面协调可持续，根本方法是统筹兼顾”。这是党在社会转型期的执政新理念，也是党执政为民的政治体现。在一系列改善民生的社会建设目标中，教育事业发展被摆在了一个极为重要的位置上。“优先发展教育，建设人力资源强国”是十七大民生建设的首要奋斗目标。在这个奋斗目标下，党对新时期教育事业的发展提出了各方面的具体要求。教育的基础性作用和对社会公平的重要性，被作为实现这一奋斗目标的基本认识提了出来。在这个基本前提下，新的教育方针特别强调要办好人民满意的教育。尤其是教育的公平发展、协调发展，成为当前教育结构调整和教育事业发展的重要方向。教育的公益性和教育政策的公平性成为当前教育工作的重点。

教育事业肩负着党中央在新时期促进社会和谐、公平发展的神圣使命。从新时期经济社会发展的特点以及广大人民群众不断增长的物质文化需求变化趋势来看，教育的公平发展涉及公共资源分配和公共服务水平以及政府的职能定位，必然承载着改善人民生活水平、缓解当前社会主要矛盾、推动社会公平正义实现的重大使命，涉及社会不同群体的利益和社会文明的取向，对于全面建设小康社会和构建和谐社会目标的实现、对于党的执政为民理念的体现，具有重要而直接的推动作用。

三、我国义务教育发展呈现新的阶段性特点

新时期新阶段，我国教育事业发展尤其是义务教育发展，开始呈现出新的发展阶段性特点，即从单纯追求数量规模增长逐步转向注重内涵发展，转

向注重均衡发展、结构优化和提升质量。经过30年的改革开放，经过全党和全社会的共同努力，我国教育事业整体上取得了跨越式的发展：基本普及九年义务教育和基本扫除青壮年文盲，“两基”人口覆盖率达到了98%的历史最高水平；高中阶段教育规模不断扩大，职业教育也有了新的发展；高等教育实现了历史性跨越，进入了国际公认的大众化教育发展阶段；教育体制改革不断深化，办学条件和教学质量得到了有效的改善。仅就各级教育入学率而言，我国已大致达到了人均国内生产总值3 000美元国家的水平，即我国教育普及水平正逐步进入中等收入国家的行列。这为进一步办好人民满意的教育，建设人力资源强国打下了良好的基础。

但是受地理环境、自然资源、经济发展水平、制度性缺陷等种种因素的影响，我国的教育事业尤其是义务教育的均衡发展仍然存在诸多问题与困难，区域不均衡问题突出。由于经济实力等方面的差距，我国东部沿海发达地区与西部地区以及中部地区省份义务教育资源配置水平差距十分明显，2006年，我国东、中、西部地区普通小学生均预算内公用经费分别为356元、185元、295元，普通初中生均预算内公用经费分别为523元、252元、419元。中部地区仅为东部地区生均经费实际水平的一半左右。在不同的区域范围内，城乡差距也很明显，而且易于被区域范围内的人民群众所感知。由于历史原因，我国广大的地区显现出严重的城乡二元结构现象，给我国教育发展带来长期不利的影响。例如，2006年，我国城市、农村小学生均教学实验仪器设备值分别为13 500元和3 500元，城市大约相当于农村的4倍。其中，中部地区山区县、贫困县农村小学生均教学实验仪器设备值分别仅为2 600元和2 100元。在不同地区内部，校际义务教育资源配置不均衡状况，成为引起当地广大人民群众关注的焦点问题，尤其是城市中心倾向和精英主义教育思想，更使大多数地方政府执行的是加大差距的重点与倾斜性教育政策，直接表现为在教育财政和教师人事制度上向所谓的重点学校倾斜，从而导致教育资源配置中的马太效应①：重点学校、窗口学校、示范学校数量虽少，但是占有的公共资源、教师资源很多，而大部分的薄弱学校占有的教育资源却越来越少，在一定程度上导致了两类学校在生源、办学规模、教学设施、师资力量、教育质量等方面的差距。此外，随着经济的发

① 1968年，美国科学史研究者罗伯特·默顿（Robert K. Merton）提出“马太效应”这个术语，用以概括一种社会心理现象：任何个体、群体或地区，一旦在某一个方面（如，金钱、名誉、地位等）获得成功和进步，就会产生一种积累优势，就会有更多的机会取得更大的成功和进步。目前，该术语泛指好的愈好，坏的愈坏，多的愈多，少的愈少的一种现象。

展，社会出现了阶层差异，不同人群间的教育差异问题也逐渐显现。一些处于社会弱势地位的人群，如贫困家庭学生的教育权益保障已经成为新的教育问题。如何使不同人群享有平等的义务教育，也是我们面临的一个新课题。

义务教育均衡问题的出现表明，我国教育事业虽然在普及的数量规模上有了较大的进步，但普及的质量不高，普及状况比较脆弱，义务教育的资源配置结构还无法完全满足当前教育发展的需要。现阶段，巩固、提高将是义务教育公平发展的关键所在。如何巩固义务教育的现有成果，并从规模发展转向质量结构的优化、提高，是促进我国义务教育质量全面均衡提升的重要任务。

四、推进教育公平是国际社会的共同追求

公平正义一直是人类社会不懈追求的共同理想，教育公平更是国际社会和各国政府在社会发展中极为关注的重大政策问题。作为社会发展基石的教育公平，不仅是我国推进社会公平的重要动力与关注热点，同时也一直是国际社会长期共同面对的焦点问题。在国际社会的高度关注和推动下，世界上主要的发达国家政府也站在国家和民族未来发展的角度，不懈地致力于本国的教育公平推进的法规及政策体制建设。推进教育公平的做法与成效，受到了这些国家的人民最直接的肯定和赞扬，为这些国家的经济发展、社会建设作出了卓越贡献。

同时，分析拉美国家在 20 世纪七八十年代的经济社会发展及其改革，则可从另一个侧面受到启发、得到借鉴。尤其是在教育方面，尽管这些国家的改革法令也规定了要通过延长义务教育年限、实行普通教育与职业教育相结合、推行中等义务职业教育制度、发展非正规教育等途径推进教育公平，但由于社会贫富分化严重，教育发展为市场经济中的强势阶级所支配，致使政府教育经费的一半以上都用于发展高等教育，而初、中等教育的发展则步履维艰。其后果是，在培养了大量新兴的白领阶层的同时，也产生了大量文盲，加剧了贫富差距、阶层差距。教育差距拉大及其畸形发展最终加剧了社会的贫富差距、腐败，并引发了社会危机和动荡，影响了经济社会的稳定发展。这样的教训值得这些国家反思和改革，同时也值得我国研究思考，并利用后发优势有效地从战略、制度、政策推进等角度予以回避并及时缓解矛盾。

第二节　研究意义

一、在推进人口大国义务教育公平方面实现理论和应用的创新

通过实证分析和基于客观判断，设计我国各地义务教育公平发展的思路与行动，并在理论运用和实践方面形成具有中国特色的理论、方法和政策建议，既是世界头号人口大国推进义务教育公平发展的创新之举，也是丰富教育公平理论与实践的独特贡献。

从国外有关教育公平研究的发展历程看，20 世纪韦伯提出的社会分层理论为教育公平问题的研究奠定了重要的理论基础，而 18 世纪末西方公共教育制度出现以后，教育机会均等的观念才开始有所反映。"二战"之后，西方国家提出"人权"问题和教育公平的概念并着手进行一系列的研究，随之也涌现了教育起点的平等、过程待遇的平等及最终目标的平等的观点。到了 20 世纪 70 年代，著名的"高等教育大众化"理论提升了人们对高等教育公平问题的关注度。80 年代后，国外研究者的关注重点又开始向西方国家中移民、少数民族的教育公平问题和发展中国家的义务教育、高等教育的公平问题转移。近年来，教育公平问题研究在国内也成为了热点，有关研究成果主要聚焦在六个方面：一是对教育公平概念的研究；二是对教育发展差距的研究，主要从区域、城乡和学校之间的差距进行分析；三是对教育公平与社会公平关系的研究；四是对国家财政性教育经费政策与教育公平关系的研究；五是进行教育公平的国际比较研究；六是对各级教育公平的分类研究。

可以看出，目前国内外有关教育公平的研究成果大多集中在概念论述、问题揭示及某些政策建议等方面，虽然这可为本书研究建立指标体系和行动框架提供支持与借鉴，但总体上却仍缺乏针对我国这样一个区域和城乡发展极不平衡的人口大国如何科学、有效地推进义务教育公平的实证研究。为了能把理论与实践结合起来，从根本上促进我国义务教育公平的实现，本研究将在宏观的层面上，通过对国内外教育公平理论的梳理，探讨我国新时期义务教育事业公平发展的理论内涵，从概念上厘清义务教育公平的内容与范围

及其本质意义。同时，重点关注各国政府在社会转型期针对教育公平而采取的政策措施，通过深入剖析我国义务教育公平发展中存在的现实问题，提出促进义务教育公平发展的思路、政策和制度建议，构建我国新时期义务教育公平发展的机制，从而在理论应用和推进我国义务教育实践上实现创新，形成具有中国特色的推进义务教育公平的新理念、新思路和新贡献。

二、实证研究我国推进义务教育公平的成就与问题，推动建立教育公平数据库和信息发布机制

通过实际运用不同年份国家及各地教育事业发展、教育经费以及区域财政实际统计数据，分析各省份的义务教育公平状况，国内尚属首次。这既是本书的一个特点，也是理论联系实际、立足解决问题、促进发展以及体现系统、客观、权威评价各地义务教育公平状况的实际行动。本研究在全国31个省份（包含自治区、直辖市，没有涉及香港、澳门和台湾，下同）的范围内，以区域、城乡、学校等不同维度，从教育经费的投入、办学硬件设施、教师的资源配置等方面选择反映教育机会均等、教育资源配置均衡方面的十多项宏观数据指标，分析和评价全国及各地实施义务教育公平的实际情况，并在此基础上，结合我国社会主义初级阶段的主要特点和基本国情，借鉴其他国家的有益经验，从激励政府作为、提升义务教育公平程度以及促进学生和社会发展的目标出发，提出进一步推进义务教育公平发展的目标思路和行动举措，为全国和各省区逐步推进义务教育公平提供科学依据。同时，也为建立开放、滚动更新的教育公平数据库平台，并在此基础上进一步形成探究建立全国及各省份义务教育公平监测、预警以及相关信息发布机制的基础平台，为有效地提升我国义务教育公平发展水平作出应有的贡献。

三、为政府推进教育公平和实施有效举措提供决策参考

剖析义务教育公平发展中的制度与管理问题，为政府制定实现义务教育公平的战略目标和科学规划提供建议与参考，既是推进义务教育公平发展的迫切需要，也是本书研究的重要内容。在数据指标搜集和评测结果的基础上，本研究还要对当前义务教育公平发展中所具备的条件、存在的问题和发展规律进行分析，明确当前义务教育公平发展的优势与不足，并在客观分析义务教育公平状况的同时，反映各级政府在保障义务教育公平发展中作出努

力的程度。尤其是在宏观政策层面上，本研究深入剖析在义务教育发展中影响公平的深层次的制度与管理问题，分析解决存在差距和差距拉大等问题的有效途径与方法，为政府制定义务教育公平的战略目标和科学规划，以及构建符合我国国情的义务教育公平推进和保障机制，提供合理的政策建议。

四、为公众了解、参与和监督推进教育公平提供支持

形成义务教育公平发展的广泛参与和民主监督机制，从制度上、机制上保证义务教育的良性发展，是落实办好让人民满意的义务教育的客观需要，也是教育领域落实科学发展观的重要内涵。通过本研究，不但要建立推进义务教育公平的开放、滚动的指标数据库，以提高对义务教育公平状况监测与评价的水平；还要建立义务教育公平发展的广泛参与和民主监督机制。一方面，让人民群众能够了解义务教育发展的现实情况，做到推进教育公平的信息公开和透明，加深人民群众对义务教育事业发展的理解，争取人民群众对推进教育公平的支持；另一方面，提高社会以及人民群众在推进义务教育公平各个环节中的参与度，激发人民群众对教育事业发展的积极性，让广大人民群众有效监督义务教育公平发展的政策制定、实施过程与实际成效，保证义务教育公平在一个良好的环境中健康发展，最终让义务教育满足学生和社会的发展需要，让义务教育成为真正让人民满意的教育。

第二章

教育公平内涵及测量

教育公平不仅是社会公平的重要内容和构建和谐社会的重要基础，而且是社会主义国家的本质要求，也是国际社会的共同追求。按照实现过程，教育公平可依次概括为起点公平、过程公平和结果公平。目前乃到今后相当长的一个历史时期内，区域、城乡、学校之间公共教育资源配置公平和不同人群的受教育权利和入学机会公平及教育质量公平等将是我国义务教育公平推进的主要内涵。有鉴于此，本书选取了反映义务教育公平的若干指标，利用有关测度教育公平的统计方法，对我国及各省份义务教育发展状况进行实证分析，形成了对我国推进义务教育公平的若干建议性观点。

第一节 教育公平内涵研究

受经济社会发展水平、政治体制和社会价值体系等诸多因素的影响，在不同国家、不同的历史阶段，公民和政府对公平的内涵有着不同的理解，公民对公平的感受、诉求以及政府推进公平的政策举措也存在较大差别。教育公平涉及公民接受国民教育和获得发展的基本权利，涉及教育活动中享有公平获得接受国民教育的均等机会、公平占用公共教育资源以及每个人的个性化发展，涉及千家万户，关系国家命运，影响国家长治久安。因此，教育公平既是社会公平的重要组成部分，又是推进社会公平的重要基础。教育公平不仅要求教育体制具有现代性，同时也必然要求社会的公平与公正。

教育公平作为一种对现实教育发展状况的评价和规范，是一种抽象的价值存在，它与教育平等、教育机会均等既有联系，也有区别，分别属于不同的范畴。教育公平还是一个涉及公民受教育权利的法律概念，保障公民接受教育的公平权利已经被许多国家列为宪法基本条款，并成为各国政府的执政纲领以及制定规划、实施教育政策的基本出发点。

专栏2-1 国家法律对公民平等接受教育的权利作出明确规定

《中华人民共和国宪法》第四十六条规定："中华人民共和国公民有受教育的权利和义务。国家培养青年、少年、儿童在品德、智力、体质等方面全面发展。"

《中华人民共和国教育法》第九条规定："中华人民共和国公民有受教育的权利和义务。公民不分民族、种族、性别、职业、财产状况、宗教信仰等，依法享有平等的受教育机会。"第十条规定："国家根据各少数民族的特点和需要，帮助各少数民族地区发展教育事业。国家扶持边远贫困地区发展教育事业。国家扶持和发展残疾人教育事业。"

《中华人民共和国义务教育法》第四条规定："凡具有中华人民共和国国籍的适龄儿童、少年，不分性别、民族、种族、家庭财产状况、宗教信仰等，依法享有平等接受义务教育的权利，并履行接受义务教育的义务。"第五条规定："各级人民政府及其有关部门应当履行本法规定的各项职责，保障适龄儿童、少年接受义务教育的权利。"

推进我国现阶段的教育公平研究应该着眼于哪些方面呢？参考国内外相关的研究成果，按照《中华人民共和国宪法》、《中华人民共和国教育法》的有关规定及其要求，本研究认为：目前及今后相当长的一个历史时期内，推进我国教育公平的内涵，主要包含区域、城乡、学校、人群之间的受教育权利和入学机会公平，经费、师资与办学条件等的公共教育资源配置公平，受教育者全面发展的教育质量公平等。

一、落实人人都有接受教育的权利和义务的规定要求

落实和保障公民尤其是少年儿童接受教育的平等权利，要求政府统筹公共资源为之提供具有一定基本条件保障的均等接受教育的机会，提供一个适应少年儿童个人禀赋差异、满足个体发展的教育，不让一个孩子因为种族、性别、家庭出身、经济地位、宗教信仰等原因或自身的不利条件而丧失平等接受义务教育的机会和权利。

二、提供相对平等的接受教育的机会和条件

保障少年儿童拥有接受教育的相对平等的条件和资源支持，享有符合其能力发展水平和潜力的教育，要求通过公共制度、有效机制和公共政策的保障，为之提供使教育教学活动和学生的发展得以正常运行的物质资源、办学条件和教师队伍，并且在量上和质上都得到相同的参与机会。让每一个孩子都在受教育过程中受到社会、学校和教师的同等对待，即，在不同的区域或教育机构，各类公共教育资源的配置、办学条件和教师队伍的水平，都需要体现均衡性和公正性。

三、保证受教育者获得个性发展和实现相对均等的高质量教育

实现个性化发展和教育结果的相对均等，需要为受教育者享受法定的义务教育权利并获得适合个人发展特点的公平的教育援助提供保障，保证教育质量与成效的公平，使每一个孩子都获得平等的高质量教育。

专栏 2 -2 教育机会均等是教育公平的重要标志

在不同国家、不同时期，教育机会均等的含义有所不同。教育平等理论产生于20世纪的美国民权运动中，比较有代表性的观点是美国学者科尔曼(James S. Coleman) 在20世纪60年代提出的。科尔曼主张的机会平等包括对学生的资源投入的平等、能力相当的学生在学业成就上的平等、来自不同背景的学生在学业成就上的平等、消除种族隔离、平等的学校教育环境(包括学校风气、师资和教育质量) 等。他追求教育资源配置方面和教学过程中的平等。他主张基础教育阶段取消双轨制，平等地招收各个社会阶层的儿童，缩小公立学校的质量差别。科尔曼认为教育机会均等有四个标准：进入教育系统的机会均等，参与教育的机会均等，教育的结果均等，教育对生活前景机会的影响均等。

摘自：郑玉清. 当代美国联邦政府教育平等政策的发展及其启示 [J]. 世界教育信息，2007 (7)：6 -9.

我国学者在教育公平方面研究成果颇丰。例如，王善迈认为教育公平不仅是社会公平和构建和谐社会的重要基础，而且是社会主义的本质要求，也是国际社会的共同要求。他把教育公平概括为：按教育公平实现过程，依次为起点、过程和结果公平。起点公平指受教育权和教育机会公平；过程公平为受教育者享有公共教育资源的公平；结果公平为教育结果的质量公平。起点公平是教育公平的前提，过程公平是教育公平的条件，结果公平是教育公平的目标。

摘自：方烨，马会. 专家：改善民生时不我待 六大领域有望突破 [N]. 经济参考报，2007 -11 -09 (7) .

第二节 研究方法及测量

一、研究方法

本研究是我国推进义务教育公平的实证研究，但并不是简单的数据分析研究，而是基于广泛汲取有关国际社会实践成果，基于对教育公平内涵理论分析以及对我国推进教育公平的思路、目标、路径、环境充分总结认识和长期研究积累，进行的系统的综合性实证研究。

本书首先从全面建设小康社会等大背景出发，明确本研究的目的和意义，提出了“推进我国义务教育公平”这一重大研究命题，并对教育公平内涵和主要要求及相关测度方法进行了界定和思考。

体现广阔的国际视野和纵深的历史总结，比较不同国家、不同历史时期的成功经验，是本研究采用的重要方法。通过比较分析，对国际上部分发达国家推进义务教育公平的主要措施和动向进行横向国际比较研究，总结其有效做法和教训；对我国政府推进义务教育公平努力的纵向历史进行比较研究，总结努力的效果和经验，从而为我国各级政府进一步推进义务教育公平提供借鉴。

以建立的我国教育事业发展数据库为基础，本研究着重采用大量的数学统计分析方法，通过对我国及各地区在义务教育经费配置、基本办学条件状况及教师队伍水平等研究内容方面采用极差、倍率和极差率（等分组倍率和等分组差值，城乡倍率和城乡差值）、基尼系数等统计分析方法，以数量标示若干义务教育公平指标的变化和现状，为分析说明我国义务教育公平进步和努力程度及差距情况提供具有说服力的定量数据材料。

根据需要，本研究还采用个案分析方法，引用了上海市教育科学研究院智力开发研究所受教育部委托进行的部分课题研究及实地调查研究成果，对全国及各地区义务教育发展差距问题和推进教育公平的政策举措及其成效等典型案例进行了重点剖析，为说明在义务教育阶段学校办学条件、教师队伍建设等方面的相关观点提供了鲜活的素材。

本研究也采用文献研究法，对涉及义务教育公平的政策法规、年鉴、公告和理论等资料进行收集、分析和梳理，对研究分析我国推进义务教育公平的政策导向、努力程度、现状进展及内涵要求等相关内容提供了支撑。

总之，本研究在总结、分析推进义务教育公平的国际社会成功举措和我国历史经验基础上，以数据实证研究的结果和观点为基本支撑，从目标思路、重点以及若干重大举措角度，提出了推进我国义务教育公平的构想与建议。整个研究过程围绕义务教育公平主题，体现了从问题提出到理论和国际国内政策分析，再进行数据实证分析与判断，最后提出对策建议的研究思路，体现了国际和国内比较总结、以国内为主，理论和实证分析互相补充、以实证分析为主，定量和定性分析方法相互结合、以定量分析为主等系统的综合性实证研究特点。

二、反映义务教育公平状况的指标选择

按照上述关于教育公平内涵的认识及分析框架，本研究突出实证分析特点，聚焦全国及各省份九年义务教育的普及和完成情况、教育资源配置和经费保障情况、办学条件和师资队伍水平情况，通过义务教育机会均等与结果公平、资源配置均衡两个方面的指标，通过选用合理的分析评价方法，着重分析相关指标及其区域、城乡、学校等层面的差异情况和变化，并通过若干指标的差异程度，多角度反映全国及各省份义务教育公平发展状况，反映政府在落实和保障公民接受义务教育权利方面的努力程度，为确定推进义务教育公平发展的重点、目标、战略思路和行动框架提供依据。

具体而言，本研究围绕分析评价全国及各省份教育机会均等、资源均衡配置、教育质量和结果公平，选择以下这些分析指标：

——教育机会和结果公平。本研究采用国际上通用的“入学率”指标，衡量国家及各省份受教育权和教育机会公平的起点公平；教育结果公平包含教育成功机会和教育效果的相对公平，应该体现于多少适龄儿童接受了完整的义务教育、教育是否符合每个学生的身心发展等。鉴于指标的可测性及数据的可获得性等现实情况，本研究选用“九年义务教育完成率”和“初中毕业生升学率”两个指标。

——师资配置公平。本研究将教师的学历和中高级职称作为分析重点，用“教师学历合格率”和“高一层学历教师比例”来反映不同学历教师的配置状况，用“中高级教师比例”来分析教师职称配备方面的进展与差距。

——教育经费的公平配置。按照经费投入来源、教育经费支出类别，主要采用“生均事业费”“生均预算内事业费”“生均公用经费”“生均预算内公用经费”“教职工人均年收入”“人均教育拨款”和“教育拨款增长与财政支出增长之差”等指标来反映教育经费投入水平及差距的变化情况。

——办学条件水平。选择了“生均校舍建筑面积”“生均教学仪器设备值”“每百名学生计算机台数”“大班额比例”以及“建网学校比例”等指标分析差距及其变化情况。

三、测度教育公平的主要方法

运用系统的实际数据、指标，尤其是选择合理的统计测度方法，对我国

及各省份义务教育入学机会、普及水平、教师及教育资源配置均衡程度进行实证分析，既是推进教育公平研究方法上的重要改进，也是通过人口大国推进义务教育公平研究丰富教育公平理论与实践的独特贡献。

利用有关统计测度方法，在不同区域、城乡、学校之间观察有关教育变量偏离其中心值的程度，可以对这些教育变量在地区之间、城乡之间、学校之间或人群之间教育资源分布的均衡程度及其变化趋势进行分析和把握。本研究采用的两种方法包含四大类测度指标。第一种方法是基准法，即按照测度指标本身的比较基准，可以将测度指标分为两类：（1）以某一变量水平及其人群比重或变量比重为基准进行测度的指标；（2）以变量均值（即假定全部人群具有相同变量水平，而这个相同变量水平就是变量的平均数）为基准的测度指标。第二种方法是一般统计学意义上的方法，即将教育变量差异程度的测度指标分为：（1）绝对差异指标；（2）相对差异指标。这些测度指标在本书的不同章节都有使用，具体包括 4 个绝对差异指标和 6 个相对差异指标。如表 2－1 所示。

表 2－1　教育变量差异程度的测度方法

统计学方法 \ 基准法	以变量均值为基准	以某一变量水平为基准
绝对差异	标准差	极差、等分组差值、城乡差值
相对差异	变异系数	极差率、等分组倍率、城乡倍率、洛伦茨曲线、基尼系数

（一）极差

在对某个变量的变量值进行比较时，常常用到极差这个指标，它比较的是变量之间的绝对差异，其比较的基准是相对方。极差又称全距，是一组数据的最大值和最小值之差，反映了这组数据的最大差距，用 R（range）表示，其表达式为：

$$R = X_{\max} - X_{\min}$$

式中，$X_{\max}$和 $X_{\min}$分别表示一组数据的最大值和最小值，R 越大，表示变量的差别就越大。这个指标的优点是计算简单，比较直观。比方说，2006 年，河南和上海小学生均教育经费分别是 1 171 元和 11 632 元，相差 10 461 元，人们清楚地知道这个差异意味着什么。尽管极差简便易行，但由于易受极端值的影响，它不能全面反映中间数据的差异情况。另外，由于受抽样变动的影响较大，极差也不能全面反映变量的整体差异情况，这是因为大样本有较多的机会包含最极端的个案，大样本的极差往往要比小样本的大些。

（二）倍率和极差率

在比较某个变量的变量值之间的差异时，可以使用倍率这个相对差异指标，其比较的基准可以是相对方，也可以是变量的均值。该指标用于比较处于两个极端位置的变量值时，则为极差率，倍率或极差率用 *DR*（decile ratio）表示，其表达式为：

$$DR = X_{max}/X_{min}$$

式中，*DR* 越大，表示变量差异就越大。

——等分组倍率和等分组差值

极差或极差率衡量的是最高和最低变量值之间的差异，就描述变量的整体差异而言，其代表性较差。等分组倍率和等分组差值在一定程度上对此有所弥补，对于说明变量的整体差异有一定的代表性。具体做法为：对各个变量进行有序排列，再将其平均分为 5 组（或 10 组），计算最高组的变量值与最低组的变量值之比（或之差）。

等分组倍率的表达式为：

$$\text{等分组倍率} = X_H/X_L$$

等分组差值的表达式为：

$$\text{等分组差值} = X_H - X_L$$

式中，X_H 为最高组的变量值，X_L 为最低组的变量值。等分组倍率或等分组差值越大，说明变量之间的差异越大。

比如，将全国约 3 000 个县的小学生均事业费进行排序并等分为 5 组，其最高和最低县组的小学生均事业费分别为 5 243. 91 元和 1 097. 54 元，其等分组倍率和差值分别为 4. 78 倍和 4 146. 37 元。这一方法，便于分变量层次考察变量之间的差异，比较具体，但是在反映变量差异变动总体趋势方面略有不足。

——城乡倍率和城乡差值

在分析一些教育变量的城乡差异时，城乡倍率和城乡差值是常用的测度指标。为了便于比较，一般采用分母数值小于分子数值的方法进行计算。

城乡倍率的表达式为：

$$城乡倍率 = X_U / X_R$$

城乡差值的表达式为：

$$城乡差值 = X_U - X_R$$

式中，X_U 为城市变量值，X_R 为农村变量值。城乡倍率或城乡差值越大，说明城乡差异越大。

（三）标准差

设有变量 X_i（X_1，X_2，…，X_n），根据统计学的理论，选取变量均值 μ 作为比较基准，可以计算各个变量与均值离差的平方的平均数，该平均数的平方根即为标准差（standard deviation）S。计算公式为：

$$S = \sqrt{\sum (x_i - \mu)^2 / n}$$

在分组的情况下，标准差的计算公式为：

$$S = \sqrt{\sum p_i (x_i - \mu)^2}$$

式中，p_i 为各组人口比重。

一般而言，标准差的大小，不但取决于变量之间的差异程度，而且还与变量均值有很大关系。如果两个现象的变量的平均水平存在较大差异，标准差则难以准确反映其变动程度。标准差都有计量单位，是有量纲的数值，不可以比较计量单位不同的变量的差异程度。虽然如此，标准差还是实际应用中最为广泛的差异程度测度值，它反映了每个变量与变量均值之间的平均相差数值，比较全面地描述了变量之间的绝对差异，标准差越大，说明变量之间的差异越大。

（四）变异系数

一组变量的标准差与其均值之比，即为变异系数，变异系数有时又叫变差系数、标准差系数、离散系数或差异系数。计算公式为：

$$V = \sqrt{\sum (x_i - \mu)^2 / n} / \mu$$

在分组情况下，通常需要根据各组的人口规模计算加权变异系数，其表达式为：

$$V = \sqrt{\sum p_i (x_i - \mu)^2} / \mu$$

式中，p_i 为各组人口比重。

由表达式可知变异系数有以下特点：

1. 它不受平均水平高低的影响，所以它可以用来比较平均水平不同的几组变量值的变异情况。

2. 它没有量纲，故可用于比较不同量纲的指标。

3. 标准差反映数据之间的绝对变异大小，而变异系数则反映以均值为基础的相对变异大小。

（五）洛伦茨曲线

洛伦茨曲线（Lorenz Curve）是美国经济统计学家洛伦茨（M. Lorenz）在1905年提出的一条曲线，用来比较和分析一个国家在不同时期和不同国家在同一时期的财富（收入）的不平等情况。在一个平面直角坐标系中，纵轴为收入百分比，横轴为人口（或家户）百分比，45°线为平均分配线，右下角的90°线为绝对非平均分配线。洛伦茨曲线处于45°到90°之间。根据某国某年的收入分配分组资料，将一定人口（或家户）比重所对应的收入比重在图上描出，就可得到该国这一年的收入分配洛伦茨曲线。从洛伦茨曲线上可以直观地看出每个阶层的收入比重，从曲线的弯曲度可以观察到各个阶层的收入差异情况，通过对比不同的曲线可以了解不同国度总收入分配差异程度或同一国家不同时期的收入差异变动情况。离45°线越远、离90°线越近的曲线表示的收入差异程度越大。

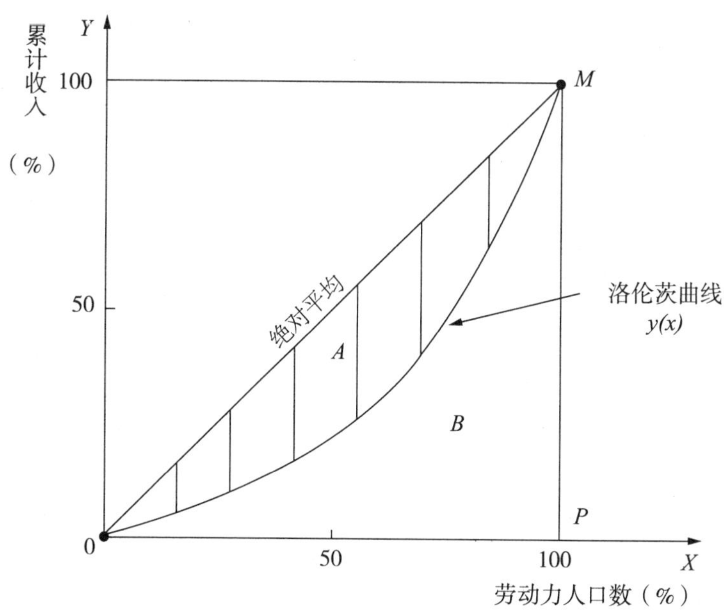

图2-1 收入差别洛伦茨曲线

（六）基尼系数

按照洛伦茨曲线图，洛伦茨曲线与45°线之间的面积表征不平等分配的程度，用数量刻画这个不平等程度的指标称为基尼系数（Gini Coefficient），即 G。设45°线与洛伦茨曲线、洛伦茨曲线与横坐标之间围成的面积分别是 A、B，则：

$$G = A/(A + B)$$

由于在洛伦茨曲线图中，坐标轴用人口和收入比重表示，总面积为1，而 $A + B = 0.5$，所以基尼系数也就可以定义为区域 A 的面积的2倍，即：

$$G = 2A$$

基尼系数越大，表示收入分配的差别越大，反之越小。等值分配情况的基尼系数为0，对应的分配是对角线；极端不平等的基尼系数为1，所有的收入均为最高收入组获得。作为一种常用的统计分析方法，基尼系数不仅仅专门用于收入分配方面的研究，还可用于一切资源配置均衡程度方面的分析。

联合国有关组织规定：若基尼系数低于0.2表示收入绝对平均；0.2～0.3表示比较平均；0.3～0.4表示相对合理；0.4～0.5表示收入差距较大；0.5以上表示收入差距悬殊；当达到0.6时，表示暴发户和赤贫阶层同时出现，社会动乱随时可能发生。从现实来看，世界各国对基尼系数的运用并不完全一致。很多国家都是把它与其他因素结合起来，综合判断收入差距。在不少国家，基尼系数都有不同的标准和界线。总的来说，基尼系数只可供参考，不能绝对化。就义务教育而言，其目的是给每个孩子特别是贫穷家庭的孩子提供均等的教育机会。因此，以基尼系数衡量的教育变量的标准值在理论上可以等于零。

第三节　我国推进义务教育公平发展的若干指标简要分析

一、教育事业发展与投入的城乡差异情况指标

（一）义务教育普及程度不断提高，入学机会继续扩大

我国小学教育已进入到高普及水平发展阶段。长期以来，我国小学净入学率一直保持在较高的水平，并呈持续上升态势。2006年，我国小学净入学率达到99.27%，标志着我国小学适龄儿童基本都可以获得接受义务教育

的机会。

我国初中阶段教育也已逐步进入到高普及水平发展阶段。从 1990 年至 1997 年，我国初中阶段毛入学率快速上升，由 66.7% 上升至 87.1%，提高了 20.4 个百分点；从 2000 年至 2006 年上升态势相对较缓，由 88.6% 上升至 97%，提高了 8.4 个百分点。

义务教育完成情况进展良好，九年义务教育完成率（指系当年初中毕业生数与九年前小学招生数的比值）逐步增长。2006 年，义务教育完成率为 84.14%，比 1997 年提高了 15.38 个百分点，完成情况逐步改善，但表明仍有 16% 的当年小学毕业生没有按时完成完整的九年义务教育。如图2－2所示。

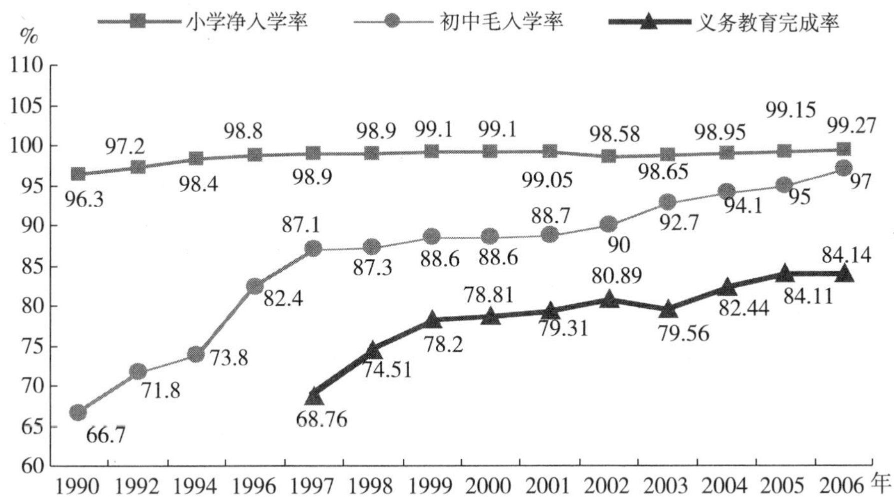

图 2－2 1990—2006 年我国义务教育普及与完成情况[①]

（二）农村义务教育学校专任教师学历合格率城乡差距明显缩小

全国城乡小学专任教师学历基本达到合格要求。农村小学专任教师学历合格率已达到较高水平，城乡差距较小。2002—2006 年，我国农村小学专任教师学历合格率持续提高，从 97.09% 提高到 98.72%，4 年间提高了 1.63 个百分点；小学专任教师学历合格率的城乡差距从 1.92 个百分点缩小为 1.01 个百分点。全国有 23 个省份小学教师学历合格率的城乡差距小于 1 个百分点，城乡差距已不太明显，如图 2－3 所示。

① 若无特殊说明，本书图中的数据均来自历年中华人民共和国教育部发展规划司和财务司统计数据，下同。

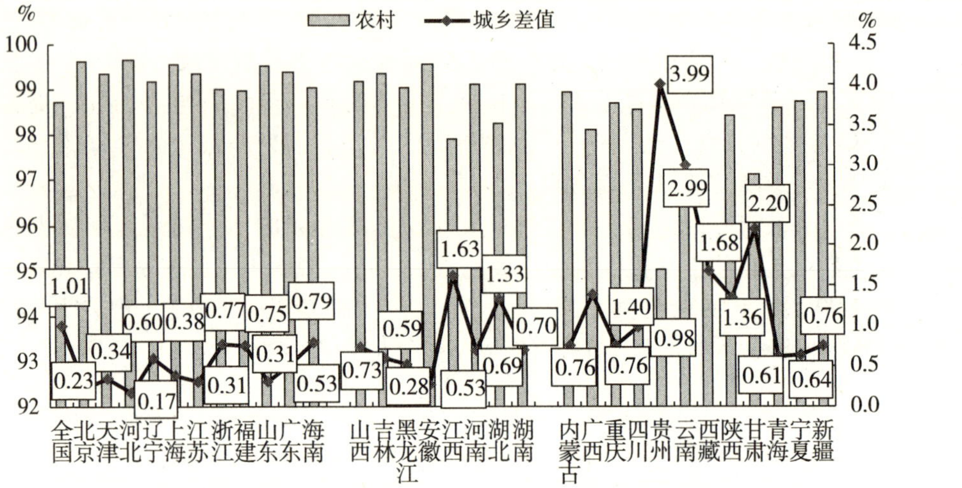

图 2－3　2006 年全国及分省小学专任教师学历合格率

农村初中专任教师学历合格率提高较快，全国初中专任教师学历合格率的城乡差距大幅缩小。2002—2006 年，我国农村初中专任教师学历合格率从 90. 28% 提高到 95. 81%，4 年间提高了 5. 53 个百分点；初中专任教师学历合格率城乡差距从 7. 64 个百分点缩小为 2. 97 个百分点，缩小了 4. 67 个百分点。全国有 11 个省份初中专任教师学历合格率城乡差距缩小了 5 个百分点以上，主要为中西部省份。

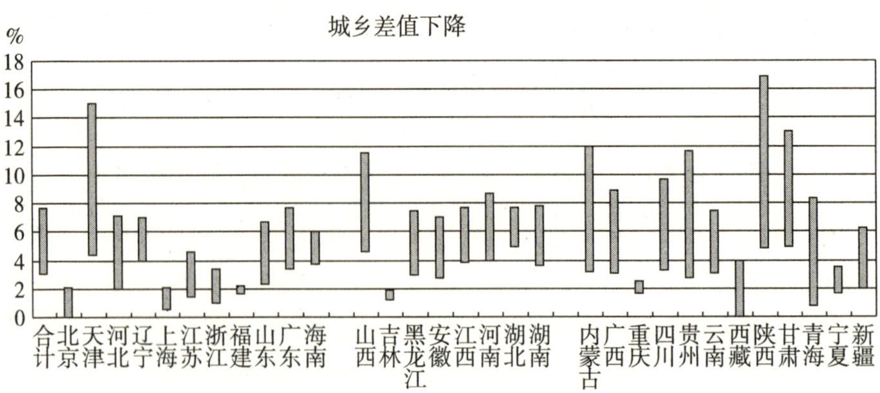

图 2－4　2006 年全国及分省初中专任教师学历合格率

（三）农村义务教育投入大幅增加，生均预算内事业费城乡差距有所缩小

在新增教育经费用于农村、实施义务保障机制等重大政策与措施的推动

下，我国农村义务教育经费投入水平有较大幅度提高，城乡差距呈现缩小态势。

2006 年，我国农村小学生均预算内事业费平均为 1 506 元，比 2002 年增加了 798 元，增长近 1 倍，速度明显快于城市，而东部又明显快于中西部；我国农村初中生均预算内事业费平均为 1 717 元，比 2002 年增加 921 元，增长 1 倍多，明显快于城市，东部与中西部增长相当。2006 年，我国小学生均预算内事业费城乡倍率为 1. 31，与 2002 年相比，比例下降 0. 27；全国有 29 个省份都在缩小。我国初中生均预算内事业费城乡倍率为 1. 28，与 2002 年相比，比例下降 0. 27，全国有 25 个省都在缩小。如图 2 –5 所示。

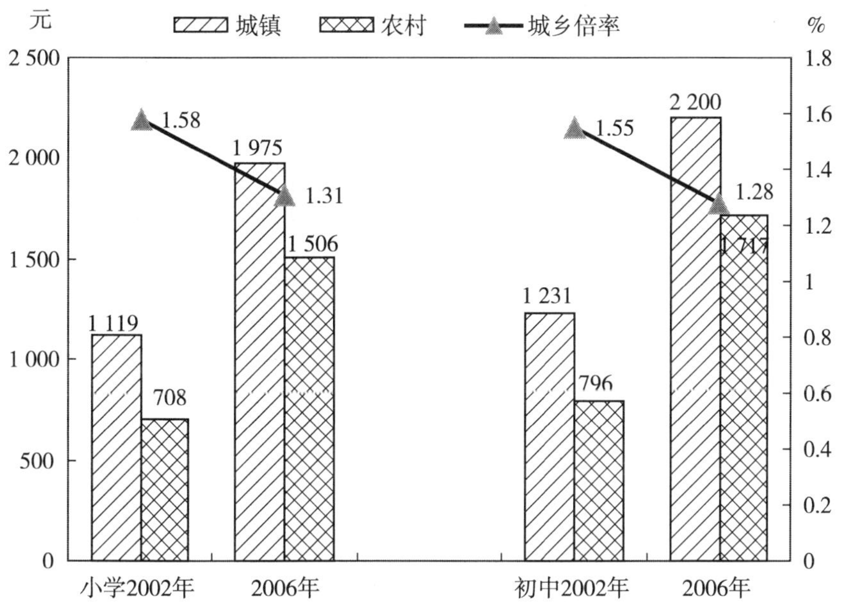

图 2 –5　我国小学和初中生均预算内事业费

二、教育投入与办学条件的县际差异情况指标

（一）我国义务教育生均事业费的县际差距缩小

事业费反映一个学校的日常运转成本，包括人员经费和公用经费两个部分。2006 年，我国小学生均事业费平均为 2 059 元，比 2002 年增加 952 元，

增长86.01%。全国小学生均事业费县际差距在缩小，2 000多个样本县①（与财政支出同口径）的差异系数从0.88缩小为0.73，全国有20个省这一系数都在缩小。从图2－6和图2－7比较可以看出，31个省（市、自治区）的生均事业费增长较快，但是相应的差异系数并没有太大的变化，这也说明省内各个县的生均事业费都得到稳步的增长。

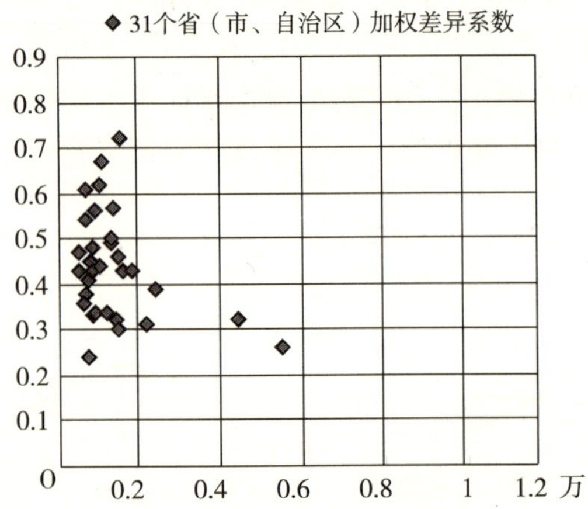

图2－6　2002年小学生均事业费

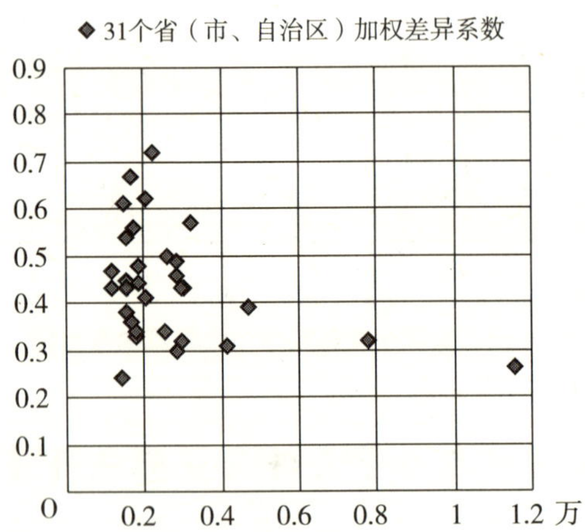

图2－7　2006年小学生均事业费

① 本研究样本县的选取，是以2006年我国教育事业统计数据库中的小学3 225个、初中3 217个县级统计单位为基础进行的，根据采集到的数据质量的不同，在分析小学和初中的不同指标时，选择的样本县的数量也有所不同，下同。

2006年，我国初中生均事业费平均为2 544元，比2002年增加1 111元，增长77.57%，全国初中生均事业费县际差距明显缩小，2 000多个样本县（与财政支出同口径）的差异系数从0.98缩小为0.88，全国有近半数省份这一差距在缩小。从图2－8和图2－9比较可以看出，31个省（市、自治区）的生均事业费在增长，但是相应的差异系数还是在同一区间内变化，这也说明省内各个县的生均事业费都得到稳步的增长。

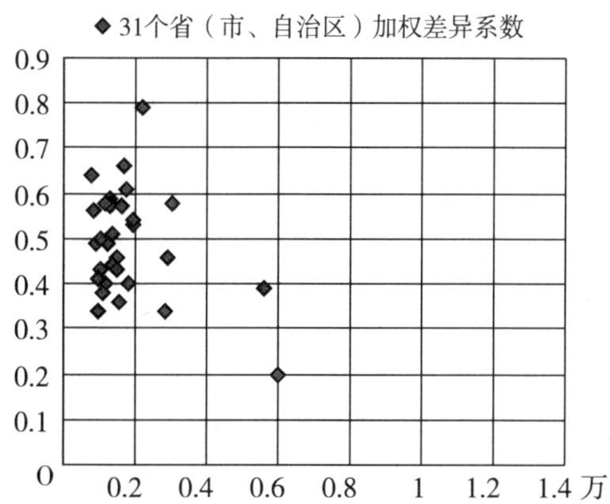

图2－8　2002年初中生均事业费

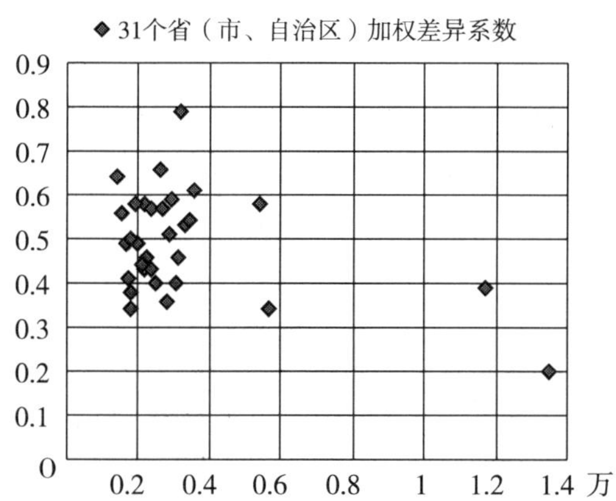

图2－9　2006年初中生均事业费

（二）生均仪器设备值地区差距大幅缩小，但差距仍较明显

小学生均教学仪器设备值县际差距迅速缩小。2006 年，我国小学生均教学仪器设备值为 295 元，比 2002 年增加 27 元；3 063 个样本县中，最低 20% 的县生均仪器设备值仅为 74 元，最高 20% 的县为 958 元，县际差距高达 12.91∶1，与 2002 年相比比例缩小 14.07；小学生均教学仪器设备值基尼系数为 0.51，与 2002 年相比缩小 0.14，全国有西藏、青海等 7 个省（自治区）县际差距在 10∶1 以上；小学生均教学仪器设备值差异系数从 2002 年的 26.98 缩小为 12.91，东部省份缩小得更快。

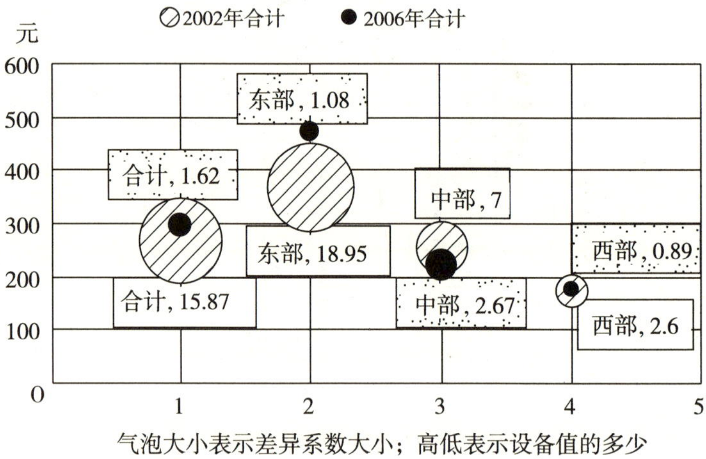

图 2－10　小学生均仪器设备值

初中生均教学仪器设备值县际差距缩小。2006 年，我国初中生均教学仪器设备值为 417 元，比 2002 年增长 132 元；3 061 个样本县中，最低 20% 的县生均仪器设备值仅为 107 元，最高 20% 的县为 1 260 元，县际差距高达 11.75∶1，与 2002 年相比比例缩小 4.37，全国有青海、福建、新疆等 6 个省（自治区）县际差距在 10∶1 以上；初中生均教学仪器设备值基尼系数为 0.47，比 2002 年缩小 0.04；初中生均教学仪器设备值差异系数从 2002 年的 4.34 缩小为 2.04，东部省份缩小得更快。

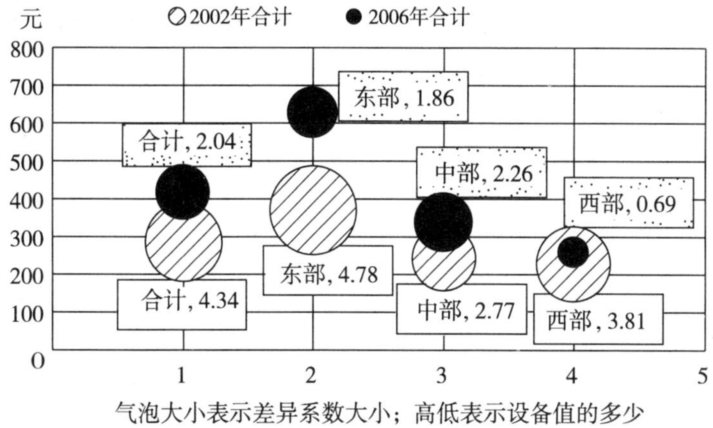

图 2－11 初中生均仪器设备值

（三）中高级职称教师比例依然偏低，县际差距较大

2006 年，我国小学中高级职称教师比例为 45.80%，比 2002 年提高了 12.89 个百分点；3 063 个样本县的小学中高级职称教师比例县际 20% 差值达 44.10 个百分点，比 2002 年扩大了 4.5 个百分点，东部地区差距最大，达 42.23 个百分点，西部地区差距扩大幅度最大，扩大了 6.41 个百分点，河北、新疆和青海县际 20% 差值在 40 个百分点以上，全国有 22 个省（市、自治区）这一差距在扩大，青海、新疆、广东和福建扩大了 10 个百分点以上。

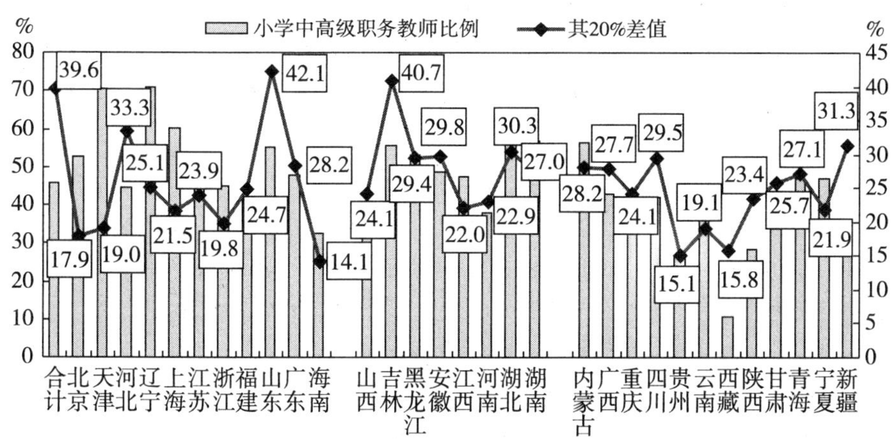

图 2－12 2006 年小学中高级职称教师比例

2006 年，我国初中中高级职称教师比例为 46.14%，比 2002 年提高了 11.65 个百分点；3 061 个样本县中，初中中高级职称教师比例县际 20% 差值达 43.44 个百分点，比 2002 年略有扩大，中部地区差距最大，达 41.92 个百分点，西部地区差距扩大幅度最大，扩大了 3.56 个百分点，新疆和河北县际 20% 差值在 45 个百分点左右，全国有 14 个省（市、自治区）这一差距在扩大，宁夏和上海扩大了 8 个百分点以上。

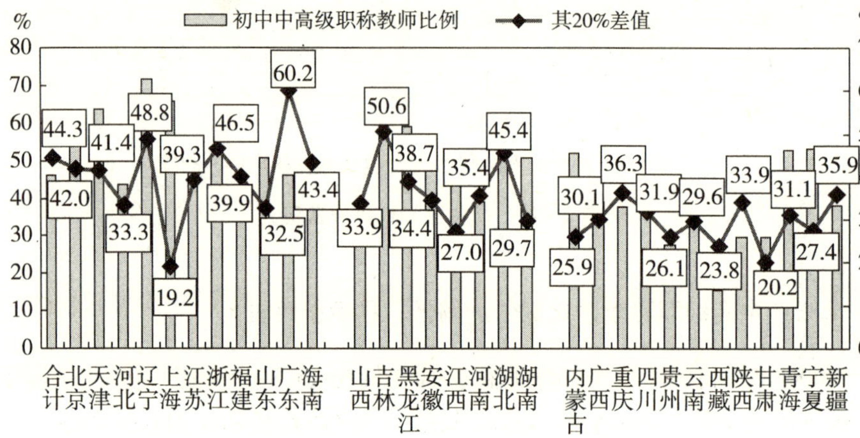

图 2－13　2006 年初中中高级职称教师比例

（四）教职工人均年收入的县际差距在拉大

教职工人均年收入是学校人员成本的基本反映，城乡差距拉大或者过大，都不利于农村学校教职工队伍的稳定，不利于教学质量的提高。2002 年以来，我国义务教育学校教职工人均年收入都有所增长，但是地区差距在拉大；农村中小学教职工人均年收入增幅明显低于城市，城乡差距有所拉大。

2006 年，我国小学教职工人均年收入平均为 18 189 元，比 2002 年增长了 5 997 元，3 000 多个样本县中，小学教职工人均年收入平均的基尼系数从 0.21 扩大到 0.23。最低 20% 的县小学教职工人均年收入平均仅为 11 489 元，而最高 20% 的县平均水平为 36 529 元，县际差距从 2002 年的2.88∶1 扩大到 3.18∶1，东中西部平均及全国有 20 个省份小学教职工人均年收入的县际差距都有所拉大，东部地区差距最大，达 3.82∶1，其中广东最高，超过 4∶1。其中，我国农村小学教职工 2006 年人均年收入平均为 8 197 元，比 2002 年增长 44.05%，比同期城镇教职工人均年收入增幅低 9 个百分点，城乡之比从 2.68：1 拉大到 2.85：1，东部和中部地区都有所拉大，全国有 18 个省份这一差距都在拉大；而中、西部地区小学教职工人均年收入城乡之比超过 3.0：1，福建、山东、安徽、甘肃 4 省该指标城乡之比超过 4.0：1。

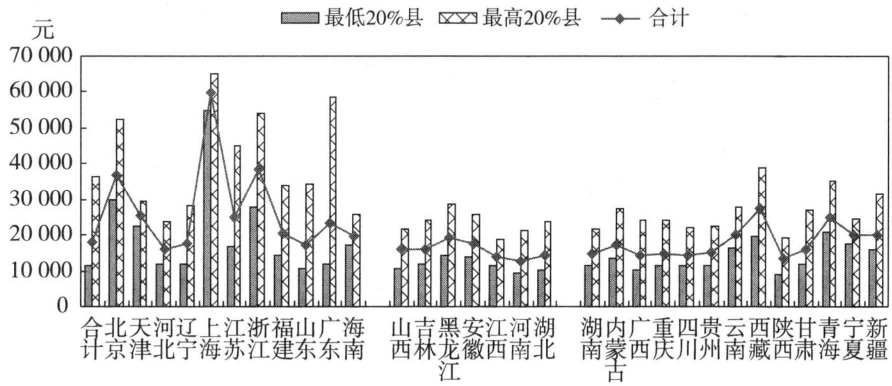

图 2－14　2006 年小学教职工年平均收入

2006 年，我国初中教职工人均年收入平均为 19 497 元，比 2002 年增长了 6 520 元，3 000 多个样本县中初中教职工人均年收入平均的基尼系数从 0.22 扩大到 0.24。最低 20% 的县小学教职工人均年收入平均仅为 11 981 元，而最高 20% 的县平均水平为 35 727 元，县际差距从 2002 年的 2.97：1 拉大到 3.32：1，东中西部均有所拉大，全国有 21 个省份小学教职工人均年收入的县际差距有所拉大，东部地区差距最大，达 4.0：1，广东最高，达 4.8：1。其中，我国农村初中教职工 2006 年人均年收入平均为 13 715 元，比 2002 年增长 33.75%，比同期城镇教职工人均年收入增幅低 14 个百分点，城乡之比从 1.54：1 拉大到 1.76：1，东部、中部和西部地区都有所拉大。全国有 19 个省份这一差距都在拉大；而中部地区初中教职工人均年收入城乡之比超过 2.0：1，福建、山东、安徽 3 省该指标城乡之比超过 3.5：1。

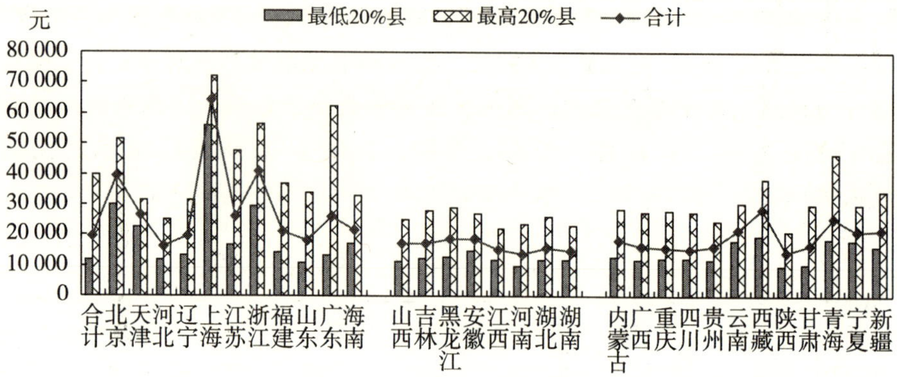

图 2－15　2006 年初中教职工年平均收入

三、教育投入与财政支出相对应的县际差异情况指标

（一）小学生均事业费、生均预算内事业费的县际差距明显小于人均财政支出

我国小学生均事业费、生均预算内事业费的县际差距明显小于人均财政支出。2006 年，2 063 个样本县的小学生均事业费、生均预算内事业费的差异系数都是 0.73，明显小于同期人均财政支出的差异系数（1.15）；小学生均事业费、生均预算内事业费 20% 县的倍率分别为 3.87 : 1 和 3.71 : 1，明显小于同期同口径人均财政支出的 20% 县的倍率（4.82 : 1），如表 2－2 所示。

表 2－2　2006 年义务教育生均经费与人均财政支出县际差异比较①

指　标	差异系数	20% 倍率
	小　学	小　学
县数	2 063	2 063
生均事业费	0.73	3.87
生均预算内事业费	0.73	3.71
人均财政支出	1.15	4.82

① 若无特殊说明，本书表中的数据均来自历年中华人民共和国教育部发展规划司、财务司统计数据和历年《中国统计年鉴》数据，下同。

分省差异系数分布散点图显示（图 2－16、图 2－17），我国小学生均预算内事业费的离散度明显小于同口径人均财政支出的离散度。31 个省份中，除江西、广西、贵州、宁夏 4 个中西部省份外，其余 27 个省份的小学生均预算内事业费的差异系数均小于本省份人均财政支出的差异系数。

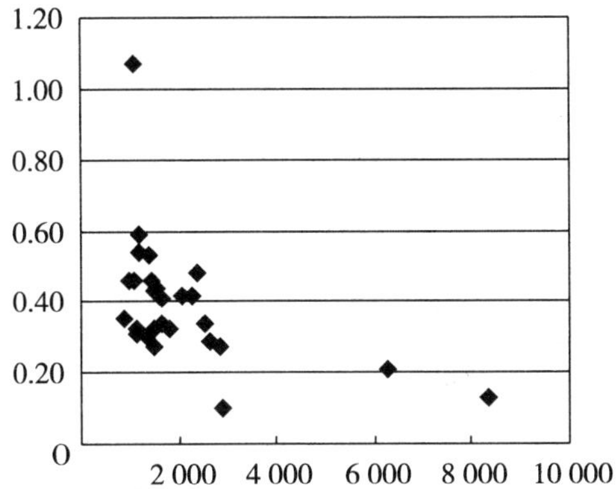

图 2－16　2006 年小学生均预算内事业费差异系数分布

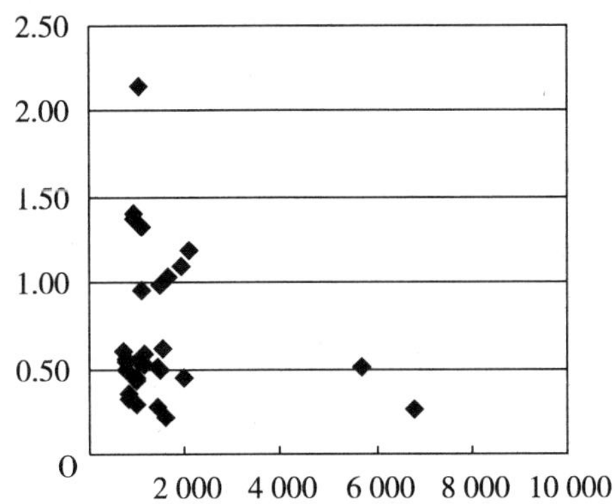

图 2－17　2006 年同口径人均财政支出差异系数分布

（二）初中生均事业费、生均预算内事业费的县际差距明显小于人均财政支出

2006 年，2 055 个样本县初中生均事业费和生均预算内事业费的差异系数分别为 0. 88 和 0. 98，而人均财政支出的差异系数为 1. 14；初中生均事业费和生均预算内事业费县际差距分别为 3. 93 ∶ 1 和 3. 74 ∶ 1，而同口径人均财政支出的县际差距为 4. 80 ∶ 1。

从分省差异系数分布散点图（图2－18、图2－19）可以看出，初中生均预算内事业费的离散程度明显小于同口径县的人均财政支出离散度。除北京、河北、吉林、江西、重庆、贵州、西藏和青海8省（市、自治区）外，其余23个省份的初中生均预算内事业费的差异系数均小于人均财政支出。

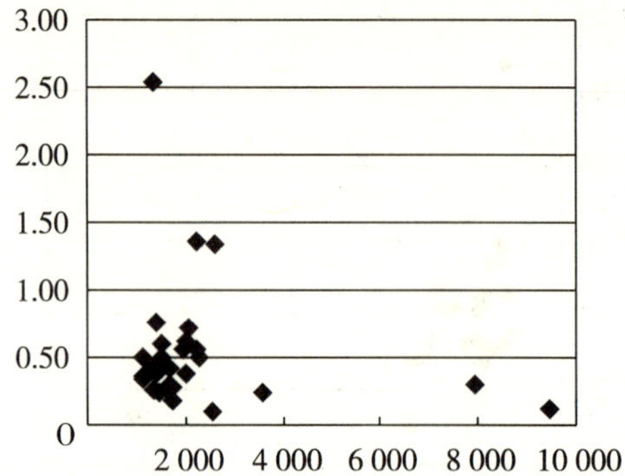

图2－18　2006年初中生均预算内事业费差异系数分布

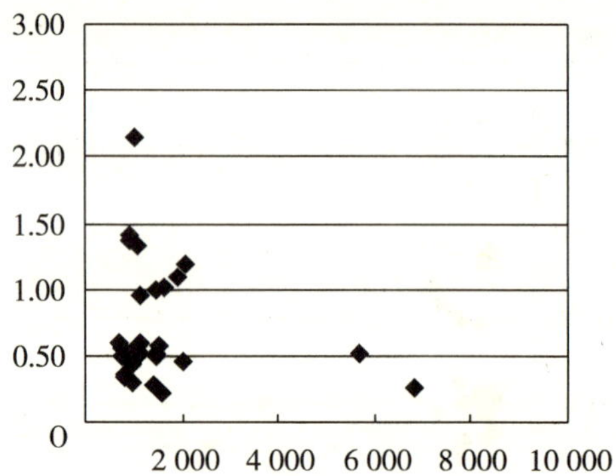

图2－19　2006年同口径人均财政支出差异系数分布

四、教育投入与办学条件的分档情况指标

（一）生均公用经费有所改善，不达标县的比例下降明显

公用经费是学校教学正常运转的必要保障，自2002年以来，初中小学公用经费状况有所改善，虽仍有大量的县达不到标准，但所占比例明显下降。

2006 年，我国小学生均公用经费高于 800 元的县有 663 个，占 20.56%，而2002 年，该比例为6.03%，有194 个县。同年，我国小学生均公用经费低于 250 元的县有 512 个，占 15.88%，而 2002 年，该比例为60.57%。

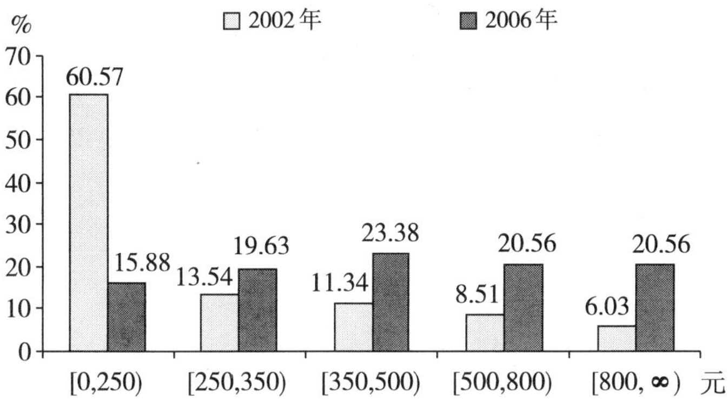

图 2 -20　2002 年、2006 年小学生均公用经费

我国初中生均公用经费水平有所提高，但仍有三分之一的县达不到标准。2006 年，我国初中生均公用经费高于 800 元的县有 659 个，占 20.48%，而2002 年，该比例为 7.24%，只有 233 个县。2006 年，我国初中生均公用经费低于350 元的县有 1 063 个，占 33.04%，而 2002 年，该比例为 69.35%，下降了 33.31 个百分点。

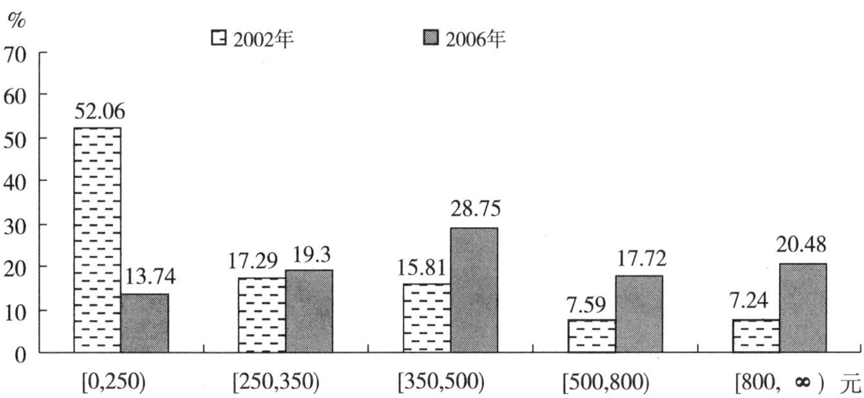

图 2 -21　2002 年、2006 年初中生均公用经费

（二）每百名学生计算机配备水平进一步提高

每百名学生拥有计算机的台数在一定程度上反映了学校教育信息化的程度。近年来，我国小学和初中每百名学生计算机配备状况都有所改善，有20%的县每百名学生拥有计算机台数大于等于7台。

2006年，每百名小学生拥有计算机台数大于5台的县有1 158个，占36%，与2002年相比提升了25个百分点。2006年，我国小学学校每百名学生拥有计算机台数小于1台的县有354个，占11%，而2002年有1 255个县，占39%。

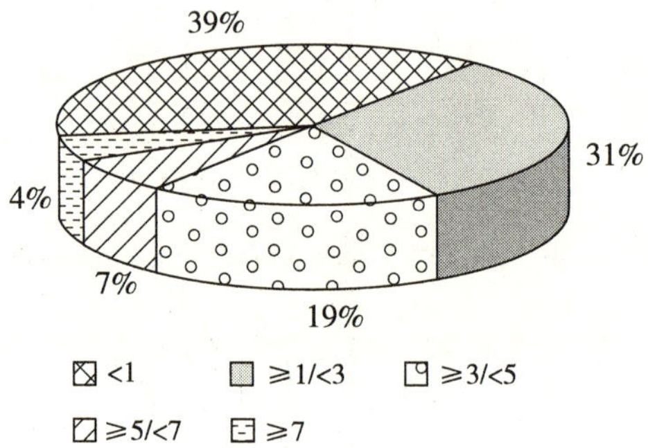

图2－22　2002年全国小学学校每百名学生计算机台数分档比例

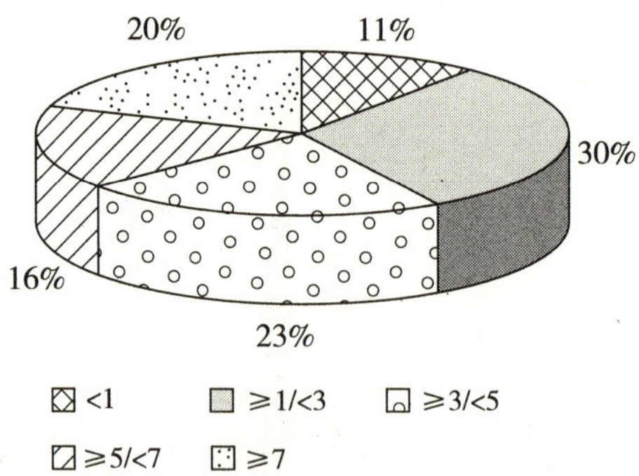

图2－23　2006年全国小学学校每百名学生计算机台数分档比例

2006年，每百名初中学生拥有计算机台数大于5台的县有1 255个，占39%，与2002年相比提升了31个百分点。2006年，我国初中学校每百名学生拥有计算机台数少于1台的县有322个，占10%，而2002年有1 346个县，占42%。

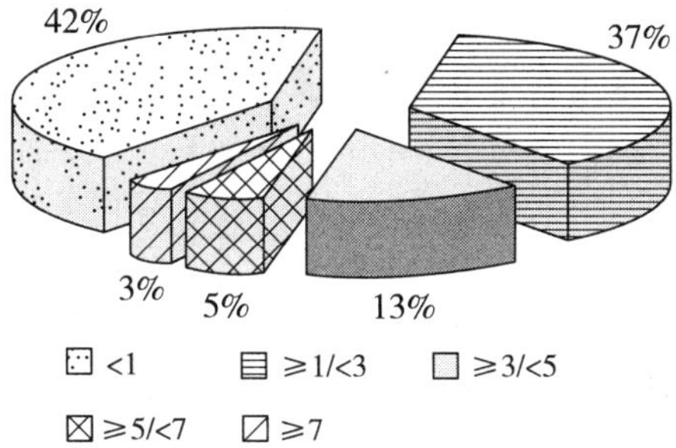

图 2－24　2002 年全国初中学校每百名学生计算机台数分档比例

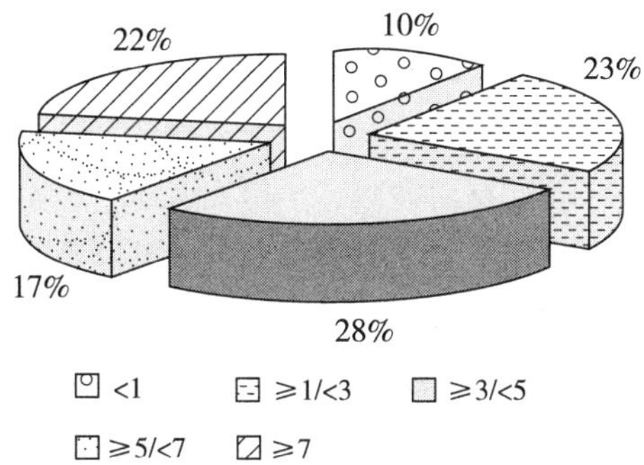

图 2－25　2006 年全国初中学校每百名学生计算机台数分档比例

（三）小学大班额问题趋于严重，初中情况有所好转

小学学校班级人数 56 人及以上称为大班额。近年来，全国各区县的小学大班额问题越来越严重，其中西部区县较为突出。2006 年，小学大班额比例大于等于 30% 的县有 341 个，占 10.61%，而 2002 年，有 227 个，占 7.08%，其中西部增长得较快。

全国各区县的初中超大班（初中学校班级人数 66 人及以上的称为超大班额）比例情况有所好转。2006 年，初中超大班额比例大于等于 35% 的县有 709 个，占 22.04%，比 2002 年降低了 2.39 个百分点，其中中部下降了 6.71 个百分点。

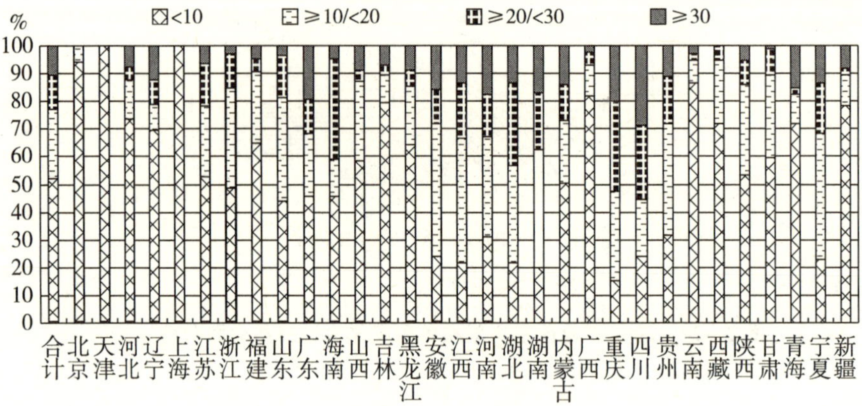

图 2－26　2006 年小学大班额比例分档

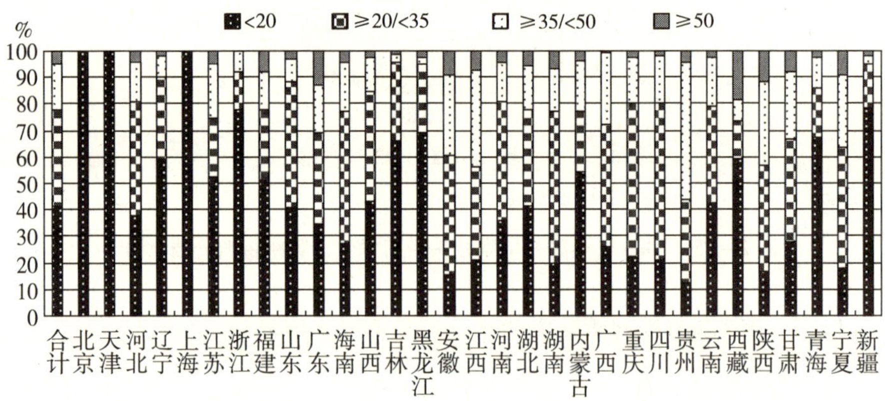

图 2－27　2006 年初中超大班额比例分档

（四）高一层学历教师比例的县际差距明显缩小

2006 年，全国小学高一层学历教师比例大于等于 60% 的区县有 1 989 个，占 61.83%，比 2002 年提高了 49.99 个百分点，这表明县际差距在缩小，其中西部从 2002 年的 6.01% 提高到 57.73% 的区县小学高一层学历教师比例大于等于 60%。

2006 年，全国初中高一层学历教师比例大于等于 40% 的区县有 1 595 个，占 49.59%，比 2002 年提高了 35.32 个百分点，这表明县际差距在缩小，其中西部从 2002 年的 8.04% 提高到 45.41% 的区县初中高一层学历教师比例大于等于 40%。

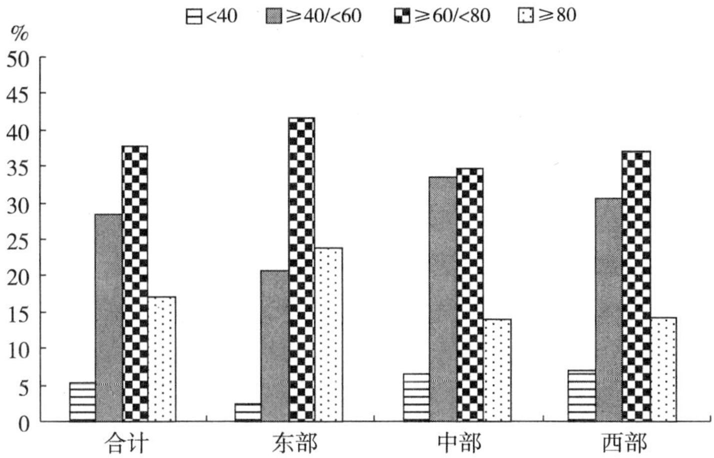

图 2－28　2006 年小学高一层学历教师比例分档

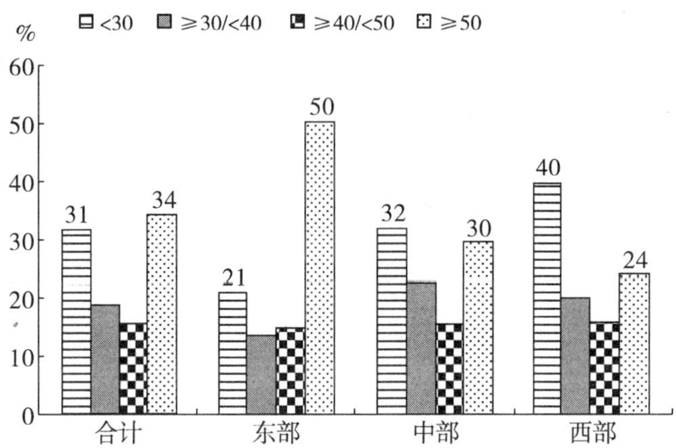

图 2－29　2006 年初中高一层学历教师比例分档

第三章

国际动向及其基本认识

推进教育公平受到各国的普遍重视，成为国际社会的共同追求。各国都把制定相关法律、政策作为推进教育公平的基本保障，将办学的标准化和规范化作为促进教育公平的重要手段，把财政制度建设作为保障教育公平的有效支撑，将改善和提高教师地位和待遇作为推进教育公平的重要环节，把扶持贫困地区提高教育水平、保障弱势群体平等的受教育机会作为政策关注的重点。

作为发展中大国，我国在借鉴其他国家推进教育公平的具体思路和做法时，必须从我国的实际国情出发，理性思考现阶段推进教育公平的特点，形成若干基本共识，理清推进的战略思路。我们认为，推进教育公平的目的是促进教育水平的提高，不断实现教育事业的新发展；推进教育公平的目标要体现我国发展的阶段性特点，符合国家发展总体战略；推进教育公平要与我国经济社会发展同步，努力争取经济财力与社会环境的支撑；推进教育公平在内涵上要体现质量意识，着力于促进每个人有个性而全面的健康发展；教育公平推进过程的关键在于政府基本公共服务职能的有效落实、职能效率水平的提高和取得公共资源统筹配置综合改革的新进展。

第一节 推进教育公平的国际动向

推进教育公平作为国际社会的共同理想与追求，作为实现基本人权的重要途径，已成为国际组织特别关注的领域，并已成为国家组织维护和平与促进发展的重要行动。在一些发达国家，为了推进教育公平并避免由此产生新的社会不公平，政府主导、学校改革和社会支持“三管齐下”，立足于农村的发展和薄弱学校改造的需求，通过采取“预防＋补偿”的策略全面保证教育公平，综合推进城乡、区域以及不同人群之间的教育公平。分析和借鉴国际组织和发达国家在推进教育公平方面的实践及其经验教训，对于我国科学制定推进义务教育公平发展的目标和采取合理有效的公共政策具有重要参考作用。

联合国作为最具权威的政府间国际组织，正通过一系列的法律文献框架来描述和实现其教育公平的主张和诉求。尤其是联合国的教科文组织、儿童基金会等机构，还通过组织和开展全民教育行动等载体，重点推动发展中国家的教育公平。联合国一方面注重运用条约保障对人权的尊重；另一方面，则大力开展一系列全球行动，努力构建落实公民受教育权利的保障体系，以有效地推进教育公平。

联合国颁布的《反对教育歧视》《儿童权利公约》和《和平教育、人权教育与民主教育宣言》等都对教育平等作出了明确的规定。从20世纪中叶的《世界人权宣言》到21世纪的《新千年发展目标》，联合国教科文组织对教育问题的关注始终是以“教育是人的基本权利”为逻辑起点，并且以联合国为首的政府间国际组织还将教育公平作为实现全人类共同发展的基本手段。此外，在联合国制定的一系列国际公约中，在教育领域消除两性不平等都被摆在了突出位置上。如，《消除对妇女一切形式歧视公约》，不仅在受教育权方面明确了妇女和女童的权利，而且还对教育内容和教学过程方面作出了两性平等的规定。这些公约及规定，广泛得到了世界不同体制国家的认同。

除了联合国机构之外，世界银行作为国际性的公益组织，也通过向低收入成员国提供无息贷款，主要资助教育、卫生、环境方面的社会发展项目，偿还期限一般为35～40年。除了软贷款，世界银行还有有利于借款国制订和落实完整计划的执行期限长、利率低的硬贷款。硬贷款也适合借款国提高改善教育办学条件、提高教育的办学质量以及推动教育普及。许多发展中国家主要将世界银行贷款用在扩大入学率、缩小教育差距、提高教育质量等方面，对于推动教育公平、实现全民教育发挥了重要作用。

专栏3－1 国际组织贷款项目：助华改善落后地区学校条件

自2001年12月开始，经过反复研究论证，教育部决定实施世界银行贷款/英国政府赠款西部地区基础教育发展项目，支持四川、云南、广西、宁夏、甘肃5省（自治区）112个县普及九年义务教育，巩固“普九”成果。西部地区基础教育发展项目从2003年下半年开始执行，到2007年年底完成。

项目总投资达1.473亿美元，其中世行贷款1亿美元，资金投放原则是“集中资金，重点投放，保证效益”。投资主要用于乡和乡以下的农村初中和乡中心小学、村学及教学点的校舍建设、教学仪器设备、图书、课桌椅的配套，开展参与式教学、学校发展规划、中小学校长及教师培训活动。项目投资将同省级配套资金一起，从硬件教育提供建设、师资培养和学校管理等方面为西部地区的基础教育提供资金支持。该项目是2003年到2005年世界银行对华贷款中最大的教育项目，完成后，将使西部5省项目地区基础教育的软、硬件建设再上台阶，缩短同东部和中部发达省份的差距。

摘自：国家西部地区“两基”攻坚领导小组办公室．国家西部地区“两基”攻坚知识问答［M］．北京：人民教育出版社，2004：63.

一、法律和政策是各国推进教育公平和落实发展权的基本保障

为在激烈的全球竞争中立于不败之地和保障公民享有法定公平接受教育的权利，世界各国都根据本国实际，纷纷采取积极措施致力于推进教育公平发展，以增强本国的教育竞争力。发达国家通过政府主导、学校改革和社会支持，采用“预防＋补偿”策略全面保证教育公平，积极致力于薄弱学校改造，有效满足农村教育的发展需求，努力推进城乡区域教育公平。

教育公平不仅仅是现代国家教育发展的基本价值追求，而且也已成为国家政治生活、公民发展权的基本主题和原则。通过制定法律法规以及合理的政策促进教育公平成为世界主要的普遍做法。尽管各个国家的国情不尽相同，经济实力、社会发展水平也有所差异，但现代国家都把实现教育公平明确作为政府的责任，把公平当做教育宏观决策的基本原则，避免人为地在教育资源的分配上制造不平等，避免人为地损害公民平等受教育的权利。

通过立法程序把国家关于促进教育公平的方针政策、制度措施等用法律形式固定下来，使整个社会有章可循并坚决保证实施，是实现教育公平发展的最强有力的措施之一。世界各国都把义务教育当做公民的基本权利，通过法律和各种政策予以保障。各国政府都把实行免费的义务教育，保障义务教育的权利公平当做最主要的责任。免费的义务教育可以消除地区经济发展水平、家庭经济条件、父母社会地位等因素对儿童的受教育权所造成的不利影响，从而最大限度地保障所有儿童平等的受教育权。

世界各国纷纷把义务教育看做保障“受教育的权利”的最优先阶段并通过制定有关义务教育的法律法规予以保证。如，美国1993年，克林顿政府在《初等与中等教育法》的基础上，提出了《中小学改进法》，规定保证有二分之一的资助致力于全国最贫困的地区。为此，联邦政府拨专款来落实该法案。进入21世纪以后，小布什政府刚一上台就公布了名为《不让一个儿童掉队》的教育蓝图，将“消除差距、促进平等”列为重要的政策目标。要求州、学区和学校必须负责确保包括处境不利学生在内的所有学生达到较高的学术标准。

二、标准化和规范化是各国促进教育公平的重要手段

制定基本的办学标准以及引导、督促学校实现国家或地方出台的标准，是发达国家实施学校设施规范化和师资配备平均化从而逐步达到辖区内所有学校教学条件均衡化的普遍做法。

在普及义务教育的基础上，日本政府努力使全国的初中、小学学校做到“整齐划一”，即：使全国任何一所学校，无论规模大小，都具备办学的必备条件和设施，使义务教育经费、各校教学条件和教学设施都达到规范的标准。尤其通过实行教师定期流动制，保证了各校间的师资力量和教学水平的相对均衡。同时，日本重视校长的经历，一般到50岁左右，才有可能出任校长。校长任期两年，连任者需在校际之间轮换，既保证了各校师资力量和管理水平的相对均衡，也有利于各校办学经验的交流。由于公立学校教育质量优良，公民享有平等的受教育机会，在日本义务教育阶段的择校问题相对并不严重。

在普及免费的义务教育基础上，为了纠正学校分层和过度的应试竞争，韩国在包括私立初中在内的一切初级中学推行平准化工作，旨在将所有教育资源整合起来重新平等分配。其中，教师、设施、财政等因素是平准化工作的重点。原先的名牌初中被关闭，一批新初中设立起来，不达标的学校被缩

减招生定员甚至中止招生。政府对不利学校增加教育拨款，改善其办学条件；教师每工作四年流动一次，确保学校师资水平均衡；对学生进行综合评分，各学区内由计算机随机分配就学。这种做法在确保义务教育阶段学校均衡化的同时，也可能加剧受高等教育机会不平等状况。

三、健全教育财政制度是各国推进教育公平的坚实支撑

无论是中央集权、地方分权还是二者相结合的教育行政体制，凡教育公平推进较有成效的国家，重视教育投资、优先满足义务教育的经费需求，保证义务教育均衡发展，是一些发达国家的普遍做法。尤其是确立中央政府或是州（省、邦、都道府县）一级政府的国家义务教育投资主体地位，并强调两级政府合理分担教育开支。

在“二战”后，美国基础教育公共投资主体的重心开始逐步上移。特别是最近20年来，州级政府已经取代了地方学区，成为基础教育公共投资的第一提供者。近年来，美国又呈现出义务教育财政支出的中央化趋势，以弥补由于地方经济发展不平衡的客观现实所造成的地方政府负担义务教育经费所带来的诸多有损公平的现象；并且美国通常采用“最低基金计划”“统一资助计划”或“州全额资助计划”等分担教育经费，各州通常把20%～30%的教育经费列为专项，用于双语教学、职业教育、特殊教育、学校交通等专项补贴。在法国现行的义务教育投资体制中，中央财政负担义务教育阶段全体教师的工资。该项支出是义务教育支出的最大项目，中央财政承担了70%以上的义务教育经费。事实上，法国现行义务教育投资体制的形成，经历了一个几乎全部由市镇负担转为市镇、省、中央共同负担，并以中央负担为主的过程；韩国中央政府是基础教育投资的绝对主体。

通过各级财政的再分配，补贴困难地区的义务教育开支，也是一些发达国家的普遍做法。美国由各学区实行独立的义务教育财政，联邦和州直接对学区提供财政补助。联邦教育部基金主要为处境不利的群体和无正常学习能力的儿童提供补助，州政府主要负责实现义务教育财政纵向和横向的平衡。接受拨款由学区内收入低于贫困线家庭的学生人数来决定，覆盖了全美约三分之二的小学生。州政府采取政府间补助的方式支持地方政府对教育经费的供应，通常采用专项一次性学生人均补助和配套专项补助；日本的义务教育财政转移支付是通过中央政府向都道府县和市町村的财政补助来实现的，主要包括两种类型：一是地方交付税（均等化补助），弥补地方财政收入不

足，平衡地方财政能力，使地方有能力达到中央规定的公共服务水平；二是国库负担金（专项补助），以实施中央政府经济社会政策为目的。分配方式上，绝大多数按项目分配，而且要求配套补助，教师工资、教材、校舍补助比例在50%左右。

四、改善教师地位和待遇是各国促进教育公平的关键环节

建立一支数量足够、质量合格的教师队伍，并实现均衡配置，无疑是各国推进义务教育均衡发展的重要内涵。为实现这一目标，许多国家纷纷对教师尤其是对农村地区、欠发达地区的教师实施优惠政策，努力提高教师的地位和待遇，从而保证义务教育阶段教师资源的相对均衡配置。

为改善教师的社会和经济地位，很多国家将义务教育阶段公办学校教师纳入国家或地方公务员的系列，工资由中央或较高层次地方财政承担。如，法国中小学教师属于国家公务员，全国义务教育教师由国民教育部实行严格统一的管理，教师工资得到中央财政的绝对保证。韩国、埃及等国将义务教育教师工资全额纳入中央财政预算，由中央财政独立承担。此外，许多国家还建立了教师合理流动制度，以提高教师资源的利用效率。如，日本建立了城市与农村、偏僻地区与内地之间的教师定期流动制度。韩国、澳大利亚等国都已形成了完备的教师定期流动轮换制，并将此作为促进区域教育均衡发展的一项制度。

五、扶持贫困地区、弱势群体是各国促进教育公平的落实重点

重视贫困地区和弱势群体的教育发展是世界各国政府政策关注的重点。许多国家在长期实践中根据具体国情和实际需要，形成了各自的针对贫困地区和弱势群体的扶持措施，在为全体适龄儿童提供较为平等的接受义务教育机会方面积累了值得借鉴的经验和教训。

法国设立教育优先区政策，大力推进落后地区加速教育发展。具体做法包括：强化早期教育、实施个别教学、扩大校外活动、保护儿童健康、加强教师进修、追加专门经费、增加教师补贴、提高校长待遇、建立管理协调机制等一系列措施。优先区由1981年的363个增加到2001年的706个，覆盖面由最初的8%的小学生和18%的初中生扩大到15.2%的小学生和17.3%

的初中生。该政策实施以来，困难地区的义务教育条件得到改善，但学生学业差距却没有缩小。原因有三方面：一是教育优先区内困难家庭相对集中，移民和语言背景对学业成就的阻碍作用强大；二是优先区的设立可能导致困难家庭向区内集中，区内条件优越家庭向区外转移；三是优先区教师等既得利益者阻碍优先区划分根据条件改善作合理变动。

通过助学金计划等途径补助困难家庭学生的义务教育成本和机会成本，也是一些国家的主要举措。让贫困家庭的儿童放弃工作转而接受义务教育，就意味着其家庭必须承担这一机会成本。因此要在根本上提高义务教育需求的受教育积极性，就不能仅限于对义务教育成本的补助，而要进一步补偿受教育者的机会成本。芬兰面向少数民族或移民子女实行双语教育，提供专项经费，给经济不利群体提供经济资助，建立完善的困难学生资助系统或补偿教育，使各民族、各阶层人群都有机会获得良好教育，这些都是非常有益的做法与经验。

第二节　推进教育公平的初步认识

我国是世界上人口规模巨大、地域广阔的发展中大国。在社会主义初级阶段的基本国情和特殊的历史发展阶段中，无论是研究教育公平理论，还是研究教育公平实际推进状况及其方略，都不可能将经济学、社会学、政治学以及法律领域的公平理论机械地运用于教育公平领域，更不可能简单地引用国外教育公平的理论和实践。本研究讨论教育公平理论，旨在基于特定的国情、在义务教育发展的特定阶段中，通过深入研究、理解国内外公平理论尤其是教育公平领域的研究成果，从我国国情以及经济、社会、教育发展的阶段特点出发，从发现问题、理清思路、实实在在地推进我国及各地区的教育公平出发，理性思考推进我国教育公平的阶段性特点，提炼成若干推进教育公平的基本理念，实际应用于科学分析、评价我国及各地区义务教育发展的公平状况，应用于设计推进义务教育公平的战略思路和行动框架。

一、推进教育公平的要义是不断实现新的发展

我国现阶段追求的教育公平应该是动态的公平、体现发展的公平、具有一定质量的公平。我们需要通过教育的不断发展促进教育公平。

在不同国家以及不同的历史阶段，教育公平的内涵及推进教育公平的目标有所不同。评价与推进我国义务教育公平的目标及其对策，不能脱离我国及各省份义务教育发展存在的实际问题和困难。在现行发展阶段中，推进义务教育公平，一是要通过政府努力，促进我国各省份义务教育的持续发展，并以此逐步提高义务教育的公平发展程度；二是要通过推进义务教育公平目标和政策的落实，加快后进地区、薄弱学校和不利人群的发展，通过做长"短板"和不断缩小差距，让社会和家长能够感受到教育公平带来的实惠，让孩子在公平的教育环境中获得个体发展。

与世界上其他发展中人口大国相比，目前我国义务教育适龄儿童入学普及率处于较高水平，但在均衡发展以及满足广大人民群众日益增长的接受条件更好、质量更高的教育的需求方面，仍存在问题与困难。例如，在西部经济发展相对落后地区，农村的义务教育依然面临保障水平低、教师水平和办学条件差、教育教学质量不高、缺乏推进素质教育的基本条件、边远山区的孩子尚难以接受合格的义务教育等突出问题。即使是东部、中部地区，也有一部分省份仍存在严重的资源配置不均衡、城乡教育水平差异突出的现实问题。尤其是在中部地区的县镇初中，超过66人以上的大班额比例相对较高，超过100名学生同坐一个教室的情况也时有发生。在部分大中城市，一部分进城务工人员子女在读学校的办学条件和师资配备依然处于较低的水平，难以分享到国家改革开放以及现代化、信息化发展带来的直接成果。

在这种形势下，提高义务教育的总体发展水平仍将是我国教育发展的一项长期而艰巨的任务。推进义务教育公平必须直面这样一个整体发展水平依然不高的义务教育发展现状，需要增加教育投入、改善办学条件、促进教师队伍发展以及提高教育质量水平的策略和行动取向。以公平促发展不是要简单地缩小目前存在的区域、城乡、学校以及人群之间的教育差距，不是削峰填谷，不是现有资源存量的再分配，甚至也不是限制办学水平较高学校的继续发展，更不是简单地追求指标以及数量上的平均。以公平促发展的思想内涵在于：通过发展，让不利人群分享到均等的受教育机会；通过发展，改变落后地区义务教育软、硬件水平的落后面貌；通过发展，提高中、西部地区农村学校以及城市薄弱学校的教育教学质量；通过发展，让每一个儿童都能在共和国的同一蓝天下获得合格教育和发展的均等机会。

二、推进教育公平的目标要符合国情和国家战略

推进义务教育公平的前提是正视我国社会主义初级阶段人口大国的基本

国情。制定推进教育公平的目标以及科学评价全国及各省份义务教育公平发展水平，不能脱离国家发展所处的历史阶段及其基本特点，必须适应国家现代化发展战略目标和总体发展思路。

改革开放以来，经济持续快速增长，我国经济社会发展取得了举世瞩目的成就，国家面貌发生了历史性的变化，综合国力得到明显提升。但是也不能不看到，我国毕竟是一个人口众多、区域城乡差距突出、公共服务能力和公共保障整体水平不高的发展中国家，还没有从根本上摆脱不发达的状态，总体上还处于工业化的中期阶段，我国仍处于并将长期处于社会主义初级阶段的基本国情没有变，人民日益增长的物质文化需要同落后的社会生产之间的矛盾这一社会主要矛盾没有变。科学技术水平、国民教育水平和文化素质同发达国家相比还有比较大的差距。城乡之间、区域之间发展不平衡的矛盾还会长期存在。虽然党和政府在促进协调发展方面采取了许多政策措施，但是差距扩大的趋势尚未根本扭转。从抑制差距扩大到逐步缩小差距，还需要坚持不懈的努力。

推进教育公平必然要置于国家发展战略和国家现代化发展大的坐标系中统筹规划与实施。推进教育公平既是全面建设小康社会和实现国家现代化的重要内涵，也是实现国家发展战略目标的重要推动力量。按照我国到 2020 年实现全面建设小康社会、2050 年基本实现现代化的战略目标要求，推进教育公平、推进教育现代化应该形成与之相对应的国家目标体系和行动框架。从适应国家发展阶段性战略目标要求和义务教育发展的阶段性特点出发，到 2020 年，推进我国义务教育公平的目标，重点应聚焦于促进县、区内部的公平，即，在各省份的县、区（包括其他县级行政区划单位）内部实现义务教育就学机会均等、各类教育资源配置和软硬件办学条件均衡、所有孩子的发展得到基本保障。在此基础上，伴随国家到 2050 年实现基本现代化的目标逐步提高义务教育的公平程度。通过整体发展、落后地区的快速发展缩小各省份内部各区县之间的差距，将工作重心逐步转向促进 31 个省份之间的教育公平。

三、推进教育公平应与社会经济发展同步

教育公平是社会进步中一种不断的追求，它不仅取决于人们的愿望，也同时取决于一定的物质基础和教育的内外部环境。推进义务教育公平只能是一项系统工程，教育公平不可能孤立于经济发展、社会进步及其政府的可调

动财力、资源基础而单独真正实现。换句话说，推进义务教育公平既离不开一定的经济基础和社会环境，也离不开政策的有力引导和制度保障。

与发达国家相比，我国社会经济发展仍面临诸多问题与困难。人均产值不高，固定资产投资总规模依然偏大；经济发展水平和可用于公共服务方面的财力依然有限，城乡之间、地区之间发展依然不平衡；人民群众对于公共品与公共服务日益增长的需求与供给不足之间的矛盾依然突出。尤其是西部经济欠发达省份，自然环境条件差，少数民族居住相对集中，人均产值、财政自给率和人均收入等综合性社会总体发展水平较低（见表3－1），均与东部地区存在明显差距。确定推进教育公平的阶段划分及其目标、内涵，必须要适应各地区社会经济发展的实际水平和可能获得的财力支撑，唯其如此才能相互促进，形成各省份义务教育公平发展的和谐局面。

表3－1 2006年西部地区省份主要经济指标情况①

地 区	人均GDP（元）	财政自给率（%）	农民家庭人均纯收入（元）
平均	11 504	35.8	2 576
内蒙古	20 053	42.3	3 342
广西	10 296	47.0	2 770
重庆	12 457	53.5	2 874
四川	10 546	45.1	3 002
贵州	5 787	37.1	1 985
云南	8 970	42.5	2 250
西藏	10 430	7.3	2 435
陕西	12 138	44.0	2 260
甘肃	8 757	26.7	2 134
青海	11 762	19.7	2 358
宁夏	11 847	31.8	2 760
新疆	15 000	32.4	2 737

四、推进教育公平的内涵应着重体现质量和促进人的发展

教育是一种培养人的复杂社会活动，推进教育公平要体现适应受教育者

① 数字来自或根据《中国统计年鉴2007》数据推算。

个性化的全面发展需要、体现家长等利益相关方的社会感受与评价。根据国内外公平的理论研究成果，教育公平的内涵不仅涉及物质层面、当下可以感受到层面的公平，同样也涉及非物质层面以及孩子未来发展的基础。推进教育公平，不能因为注重和突出了整体进展以及整体质量，而忽视了活生生存在的学生个体性差异乃至一部分学生的特殊教育需求。这也是教育规律和教育宗旨的基本要求。

推进教育公平强调标准化建设、强调政府的导向及政策保障，但不能因此而过分依赖呆板和“一刀切”的指标、数据及其标准，不能将各级政府的行政绩效作为教育公平的直接驱动力。我国各地区教育发展的外部环境和教育自身的发展水平差距很大，推进义务教育公平不可能实现统一步调。另外，与均等的教育机会、均衡的教育资源配置、高水平的教师队伍配置相比，建设和逐步形成兼容孩子个体差异、适应不同禀性的孩子、促进所有孩子实现全面发展的教育以及相应的教育体制，同样是教育公平的重要内涵，更需要改革创新、并为之付出长期不懈的努力。

学校是实施义务教育的基础阵地，学校的校风、校园环境、文化特色、教育教学风格和管理特点，是促进学生健康发展的重要因素。通过政策引导、社会参与等多种途径和多样措施，促进义务教育学校形成独特的办学风格和校园文化特色，并凸显教育教学微观活动灵活性以及学生进步评价科学性，既是教育领域贯彻落实科学发展观的具体行动，也是遵循教育规律、办好让人民群众满意教育的要求，更是推进义务教育公平的题中之意。

五、有效推进教育公平主要取决于基本公共服务职能的落实

综合改革和实施惠民政策是推进教育公平的巨大动力。所以，我们要从实际出发，发挥各级政府的行政优势，围绕义务教育资源的城乡、区县内部、学校之间的均衡配置，积极推进各地区综合改革，为相关政策、法规的落实形成新的边界条件，为推进义务教育公平提供新的动力机制。

推进义务教育公平起主导和决定作用的是政府的公共服务导向及其职能效率水平。在政府职能的“缺位”“越位”背景下，做任何事情都不可能真正有效推进义务教育公平。为公民提供公平的义务教育服务，是政府基本的公共职能，也是执政为民理念的具体体现。无论政治体制及其价值观取向如何，世界各国政府都普遍把为公民提供高水平、高质量的基础教育作为执政理念和公共职能，都把改善教育状况、提高教育质量作为促进人和社会发展

的基础工程和重要手段，并通过立法和有效的监督，努力保障公民接受公平的义务教育。《中华人民共和国义务教育法》规定义务教育实行国务院领导，省、自治区、直辖市人民政府统筹规划实施，县级人民政府为主管理的体制。从法律上强调了省级政府的统筹作用，明确了管理要以县为主。体现了从“人民教育人民办”到“义务教育政府办”的转变。省级政府是地方最高的行政机关，对包括义务教育在内的各项地方公共事业负有首要责任，对推进义务教育公平应该也能够发挥重要作用。

推进教育公平不能单纯依靠教育部门的有限职能，需要政府多部门参与共同推动地区内部的综合改革。合理运用政府行政权力和公共资源的调控能力，从制定区域发展规划、人才等要素流动的引导管理、对特殊群体实施特殊政策、创新现有财政税赋制度等途径入手，打破现有制度框架下义务教育生源、教师来源与配置、经费分配、软硬件办学资源调控等方面的边界条件，从源头上形成义务教育入学机会均等和资源均衡配置的良性局面。

第四章

推进义务教育公平的政府努力

在构建和谐社会与全面建设小康社会的进程中，实现教育公平已经成为缓解社会矛盾、实现社会公平的重大举措。党中央和国务院将建设人力资源强国作为民生建设的首要工程，力争使教育体现最大的公平，将缩小城乡间、地区间教育事业发展差距，推进义务教育均衡发展，作为推进教育公平的主要着力点，努力办好人民满意的教育，并以法律形式予以保障。

党中央和国务院进一步确立了农村教育重中之重的战略地位，提出新增教育经费主要用于农村的重大决策，确立公共财政支撑农村义务教育的政策框架，以中央财力投入为主，启动了“西部攻坚计划”等一系列重大教育工程及项目。通过标准化学校建设、落实公用经费标准等具体举措，抬高底部，着力改善薄弱学校办学条件，对推动农村和落后地区教育事业发展，缩小城乡间、地区间义务教育发展差距产生了积极影响。

随着西部攻坚计划的圆满完成、后“两基”时代的到来，党中央和国务院将推进义务教育公平的重点逐步从硬件改善向硬件改善与教师队伍素质提升并重转变，从关注普及向关注普及与教学质量提高并重转变，重视义务教育发展的监测与指导，积极探索与建立有效的督导评估制度。

第一节 将促进教育公平确立为国家重大战略举措

一、以教育公平推进社会公平，义务教育公平成为检验政府责任是否到位的重要指标

党的十七大明确提出了优先发展教育，建设人力资源强国的重大战略目标，并将其列为建设和谐社会的六大任务之首。以胡锦涛总书记为核心的党中央，高度重视教育事业的发展，从国家战略高度提出了诸多推进教育事业发展的真知灼见，指出教育是民族振兴的基石，教育公平是社会公平的重要基础。

教育事业肩负着党中央在新时期促进社会和谐、公平发展的神圣使命。促进教育的公平发展已经是党和政府改善人民生活水平、缓解当前社会主要矛盾、推动社会公平实现的重大举措，是实现全面建设小康社会和构建和谐社会的关键环节，也是党执政为民理念的直接体现。胡锦涛同志在政治局学习时强调，保证人民享有接受教育的机会，是党和政府义不容辞的职责，也是促进社会公平正义、构建社会主义和谐社会的客观要求。要坚持教育为社会主义现代化建设服务、为人民服务，全面实施素质教育，深化教育体制改革，统筹城乡、区域教育，统筹各级各类教育，统筹教育发展的规模、结构、质量、效益，努力办好让人民群众满意的教育。

温家宝总理在北京师范大学座谈时，提出要使教育体现最大的社会公平，必须大力发展教育事业，努力使教育体现出最大的社会公平，让所有的孩子都能圆上学梦，让所有贫困家庭的子女都能上学，真正享有受教育的平等权利。因此，坚持教育公益性，促进教育公平，保证人民享有接受教育的机会，是党和政府义不容辞的职责，也是促进社会公平正义、构建社会主义和谐社会的客观要求。

义务教育是国家必须予以保障的公益性事业，关系到国民素质的提高和国家的命运，关系到社会公平的实现，关系到和谐社会的建设，是国家发展的基础性工程，是全面建设小康社会的重要内容。义务教育能否实现公平，为全社会广泛关注，也是检验政府责任是否到位的重要指标之一。

二、出台重大政策，确定了农村义务教育重中之重的战略地位

党中央、国务院高度重视农村义务教育发展，把农村教育作为教育工作的重中之重。“十五”期间，中央召开了新中国成立以来第一次全国农村教育工作会议，出台了《国务院关于进一步加强农村教育工作的决定》重大决策，确立了农村义务教育重中之重的战略地位，制定了新增教育经费主要用于农村的决策，并决定实施西部地区“两基”攻坚计划；先后多次召开西部地区“两基”攻坚现场会、农村现代远程教育现场会、农村义务教育保障机制工作座谈会等一系列专门工作会议，全面部署农村教育工作，真正把农村义务教育作为教育工作的重点。

在本届政府历次工作报告中，对农村义务教育阐述最多，出台政策最多，投入最大，充分体现了党中央、国务院对农村义务教育的重视，得到了广大人民群众的深切拥护。2004 年，政府工作报告提出，重点加强义务教育特别是农村义务教育，实施三大工程：中央财政投入 100 亿元实施西部地区“两基”攻坚计划。中央财政投入 60 亿元继续实施第二期农村中小学危房改造。中央财政和地方财政投入 100 亿元，实施农村中小学现代远程教育工程。

2005 年，政府工作报告提出，完善以政府投入为主的义务教育经费保障机制。决定从 2005 年起，免除国家扶贫开发工作重点县农村义务教育阶段贫困家庭学生的书本费、杂费，并补助寄宿学生生活费；到 2007 年，在我国农村普遍实行这一政策，使贫困家庭的孩子都能上学读书，完成义务教育，并要求认真解决好进城务工农民子女上学的问题。

2006 年，政府工作报告提出，要大力普及和巩固九年义务教育。从 2006 年起用两年时间，全部免除农村义务教育阶段学生学杂费，2006 年在西部地区实施，2007 年扩大到中部和东部地区；继续对贫困家庭学生免费提供教科书并补助寄宿生生活费。将农村义务教育全面纳入国家财政保障范围，建立中央和地方分担的农村义务教育经费保障机制。为此，今后五年国家财政新增义务教育经费累计将达 2 182 亿元。

2007 年，政府工作报告提出，在我国农村全部免除义务教育阶段的学杂费，使农村 1.5 亿中小学生的家庭普遍减轻经济负担；继续对农村贫困家庭学生免费提供教科书并补助寄宿生活费。完善农村义务教育经费保障机制，不断提高保障水平，2007 年，我国财政安排农村义务教育经费 2 235 亿元，比 2006 年增加了 395 亿元。“十一五”时期中央财政投入 100 亿元，实

施农村初中学校改造计划。

2006 年，我国义务教育总投入 2 177.28 亿元，为 2002 年的 1.73 倍，其中，财政预算内义务教育拨款为 1 880.5 亿元，为 2002 年的 1.9 倍。

三、修订教育法规，确定义务教育均衡发展是实现教育公平的重要任务

教育部把推进义务教育均衡发展作为工作重点，颁布了《关于进一步推进义务教育均衡发展的若干意见》《关于大力推进城镇教师支援农村工作的意见》等专门文件，从制度上、政策上推动各地解决区域内义务教育发展差距问题，要求各级政府把推进义务教育均衡发展摆在重要位置，把义务教育的重心进一步落实到办好每一所学校和关注每一个孩子的健康成长上来。

新修订的《中华人民共和国义务教育法》关于推进义务教育均衡发展的规定是相当明确、相当全面的。明确国务院和县级以上地方人民政府应当合理配置教育资源，促进义务教育均衡发展，改善薄弱学校的办学条件，并采取措施，保障农村地区、民族地区实施义务教育，保障家庭经济困难和残疾的适龄儿童、少年接受义务教育，均衡与否成为检验政府责任是否到位的重要指标之一。

第二节　集中中央和地方财力，实施重点项目工程

我国是一个地区差距、城乡差距较大的发展中大国，从国家层面上努力缩小地区间、城乡间义务教育发展差距，推进教育与社会、教育与经济的协调发展，是符合国家发展战略要求和适应国情的正确选择。

一、实施西部攻坚计划，促进地区间和城乡间义务教育均衡发展

为了加快西部贫困地区、边疆地区、民族地区义务教育的发展，2003 年，针对西部 12 省区和新疆建设兵团共 410 个尚未实现“两基”的县级行政单位的现状和困难，党中央和国务院审议通过了教育部等部门联合制定的《国家西部地区“两基”攻坚计划（2004—2007）》，提出把解决西部地区“两基”问题当做攻坚战役来打。

2004 年，西部地区“两基”攻坚计划正式启动，教育部等三部委与西部 12 个省（市、区）和新疆建设兵团分别签署了“两基”攻坚责任书。国务院总理温家宝指出：“在这些山区完成‘两基’攻坚任务，有利于在全国范围内实现全面普及九年义务教育的目标，并将对推进西部扶贫开发、促进民族团结、维护边疆稳定起到非常重要的作用。”因此，西部攻坚计划是新世纪促进地区间和城乡间经济社会全面协调发展的重大战略举措，也是践行“三个代表”重要思想和全面推进西部地区小康社会建设的民生工程。

西部地区各地政府认真贯彻落实国务院要求，纷纷制定“两基”攻坚规划，层层落实“两基”攻坚目标和责任，努力保障“两基”攻坚工程配套经费及时到位，确保工程进度和工程建设质量；和当地人民群众一起，创造了一个个“并点、建校”的典型案例，谱写了一篇篇“劝学、助学”的动人乐章。

“两基”攻坚计划显著改善了西部农村地区学校和教育的面貌，推动西部地区农村教育跨上新的台阶，促进了西部地区乃至全国义务教育的均衡发展，并对西部大开发以及和谐社会建设产生了重大而深远的影响。从此，西部农村义务教育发展站在了一个新的历史起点上。

二、实施系列工程，改善农村地区和落后地区中小学办学条件

国务院有关部委和各地政府认真贯彻落实国务院精神，在国家“两基”攻坚领导小组的统筹下，中央政府不断加大投入力度，启动并进一步实施了“国家贫困地区义务教育工程”“农村中小学危房改造工程”等国家项目，为加快西部地区的教育发展提供了重要的支撑和保障。

表 4－1　促进义务教育公平的政府行动和工程

工程及项目	资金总量（亿元）	中央财政（亿元）	西部所占比例（%）	用　途
国家贫困地区义务教育工程	200	89	80	提高普及程度、改善办学条件，加快“两基”进程
农村中小学危房改造工程	—	30	57	改善薄弱学校办学条件
农村寄宿制学校建设工程	—	100	80	农村学生寄宿学习问题
农村中小学现代远程教育工程	110		—	优质教育资源传输到农村中小学

（一）实施“国家贫困地区义务教育工程”和“危房改造工程”，改善贫困地区和薄弱学校办学条件

通过启动两期“国家贫困地区义务教育工程”，中央和地方财政总投入近200亿元，其中80%以上的资金投向了西部；中央政府共投入89亿元，其中60.7亿元投向属于“普九”困难较大的少数民族人口集中的9个省、区，有力地提高了贫困地区义务教育普及程度，加快了“两基”工作进程，极大地改善了项目县中小学办学条件，促进了义务教育均衡发展。

实施“农村中小学危房改造工程”，大力改善了薄弱学校办学条件。为加快农村中小学危房改造步伐，提供基本的安全教学用房，保证农村教育事业持续、健康发展，国务院决定2001—2002年投入30亿元资金（其中57%用于西部地区），加上地方多渠道筹措配套资金，由教育部、原国家计委、财政部和地方各级政府共同实施了“全国中小学危房改造工程”。

（二）实施“农村寄宿制学校建设工程”，着力改善西部农村寄宿生的学习和生活条件

2004年启动的“农村寄宿制学校建设工程”，被列为满足西部地区义务教育阶段新增学额和改善寄宿学生的学习和生活基本需要的重点工程。以国家投入为主，中央政府对寄宿制工程投入100亿元，新建、改扩建了一批以农村初中为主的寄宿制学校，另外加大对不具备基本办学条件的寄宿制学校的改扩建力度，适当增加学校的容量，让确需寄宿的学生能够在具备基本办学条件的学校里学习和生活。

表4－2 2004—2007年“农村寄宿制学校建设工程”资金落实情况①（亿元）

区 域	小 计	中 央	地 方
合计	105.80	100.00	6.64
西部	91.22	86.14	5.92
中部	14.58	13.86	0.72

2004—2007年，“农村寄宿制学校建设工程”共批复学校8 363所，西部占72.7%，中部占27.3%，其中老少边穷地区寄宿制学校建设项目

① 国家西部地区“两基”攻坚领导小组办公室．民生之本 强国之基：西部地区“两基”攻坚报告［M］．北京：人民教育出版社，2008：24.

占了一半，极大改善了410个攻坚县的办学条件，校舍面积新增1 078万平方米，小学生均校舍面积从2003年的4.29平方米增加至2007年的5.15平方米，初中从4.55平方米增加至6.30平方米，满足了208.5万新增学生的就学要求，并且为222.6万新增寄宿生提供了基本住宿条件。①

（三）启动农村中小学现代远程教育工程，以信息化带动均衡化

围绕推进“农村中小学现代远程教育工程”，中央和地方财政投入110亿元资金，用5年时间，为我国农村教学点、农村小学和农村初中分别配置教学光盘播放设备、卫星收视设备和计算机教室，搭建了一个遍及全国农村中小学的远程教育平台，农村学校的教育信息化环境得到明显改善。到2007年，中西部（含海南和河北）农村中小学拥有光盘播放设备440 142套、卫星接收设备264 905套、计算机教室40 858套。通过这些设备，优质教育资源输送到中西部36万所农村中小学校，让亿万农村学生能够与城市学生同在蓝天下，共享优质资源，有效缓解了边远贫困地区农村教育教学资源匮乏、师资短缺问题，通过教育信息化带动了农村教育的现代化，有效促进了义务教育均衡发展，有效促进了农村教育质量的提高。②

三、积极探索农村教师补充新机制

加强农村学校和城镇薄弱学校师资队伍建设是推进义务教育均衡发展的关键环节。中央和地方政府在加大投入的同时，十分重视制度建设，探索农村教师补充新机制。

2006年，教育部、人事部、财政部、中央编办联合启动了“农村义务教育教师特岗计划”。“特岗”就是中央财政安排专项资金，把一些农村教师的岗位买下来，通过公开招募，引导和鼓励高校毕业生到西部“两基”攻坚县农村义务教育阶段的学校任教。这是中央财政对农村教师支持比较大的一个“输血”工程。特岗教师计划实施非常顺利，两年共招聘了特岗教师3.27万人，其中初中教师2.35万人，小学教师0.92万人。2007年招聘

① 国家西部地区“两基”攻坚领导小组办公室．民生之本　强国之基：西部地区“两基”攻坚报告［M］．北京：人民教育出版社，2008：34.

② 全国农村中小学现代远程教育办公室．架起通向未来的桥梁——中国农村中小学现代远程教育工程［M］．北京：人民教育出版社，2008：1，25.

的具有本科以上学历的教师占到了68.4%，比2006年提高了近30个百分点，特岗教师覆盖的县有400多个，涉岗学校4 000多所。特岗计划不仅仅为西部农村学校补充了一大批高素质的教师，还创新了农村教师的补充机制，起到了很好的示范效应。①

2007年3月5日，国务院总理温家宝在十届全国人大五次会议《政府工作报告》中宣布，为了促进教育发展和教育公平，将在教育部直属师范大学实行师范生免费教育。随后国务院办公厅转发了《教育部等部门关于教育部直属师范大学师范生免费教育实施办法（试行）的通知》（国办发〔2007〕34号），决定从2007年秋季起在6所教育部直属师范大学实行师范生免费教育，以鼓励免费师范毕业生长期从教、终身从教。免费师范生享受的优惠有四项：一是由中央财政负责安排免费师范生在校学习期间的学费、住宿费和生活补助费；二是由省级教育行政部门负责落实免费师范毕业生的教师岗位；三是免费师范毕业生在协议规定服务期内，可在学校间流动或从事教育管理工作；四是为免费师范毕业生在职攻读教育硕士提供便利的入学条件。作为一个起始政策文本，这个办法是比较完备的，显示出政府对教师问题的高度重视。

2007年，6所部属师范大学共招收免费师范生10 933人，免费师范生在各地的提档线平均高出省重点线约30分，生源结构和质量均好于往年，中西部地区生源有所增加，占全部生源的90.8%；农村生源占全部生源的60.2%，比上年增加16个百分点；男生比例有所增加，达到38.7%。“这些都有利于教师队伍结构的调整及免费师范生政策的落实，尤其是有利于促使师范生毕业后到中小学、基层学校及农村地区任教”②。

第三节 实施农村义务教育经费保障新机制

党中央、国务院一贯高度重视农村义务教育的发展，将农村义务教育作为我国教育发展的“重中之重”。为保障农村义务教育事业的健康发展，减轻农民负担，促进新农村建设及和谐社会建设，2005年12月，国务院印发了《国务院关于深化农村义务教育经费保障机制改革的通知》（国发

① 摘自教育部2007年第10次例行新闻发布会新闻发言稿。

② 杨东平．教育蓝皮书：深入推进教育公平：2008［M］．北京：社会科学文献出版社，2008.

〔2005〕43 号)，召开了全国农村义务教育经费保障机制改革工作会议，对建立农村义务教育经费保障新机制进行了全面部署，将农村义务教育纳入公共财政保障范围，初步形成了公共财政支撑农村义务教育的政策框架。

《国务院关于深化农村义务教育经费保障机制改革的通知》提出全部免除农村义务教育阶段学生学杂费，对贫困家庭学生免费提供教科书并补助寄宿生生活费。免学杂费资金由中央和地方按比例分担，西部地区为 8 ∶ 2，中部地区为 6 ∶ 4。免费提供教科书资金，中西部地区全部由中央承担。2006 年，西部地区农村义务教育阶段中小学生全部免除学杂费，到 2007 年，中部和东部地区农村义务教育阶段中小学生全部免除学杂费。2008 年，扩大免费教科书覆盖范围。

农村义务教育经费保障机制改革，从制度上厘清了各级政府对农村义务教育的经费保障责任，使农村义务教育投入大幅增加，所有农村中小学都拿到了财政拨付的公用经费，多数省份农村义务教育的投入水平较改革前有了较大程度的提高。中央和地方将于 2006—2010 年间累计新增农村义务教育经费 2 182 亿元，西部地区 2006 年义务教育预算内拨款占义务教育总投入比例达到 85%，比 2003 年提高 10 个百分点。

农村义务教育经费保障机制改革，逐步建立和完善资助困难学生的制度，加大中央和地方“两免一补”(免杂费、免费提供教科书、补助寄宿生生活费) 的力度，逐步扩大受资助学生的范围，使中西部农村家庭经济困难学生普遍得到资助，减少了贫困家庭学生就学的经济压力，基本解决了农村学生“留得住”的问题。

2006 年，中央和地方财政共在中西部地区投入“两免一补”资金 155. 2 亿元。其中，免费教科书资金 34. 2 亿元，免杂费资金 101. 6 亿元，寄宿生生活补助资金 19. 4 亿元。西部农村义务教育阶段享受免杂费的学生人数扩展到 4 880 万人，覆盖了西部农村所有义务教育阶段的学生。

政府还为越来越多的农村学生提供免费教科书。2005 年，西部地区免费教科书受益学生数为 1 797 万人，占西部农村地区义务教育阶段总学生数的比例为 37%；2006 年，受益学生数为 1 890 万人，所占比例为 40%；从 2007 年秋季起，西部地区农村义务教育为全部学生免费提供国家课程教科书。

与此同时，享受补助家庭经济困难寄宿生生活费的学生人数也大幅度增加。2005 年，享受“一补”待遇的受益学生数为 372 万，占全部寄宿生比例为 25. 5%；2006 年，增加为 490 万，所占比例增至 37. 1%；2007 年，达到604万，近50%的寄宿生享受了家庭经济困难寄宿生生活补助。

“两免一补”政策的广泛落实，真正惠及了亿万人民群众和数以千万的农村中小学学生，绝大多数学校除了代收课本费和住宿生住宿费外，都做到了“零收费”，切实减轻了农民负担。据初步测算，西部地区仅免杂费一项，平均每个小学生就年减负140元、初中生年减负180元；同时享受免费教科书的家庭经济困难学生，小学生平均年减负210元、初中生平均年减负320元；既享受免费教科书又享受生活费补助的寄宿生，小学生平均年减负达510元，初中生平均年减负达620元。①

农村义务教育经费保障机制使得西部地区有近20万名农村辍学学生返回学校，重新享受接受义务教育的基本权利，感受党和政府政策的阳光雨露，辍学率大大降低。农村义务教育经费保障机制改革，意义重大，影响深远，使得农村教育的面貌正在发生根本性的变化。西部地区农村小学初中适龄儿童少年“上学贵、上学难”的问题得到基本解决。

2008年9月，在全国城市免除义务教育阶段学生学杂费，城乡义务教育免费制度全面实施，为解决城市家庭经济困难学生、进城务工随迁子女等特殊人群接受义务教育提供了基本保障。

第四节　推进合格学校建设，缩小办学条件和质量差距

缩小校际差距是推进义务教育公平最核心、最基本的问题。新修订的《中华人民共和国义务教育法》规定县级以上人民政府及其教育行政部门应当促进学校均衡发展，缩小学校之间办学条件的差距，不得将学校分为重点学校和非重点学校。学校不得分设重点班和非重点班。各地以改善农村中小学校和城镇薄弱学校办学条件为重点，通过加大投入、实施合格学校建设工作，加快推进区域义务教育均衡的步伐。

上海市于“十五”期间调整教育经费支出结构，组织实施了“加强初中建设工程”，重点建设了193所相对薄弱的初中学校。浙江实施了“万校标准化工程”。江苏先后完成了农村中小学“三新一亮工程”。重点进行“六有”工程建设，使农村中小学都达到了“六有”目标（即：有整洁的校

---

① 国家西部地区“两基”攻坚领导小组办公室．民生之本　强国之基：西部地区“两基”攻坚报告［M］．北京：人民教育出版社，2008：49.

园，有满足师生需要的卫生食堂，有冷热饮用水，有水冲式厕所，有安全的宿舍，寄宿生每人有一张床）。

成都市实施农村中小学标准化建设工程，对全市400多所农村中小学进行重建或进行大的翻新，在全市范围内实行城区帮助农村、优质学校帮助相对薄弱学校的“捆绑式”帮扶措施。

云南石林彝族自治县积极探索农村义务教育均衡发展之路，全部撤销了一师一校办学点，新办了56所寄宿制学校，目前全县初中小学办学条件基本达到了省级标准。

沈阳市大力改造城区薄弱初中，使22所薄弱学校校舍面貌发生显著变化，办学条件全部达到“双高普九”标准。

济南市实施了“五个一”教育资源优化升级工程，全面提高中小学办学水平。

广州市“十五”期间投入23亿元实施了以改善中小学办学条件、全面提升基础教育办学综合水平为目标的“教育综合改造工程”，最近3年还将投入50亿元全面改造农村中小学。

安徽铜陵坚持义务教育阶段免试就近入学，取消重点学校、重点班。做了三个方面工作：第一，改善薄弱学校办学条件，按照基础办学标准，依照轻重缓急逐校安排，同时每年还从高中计划外收入中提取20%用于薄弱学校发展；第二，注重加强内涵建设，提升薄弱学校的竞争力，一是选配和培训校长队伍，二是加强对薄弱学校的教学指导，提高薄弱学校的教育教学质量，三是为强化教学效果，建立较为系统的中小学教学质量监测和质量分析制度；第三，严格依法办学，保障生源的均衡分布，一是坚定不移地执行义务教育“划片招生，就近入学”政策，义务教育阶段所有学生全部实行免试就近入学，为保证就近入学政策的执行，铜陵强化学籍管理，教育局同纪检监察部门统一审核小学毕业生的户口、实际住址情况。二是抓示范高中招生制度改革，实行示范高中切块指标分配制度。三是高中招生严格实施了“三限”政策，促使部分生源向普通高中和职业学校流动。招生过程中，一律按计划数和分数高低录取。为防止暗箱操作，将招生政策、过程、结果通过各种形式向社会公布。目前，铜陵市小学和初中的“划片招生，就近入学”政策已为家长和社会广泛接受，高中阶段按“三限”招生也从未收到一封人民来信。

第五节 关注弱势人群，着力解决好农民工子女教育问题

随着城市化进程的加快和产业结构的调整，大量农村富余劳动力进城务工，对城市经济建设与社会发展作出了重要的贡献。随着进城务工人员人数的增长，农民工随迁子女和留守儿童人数也大量增长。2007 年义务教育阶段，进城务工人员随迁子女在校生人数已近 766 万人（尚不包括未经教育部门审批备案的民工子弟学校学生），其中 435.2 万集中在东部地区，占我国农民工随迁子女学生数的 56.8%。2007 年，我国义务教育阶段农村留守儿童在校生人数为 2 037.4 万人，占农村在校生总数的 15.1%。中西部地区比例较高，占农村在校生比例超过 18%。

农村进城务工人员随迁子女和“留守儿童”的教育不仅是一个教育问题，更是一个社会问题和国家战略问题，关系到教育公平、家庭和谐和中华民族的整体素质的提高。妥善解决这一问题，有利于保障不同阶层子女受教育的权利，有利于推进教育公平与均衡，有利于促进我国社会的和谐与稳定，对于贯彻落实“以人为本”的可持续发展观，推动中华民族的整体素质提升具有重大的战略意义。

为妥善解决这一问题，中央各部委联合行动，为解决好农民工子女教育和留守儿童教育不懈努力，共同出台有关政策文件。2003 年，教育部等七部门联合出台的《关于进一步做好进城务工就业农民子女义务教育工作意见》提出，进城务工就业农民子女接受义务教育工作以流入地政府负责为主，以全日制公办中小学为主。地方各级政府特别是教育行政部门和全日制公办中小学要建立完善保障进城务工就业农民子女接受义务教育的工作制度和机制，使进城务工就业农民子女受教育环境得到明显改善，九年义务教育普及程度达到当地水平。要充分发挥全日制公办中小学的接收主渠道作用，全日制公办中小学要充分挖掘潜力，尽可能多地接收进城务工就业农民子女就学。要建立进城务工就业农民子女接受义务教育的经费筹措保障机制。流入地政府财政部门要对接收进城务工就业农民子女较多的学校给予补助。目前，福州、厦门、青海等地区，已经出台新举措，义务教育全面接纳农民工子女，着力推进教育公平。成都市武侯区通过新建农民工子弟学校委托民办学校培养、在其他学校随班就读等办法解决流动人员子弟上学问题，确保流动人员子弟顺利入学，对区内所有农民和失地农民的子弟实施免费义务教育。

专栏4-1 厦门：降低入学门槛 让农民工子女都能上公办学校

"厦门市不满足于解决了'有学上'的问题，要经过不懈努力，让所有的孩子都能'上好学'，让农民工子女都能进入公办中小学……"厦门市委、市政府日前出台《关于破解就学难促进教育事业又好又快发展的若干意见》（以下简称《意见》），提出用3—5年时间，让所有孩子都上好学，让农民工子女都能进入公办中小学接受义务教育。

据了解，为降低农民工子女入学门槛，厦门市从2007年起，实行城乡义务教育阶段公办学校学生全部免除学杂费，持有义务教育收费减免卡的农民工子女免收借读费。目前厦门市已经登记的农民工子女近71 000人，今年秋季已经解决了其中43 000人在公立学校就读。

厦门市还将完善和新建一系列教育设施，今明两年将投入6亿—7亿元，集中新建、扩建和改建38所公办中小学，增加约4.5万个学位，解决农民工子女进入公办学校就读的问题。

《意见》中还指出，厦门将在岛外同安等地进行学校建设规划，计划投入5.7亿元，新建扩建学校项目23项。同时，厦门将实施名师培养计划，争取用4年时间培养100名专家型教师、300名学科带头人和1 000名市级骨干教师，并通过制定优惠政策，鼓励骨干教师到农村学校就业。

摘自：吴铎思．厦门：降低入学门槛 让农民工子女都能上公办校［EB/OL］．(2007-11-15)［2009-12-09］．http：//www.chinanews.com.cn/edu/zcdt/news/2007/11-15/1078053.shtml.

2007年7月，中共中央组织部、全国妇联等7部委联合出台《关于贯彻落实中央指示精神积极开展关爱农村留守流动儿童工作的通知》，要求认真做好农村留守流动儿童的教育管理工作、着力加强农村留守流动儿童的户籍管理与权益保护、积极完善农村留守流动儿童救助保障机制、逐步推进农村留守流动儿童医疗保健服务、不断加大对农村留守流动儿童的关爱支持力度等。强调农村留守流动儿童工作是一项重要的社会系统工程，各地、各有关部门要按照中央关于加强农村留守流动儿童工作的总体要求，求真务实，扎实推进，切实把农村留守流动儿童工作落到实处。国务院有关部门还专门成立了农村留守儿童专题工作组，指导各地做好留守儿童的工作。

专栏4-2 江西省5大模式实施“留守儿童关爱工程”

近几年来，江西省各级妇联组织积极行动，联合有关部门大力实施“留守儿童关爱工程”，通过层层抓试点，初步探索形成了五种关爱模式。

阵地模式。新余市妇联在渝水区姚圩镇进行试点，成立家庭教育指导中心，以留守儿童家长学校为依托，定期开展留守儿童监护人培训，并利用外出务工人员集中返乡之际举办留守儿童家长培训班；建立留守儿童家校联系卡、设立亲情热线电话、开通与深圳办事处联系的视频“亲情网”，加强教师、班主任、校外辅导员与监护人和家长的联系，被全国妇联评为“农村留守儿童示范家长学校”。

制度模式。于都县首创“三知、三多、三沟通”制度，以教师为主，将留守儿童关爱工作划片包干、责任到人，被中央文明办评为“未成年人思想道德建设创新案例一等奖”。“三知”，即：知晓留守儿童情况、监护人情况、父母外出务工去向及联系电话。“三多”，即：多与留守儿童谈心、多开展集体关爱活动、多进行家访。“三沟通”，即：定期与留守儿童的父母、监护人、校外辅导员进行沟通。

结对模式。修水县妇联开展“关爱留守儿童，争当爱心妈妈”活动，对留守儿童实施结对帮扶。玉山县“代理妈妈”钟文花15年来帮扶留守儿童35名，其中7名考上了大学；无偿提供6间平房给人办幼儿园，可接收60多个留守儿童入园，被中宣部新闻局确定为宣传典型。

组织模式。赣州市各级妇联鼓励在职、退休女教师创办“留守儿童托教中心”，有条件的创办“留守儿童托管中心”。资溪县妇联指导开办的一家“阳光托教中心”，三年共托教、托管留守儿童200余人。分宜县妇联推动分宜一小在留守儿童多的社区建立“留守儿童校外辅导站”，把留守儿童组织起来，双休日、节假日派教师上站辅导。

活动模式。赣州市妇联开展“关爱留守孩，千里传家音”活动，协调铁通赣州分公司捐赠了10万元的爱心电话卡。于都县各学校都为留守儿童提供心理咨询，并每年举办留守儿童集体生日会、“给远方亲人写一封信”等活动。新余市利用暑假组织需要探亲的留守儿童开展集体探亲活动。渝水区开展“留守儿童健康行”活动，为留守儿童免费进行了健康体检。

摘自：江西省妇联办公室．江西省5大模式实施“留守儿童关爱工程”［EB/OL］．（2006-10-18）［2009-12-09］．http：//cn. chinagate. cn/population/2006-10/18/content_ 2357881. htm.

2006 年，江苏省率先出台我国首家省级关爱农村留守儿童行动的实施意见，江西省通过 5 大模式实施“留守儿童关爱工程”，河南郑州将建“五大管护网络”呵护留守流动儿童，取得良好成效。

专栏 4－3　江苏出台我国首家省级关爱农村留守儿童实施意见

2006 年，江苏省率先出台我国首家省级《关于大力开展关爱农村留守儿童行动的实施意见》，提出要采取九大措施扎实推进关爱农村留守儿童各项工作。一是组织开展农村留守儿童工作专项调研。二是制订实施关爱农村留守儿童行动计划。三是新建扩建一批寄宿制学校，充分满足留守儿童寄宿学习和生活的需要。四是培育发展一批示范家长学校和留守儿童指导服务站。五是切实保障留守儿童平等的教育权利。要高度关注家庭经济困难的留守儿童，有步骤地推进义务教育阶段免杂费工作，继续对所有家庭贫困的农村留守儿童赠送免费教科书，并对部分家庭贫困的寄宿生适当补助生活费。六是发动社会力量为留守儿童办一批好事实事。七是把社会文化环境“六大专项整治行动”延伸到乡村。八是精心打造一批主题教育品牌活动。九是加强关爱留守儿童工作的社会宣传。

摘自：江苏省妇联．江苏出台全国首家省级关爱农村留守儿童实施意见［EB/OL］．（2006－10－23）［2009－12－09］．http：//www.chinagate.com.cn.

第六节　推进落实对欠发达地区、对农村的对口支援制度

我国地区间、城乡间经济条件和义务教育发展水平存在较大差异。为统筹地区间、城乡间义务教育均衡发展，2000 年，党中央、国务院就启动实施“东部地区学校对口支援西部贫困地区学校工程”和“西部大中城市学校对口支援本省（自治区、直辖市）贫困地区学校工程”。要求东部地区重点支援 2000 年前尚未普及九年义务教育的国家和省级贫困县。

2004 年 7 月，中共中央办公厅、国务院办公厅转发了教育部等 10 部门《关于开展对西部地区“两基”攻坚县教育对口支援工作的意见》的通知。在党中央和国务院的大力号召下，发达地区积极贯彻落实各项教育对口支援计划，通过硬件、软件援助，支持欠发达地区义务教育发展，各省也加强制度建设，有效统筹省域内城乡义务教育发展。

一、发达地区积极贯彻落实对口支援制度，支持贫困地区义务教育发展

经过三十多年的改革与发展，我国已初步具备了工业反哺农业、城市支持农村的经济实力。在这种背景下，中央政府组织东部地区学校对口支援西部贫困地区学校，选派支教教师，提供物资和资金援助。东部各省、直辖市积极贯彻党中央、国务院关于对口支援的要求，全部与西部受援的省、自治区、直辖市建立了“县对县”的教育对口支援关系，部分西部地区省、自治区、直辖市也建立了本地区内部的对口支援“两基”攻坚县制度。向受援的“两基”攻坚县派出支教教师小组，协助当地做好教育教学工作，使其教育条件得到较大改善。

如北京、上海等地结合上周期有关对口支援协议的实施，派出了相应的支教教师在受援省工作。北京和内蒙古专门召开了会议重新签订有关协议。大部分支援县已经根据受援县的需要，接受了受援县教师、干部培训。资金和物资援助、资助受援县家庭贫困学生接受义务教育的有关工作也在进行之中，一些地方的资金和物资已经援助到位。天津市派出的支教教师覆盖甘肃13个“两基”攻坚县，辽宁省2005年向青海派出支援人员189人，覆盖青海27个“普九”攻坚县，每县5名教师，1名校长，1名行政干部，时间为1年。江苏省为陕西省贫困地区建校总投资3 200余万元，为薄弱学校捐资1 192万元，资助贫困生3 112名，累计选派赴陕优秀教师366名，为陕西省培训师资10 828名。[①] 在东部发达地区的有力“对口支援”下，“两基”攻坚计划实现了预期目标。

专栏4-4 上海发挥教育优势 加大教育对口支援力度

上海市积极贯彻党中央、国务院实施西部大开发的战略决策，根据“立足大局、扩大开放、服务全国、互融共进”的指导方针，发挥上海教育的资源优势，为西部对口省区教育事业的改革发展提供支持。

首先，针对基础教育区县为主的特征，建立健全区县、学校分级负责、多方参与的工作机制，形成以区县为主、学校参与的工作格局。目前，上海

① 根据各地“两基”攻坚总结材料整理。

19个区县教育局和云南19个对口县建立了教育对口帮扶关系，本市有100所中小学校与云南100所中小学校建立了校际对口帮扶关系。

其次，在加大投入、做好硬件支援工作的同时，更注重智力支援。2007年，上海教育系统全年用于支援西部地区及其他地区教育发展和开展教育交流合作经费投入3亿6千多万元。与此同时，实施了一系列智力支援措施，帮助对口支援地区提升教师管理能力和素质。

一是选派支教教师，传播先进教育理念和管理经验。自2000年起，上海市教委每年选派政治素质好、业务能力强的教师前往云南省开展支教工作，至今已累计派遣教师661名。上海教师在支教期间，除了完成一线的教学任务以外，还承担了为学校开设公开课、带教、听课、指导教科研以及参与当地教师培训等方面的工作，一些教师还挂职担任了行政领导职务，直接参与支教学校的教学管理和行政管理工作。

二是实施教师培训，提高对口地区教育管理水平。2007年，上海市教委为对口地区教育系统举办中小学教师、职业学校和高校专业教师、教育行政管理干部、校长、州县教育督导干部等各类培训班15期，培训人数422人。

上海还利用现代信息技术，每年为西部对口地区中小学教师开展远程教育培训，进一步提高了对口地区教师培训受益面。2007年，上海市教委继续组织专家、教授通过白玉兰远程教育网对云南省和重庆万州地区中小学教师4万余人实施了专题培训。

摘自：上海市教委办公室“发挥教育优势　加大教育对口支援力度”会议资料。

二、省域内实行城市中小学对口支援农村薄弱学校的制度，统筹城乡义务教育均衡发展

省域内城乡间义务教育发展不平衡现象普遍存在。为充分发挥大城市优质教育资源的带动与放大效应，各地政府改革创新，优化制度设计，鼓励大中城市学校通过选派支教教师、物资和资金援助等方式，对口支援本省（自治区、直辖市）贫困地区学校，从而改善农村中小学办学条件，提高办学质量，统筹本省城乡义务教育均衡发展。

一是通过对口支援等形式组织大中城市中小学教师到农村支教，组织城镇教师到农村任教，招募高校毕业生到农村支教。如，湖南省大力促进大中城市对口支援民族地区和贫困地区县市区教育工作，推进城镇中小学教师到

乡村任教服务制度，组织非湘西地区 150 所学校对口支援湘西地区贫困县市区 150 所中小学。

二是骨干教师、校长统筹调配、校际轮岗。如，浙江省县级统一管理校长任免、教师调配，促进师资的合理流动和配置。采取提高农村学校的中、高级教师职务岗位比例等措施，鼓励教师到农村学校任教。凡晋升高级教师职务的城区学校教师，都要到农村学校或薄弱学校支教一年以上。凡评上中小学特级教师、高级教师的，各地出台优惠政策，鼓励他们为当地农村教育事业作出贡献。在优质学校和同一区域内其他学校之间，实行校长和骨干教师统筹调配，执行按照一定的比例和年限相互轮岗的制度。县（区）之间、校际之间、城乡之间普遍建立结对帮教制度。

三是“捆绑式发展”。城乡分割的管理体制是造成城乡教育二元结构的根本原因。如，成都武侯区具有典型的大城市带小农村的特点，城乡教育不均衡是最突出的问题，武侯区委、区政府找准制约教育均衡公平发展的症结，创新区域教育管理体制和运行机制，变教育难点为教育亮点，从制度上建立帮助弱势学校发展的新机制，通过全区学校统一归口管理，消除农村学校，将原属乡镇管理的所有村小与城区学校一一结对，进行一体化管理。城乡学校之间理念共享、资源共享、方法共享、成果共享、利益共享、荣辱共担。这些措施促进了捆绑学校之间逐步从互助交流走向文化融合，实现了城乡师资交流经常化、教育教学活动连体化的运行机制。初步形成了统筹城乡教育发展的惠民服务体系。

专栏 4－5　“捆绑式发展”的成都“武侯”模式

从 2003 年开始，四川省成都市武侯区通过“捆绑”，建立了 12 个“城乡教育共同体”，试图破解“软件均衡”的难题。2003 年 7 月，武侯区出台相关文件，把所有乡（镇）中小学收归区属的区县。武侯区所有小学，不论是城区学校还是原来的村小，在划拨教育经费（按教职工人头拨发个人经费、按学校规模拨发公务费）、核准教师编制、配备技术装备以及教研活动、常规管理等方面，都一视同仁。管理体制的变革，迈出了提速村小发展的第一步：由于是区统一管理，资金和人员的配置都能够直接拨到原来的村小，硬件的改造不再是难题。

随之而来的，是如何加快这些学校的软件发展。2003 年 11 月，武侯区出台了一项“大胆”的决定：除两所初中和条件较好的 4 所中心校外，将收上来的12所村小和城区12所最好的小学进行“捆绑”，组成12个“城乡教育共同体”。“城乡教育共同体”实行“两个法人单位、一个法人代表、一套领导班子、独立核算、独立核编”的全新运作机制。由城市小学校长任这个“共同体”的校长、法人代表，原村小校长任副校长并主持村小的日常工作。同时，人流和物流只能从城区流向农村，不能逆向流动。为了让“捆绑”不流于形式，武侯区教育局还规定：从2004年起，对口村小的发展情况将被纳入对城区学校办学水平的评估考核之中。在对城区学校的考核中，有100分专门用于“捆绑”工作的考核，涉及了被“捆绑”学校的管理机制、干部培养、教师队伍建设、教学质量和效益等各个方面。

2003年到2006年，在这段不长的时间里，武侯区的“捆绑”学校之间互派教师150多名，相互听课、献课达1 000多次；从城区学校派到农村学校工作的中层以上干部，达到58人。优质教育资源所蕴涵的先进教学理念、教学思想、教学方法，已悄然辐射到了农村学校。有数据表明，近年来，被“捆绑”的12所村小毕业率稳定在99%以上，优生率稳定在70%以上，部分学科教学成绩接近城区学校水平。

摘自：李帆．破解“软件均衡”的难题——四川省成都市武侯区城乡学校“捆绑”发展纪实[J]．人民教育，2007（1）：12－19.

第七节　积极探索建立有效的督导评估制度

在2003年颁布的《国务院关于进一步加强农村教育工作的决定》中，明确提出加强义务教育尤其是农村义务教育的督查工作。随后建立了对各级人民政府教育工作的督导评估机制，重点督察“以县为主”的农村义务教育管理体制和“保工资、保安全、保运转”目标的落实情况、“两基”攻坚和巩固提高工作、教育教学质量、教师继续教育以及教育均衡发展状况。

2005年，国家教育督导团发布义务教育均衡发展督导报告，从教育经费投入、办学条件和教师队伍三个方面，对我国2 800多个县区义务教育公共资源配置均衡状况进行了系统分析与评估。

新修订的《中华人民共和国义务教育法》第九条从法律上明确规定人民政府教育督导机构对义务教育工作执行法律法规情况、教育教学质量以及义务教育均衡发展状况等进行督导。

2006年5月份，教育部依托上海市教育科学研究院成立了教育部基础教育监测中心。这是完善我国基础教育决策和监测制度的一项重要举措，对加强国家基础教育宏观管理、实行基础教育分类指导具有重要意义。“监测中心”将为国家提供我国基础教育发展重大问题的基础信息，为国家基础教育宏观管理和政策制定提供决策支持服务；在教育部指导下，为地方政府部门提供基础教育监测与发展问题的信息与咨询服务。

2007 年，教育部基础教育质量监测中心在北京师范大学成立，受教育部委托，中心将指导开展全国性的质量监测工作，主要任务是尽快拟定全国的质量监测标准，研发质量监测工具，指导各省、市、自治区根据本省的情况开展相关的监测工作。在工作中逐步建立起我国的基础教育质量监测网络。

各地政府和教育行政部门把义务教育均衡发展作为督导评估的重要内容。山东省从 2005 年开始，每年组织一批评估组，分别到各地进行检查督导。每组由副厅级干部带队，每市督察 10 天，对农村义务教育的投入和义务教育发展等情况进行深入细致的检查督导，并将督察结果进行公布。宁夏回族自治区对本地区所有义务教育学校的办学条件和教育质量开展监测，县级教育行政部门定期对辖区内义务教育学校间的差距进行检测和分析，定期公布并建立“预警”机制，接受社会监督。厦门市思明区 2004 年专门成立了基础教育均衡发展监测领导机构及其工作组，从生均定额教育经费、骨干教师队伍、办学条件和办学质量四方面对学校进行了抽检与差距分析，为教育决策提供依据。

第五章

我国义务教育普及与巩固总体状况

在全民教育监测中，义务教育普及指标最为关键。在世界发展的进程中，大部分国家和地区都在努力提高义务教育的普及水平，并以立法的形式强制规定适龄儿童必须接受一定年限的义务教育。

近年来，党中央和国务院坚持把教育摆在优先发展的战略地位，将建设人力资源强国作为改善民生的首项任务，将努力办好人民满意的教育作为施政纲领。推进义务教育的普及与提高，让所有的孩子不仅有机会受教育，而且要同等地接受有一定质量的教育，是实现教育公平、办好人民满意教育的核心所在。

第一节 率先其他发展中人口大国普及九年义务教育

普及义务教育是中华民族复兴的百年梦想，是提高国民科学文化素质的重要基础。自 1986 年《中华人民共和国义务教育法》颁布以来，举国上下，万众一心，为推进我国义务教育的普及不懈努力。在 9 个发展中人口大国中，我国最先普及九年义务教育，实现了对世界的庄严承诺，为世界全民教育发展作出了积极贡献。

一、我国政府高度重视义务教育普及，并以法律、法规形式予以保障

我国是世界上人口最多的发展中国家，地域辽阔，区域之间、城乡之间发展极不平衡。推进义务教育普及，尤其是提高农村和贫困地区义务教育普及水平任务相当繁重。我国政府十分重视义务教育普及工作，并以法律、法规形式予以保障。

1986 年，我国颁布《中华人民共和国义务教育法》，第二条提出国家施行九年义务教育，而当时世界各国家义务教育平均年限均不到 8 年，即使是中欧、北美和西欧发达国家平均也只有 8.8 年左右①（联合国教科文组织，2002），这一目标在世界处于领先水平。1990 年 3 月，泰国宗滴恩世界全民教育大会之后，我国政府于 1993 年 3 月 1 日在北京召开了“全民教育国家级大会”，这是中国政府对世界全民教育大会作出的重要行动，会议制定了 20 世纪 90 年代我国全民教育发展的目标。

1993 年，中共中央、国务院印发的《中国教育改革和发展纲要》提出全国基本普及九年义务教育（包括初中阶段的职业技术教育）。1994 年，国务院关于《中国教育改革和发展纲要》的实施意见提出，到 2000 年，全国基本普及九年义务教育（包括初中阶段的职业教育），即占全国总人口 85% 的地区普及九年义务教育，初中阶段的入学率达到 85% 左右，小学入学率达到 99% 以上。积极创造条件，使残疾儿童与其他儿童同步接

① 资料来自：联合国教科文组织编写的 2002 年全民教育全球监测报告（英文版）中的表 2.9 其中，2000 年的数据栏内包括 2000 年的数据，或最近年份可找到的数据。

受义务教育。

表 5－1　1965—2000 年世界不同地区国家义务教育平均年限

地　　区	1965 年	1975 年	1985 年	1995 年	2000 年
拉丁美洲/加勒比海国家	6.09	7.38	7.94	8.30	8.35
撒哈拉以南非洲国家	7.85	7.50	7.33	7.21	7.16
亚太国家	6.93	7.44	7.17	7.88	7.70
中东/北非国家	6.70	7.29	7.57	7.75	8.00
中欧/前苏联国家	8.40	8.40	8.80	9.00	9.08
北美洲/西欧国家	8.29	9.04	8.74	9.44	9.71
世界平均	7.24	7.79	7.78	8.16	8.21

《国务院关于〈中国教育改革和发展纲要〉的实施意见》提出根据分区规划、分类指导、分步实施的原则，全国不同地区的发展目标和速度可有差异。占总人口 40% 左右的城市及经济发展程度较高的农村，初中普及率较高，这类地区 1997 年前基本普及九年义务教育。占总人口 40% 左右的中等发展程度的农村，小学已普及，这类地区 2000 年前基本普及九年义务教育。占总人口 15% 左右的经济发展程度较低的农村，其中占总人口 5% 左右的地区，小学教育基础较好，到 2000 年基本普及九年义务教育；其余占总人口 10% 的地区重点普及 5～6 年小学教育。占总人口 5% 左右的特别贫困地区，要普及 3～4 年小学教育。

二、如期实现“普及九年义务教育”目标，我国成为 9 个发展中人口大国中率先普及九年义务教育的国家

2000 年，我国如期实现了 1993 年《中国教育改革与发展纲要》中提出的“普及九年义务教育”战略目标，这在世界历史上是前所未有的，成为世界 9 个发展中人口大国第一个，也是唯一一个已基本实现九年义务教育的国家。

2000 年，我国“普九”人口覆盖率已经达到 85%，青壮年文盲率下降到 5% 以下，人数比 1990 年减少了 4 100 万人。至 2001 年年底，我国实现“两基”县数（市、区，含县级行政区划单位）达到 2 573 个，人口覆盖率提高到 90% 以上。其他 8 个国家的义务教育年限仅为 5—8 年，其中的多数

国家尚未实现普及目标，当时我国义务教育普及年限比亚太地区国家平均水平（7.7 年）高出 1.3 年，比世界平均水平（8.21 年）高出 0.79 年。我国义务教育的基本普及大大提升了国民的受教育水平，对世界全民教育的发展也作出了杰出贡献。

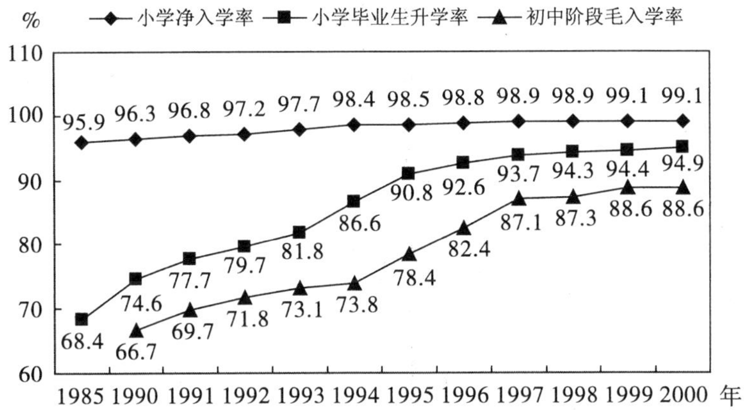

图 5－1 1985—2000 年我国义务教育普及情况

2000 年，我国小学在校生为 13 013.5 万人，受学龄人口变动影响，比 1985 年减少 357 万人，小学净入学率从 1985 年的 95.9% 提高到 99.1%，提高了 3.2 个百分点；从 2000 年的数据看，埃及、印度、孟加拉国和巴基斯坦的小学净入学率都低于 90%。

2000 年，我国小学毕业生升学率达 94.9%，比 1985 年提高 26.5 个百分点；我国初中阶段在校生从 1985 年的 4 010 万人增加为 6 256 万人，比 1985 年增加 2 246 余万人，增长 56.01%；初中阶段毛入学率从 1990 年的 66.7% 提高到 88.6%，提高 22 个百分点，初中阶段入学机会得到较大幅度提高，每十万人口初中阶段在校生人数达到 4 969 人，比 1990 年增加 1 543 人。在 9 个发展中人口大国中处于领先地位，印度、印度尼西亚和巴基斯坦都不足 80%，巴基斯坦的初中毛入学率只有 35.87%。

表 5-2　1985—2000 年 9 个人口大国义务教育普及情况①

国　别	宣布的义务教育年限（年）	人口总数（万人）	小学净入学率（%）		初中毛入学率（%）
		2003 年	1985 年	2000 年	2000 年
巴西	8	17 660	90	94. 58	120. 97
中国	9	128 840	96	99. 10	88. 60
埃及	8	6 756	93	89. 86	98. 12
印度	8	106 440	—	83. 88	66. 54
印度尼西亚	6	21 447	95	91. 90	72. 14
墨西哥	6	10 229	100	99. 40	98. 93
尼日利亚	6	13 563	—	—	—
巴基斯坦	—	14 844	—	66. 89	35. 87
孟加拉国	5	13 807	64（1990）	87. 68	61. 83

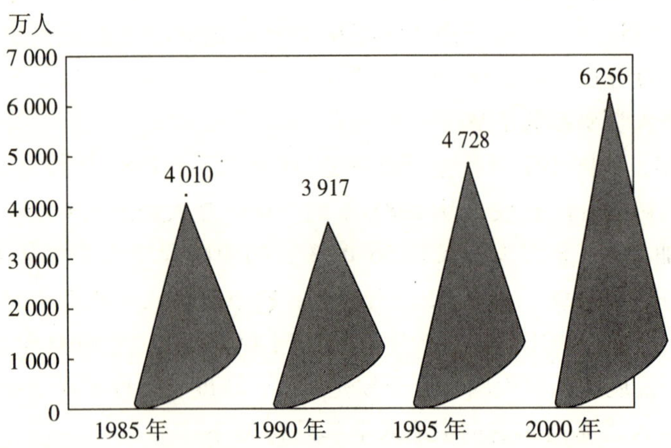

图 5-2　1985—2000 年我国初中阶段在校生变化情况

① 1985 年数据摘自：UNESCO：World Education Report 1998；World Bank：World Development Indicators；2000 年数据摘自：UNESCO Digest 2004，table 3，table 4；人口总数摘自：http：//www. worldbank. org/data/databytopic/POP. pdf.

三、着力提高农村地区和女童普及水平，基本消除入学性别差异

我国政府在普及义务教育的过程中，重视教育的民主性和公平性，尤其关注贫困地区农村教育问题。小学学龄儿童入学率的城乡差距从1985年的4.7个百分点缩小到2000年的0.6个百分点；小学学龄儿童入学率最高的上海市与最低的西藏自治区的差距从1985年的53.5个百分点缩小到2000年的14.2个百分点。

小学女童入学率与总入学率的差距从1985年的5.5个百分点缩小到2000年的0.04个百分点，男女童小学净入学率差距从1991年的1.8个百分点缩小到0.07个百分点，性别比为1，性别差异基本消除。

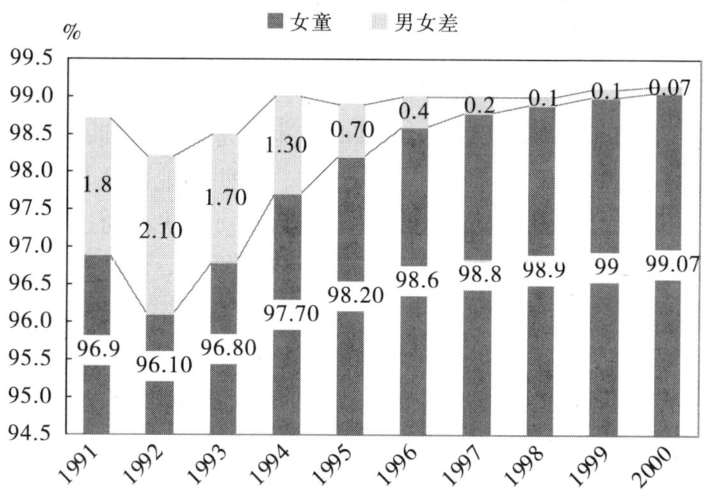

图5-3 1991—2000年我国小学净入学率性别差异

我国的经济并不发达，1986年提出实施九年义务教育时人均GDP只有276.88美元①，仅相当于世界平均水平的1/17。15年之内，我国却承载了2亿人左右的学生接受义务教育。在世界9个发展中人口大国中，我国率先成功运用国家体制，通过实施国家工程，大力推动经济欠发达地区义务教育的发展，为发展中人口大国推进基础教育，实现科学发展开辟了新

① 按1986年美元对人民币年平均汇价换算。

路。我国在全民教育领域取得的成就举世瞩目，得到了国际社会的认可和广泛好评。

第二节　西部地区“两基”攻坚取得历史性进展

一、启动西部地区“两基”攻坚计划，重点提升贫困地区义务教育普及水平

基于我国城乡二元结构的经济社会发展背景，义务教育发展水平城乡间、地区间差距较大的客观现实，早在 1993 年，国务院关于《中国教育改革和发展纲要》的实施意见就强调义务教育普及的目标与速度要贯彻分区规划、分类指导、分步实施的原则。

进入新世纪，我国总体上实现了基本普及九年义务教育、基本扫除青壮年文盲的“两基”目标。然而，党和政府也清楚地认识到，世纪之初基本实现的“两基”仍是不完全的、低水平的，中西部地区尤其是西部农村边远山区全面实现“两基”仍面临着巨大的困难，尽快帮助这些地区全面实现“两基”目标是国家义不容辞的责任和神圣的历史使命，是新时期重大国家战略。

2003 年，党中央和国务院提出把解决西部地区“两基”问题当做攻坚战役来打，审议通过并决定实施教育部等部门联合制定的《国家西部地区“两基”攻坚计划（2004—2007）》。2004 年，教育部等三部委与西部 12 个省（市、区）以及新疆建设兵团分别签署了“两基”攻坚责任书，明确并量化各省攻坚的规划目标，同时成立了国家西部地区“两基”攻坚领导小组办公室，西部攻坚计划正式启动。

二、“两基”攻坚任务圆满完成，西部各省如期实现各项计划目标

在党中央、国务院的高度重视和强有力的领导下，地方各级政府下真决心，花大力气，啃“硬骨头”，推动了西部地区“两基”攻坚计划项目的顺利实施，使“两基”攻坚目标如期实现。到 2007 年年底，西部 12 省、自

治区、直辖市和新疆生产建设兵团410个“两基”攻坚县（市、区、团场）中，有368个胜利实现“两基”目标，并已通过国家教育督导团的审查验收，剩下的42个县也已达到了“普六”标准。

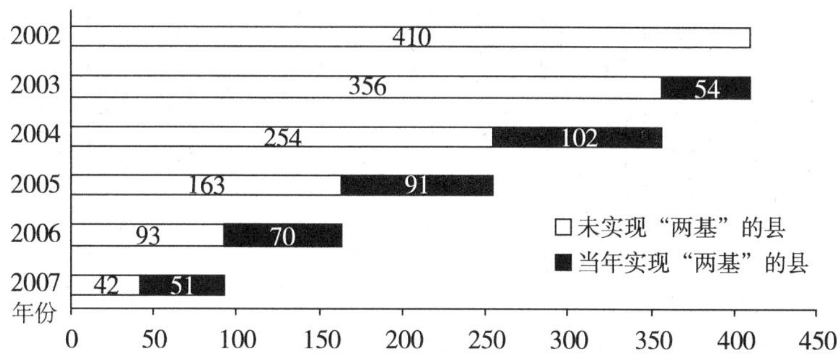

图5-4 2002—2007年实现“两基”县数快速增加

宁夏、重庆、广西、云南、西藏、甘肃、新疆7省份的“两基”人口覆盖率都超额完成了规划目标的要求，其中宁夏2006年超出规划目标20多个百分点，提前完成了“两基”人口覆盖率全面普及的目标。内蒙古、四川、贵州、陕西、青海5省份和新疆建设兵团，也都达到了“两基”人口覆盖率计划目标的要求。

继2005年新疆建设兵团率先通过国家教育督导团“两基”攻坚检查验收之后，2007年，陕西、广西、内蒙古、重庆也已通过国家督导团的检查验收。①

“两基”攻坚计划的落实，尤其是农村寄宿制学校建设工程和“两免一补”政策的交互实施，给许多小学毕业生和失学在家的往届小学毕业生继续就读初中提供了机会，有力促进了西部各省义务教育普及水平的提高与巩固。2006年，大部分西部地区的初中毛入学率都大幅提高，甚至远远超过了各地的规划目标。其中，内蒙古、广西、重庆、四川、贵州、陕西、新疆7省初中毛入学率都超过了100%；云南、西藏、甘肃、青海4个省份和新疆建设兵团也超过了预定目标。西部各省中，新疆和四川分别比规划目标高出15.5和13.4个百分点，广西和重庆也比规划目标高出8

① 国家西部地区“两基”攻坚领导小组办公室．民生之本 强国之基：西部地区“两基”攻坚报告［M］．北京：人民教育出版社，2008：62-69.

个多百分点①。

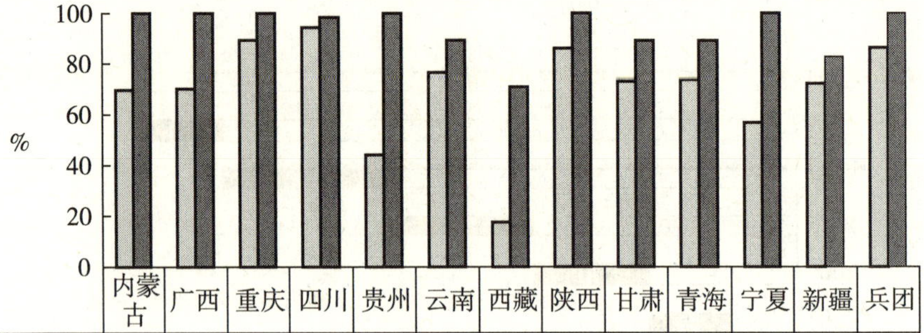

	内蒙古	广西	重庆	四川	贵州	云南	西藏	陕西	甘肃	青海	宁夏	新疆	兵团
2003年初	69.6	70.0	89.5	94.4	44.1	76.6	17.6	85.9	72.9	73.6	56.8	72.1	86.2
2006年底	100.0	100.0	100.0	98.5	100.0	89.3	70.8	100.0	89.1	89.1	100.0	82.6	100.0

□2003年初 ■2006年底

图 5－5　2003 年、2006 年西部各省“两基”人口覆盖率

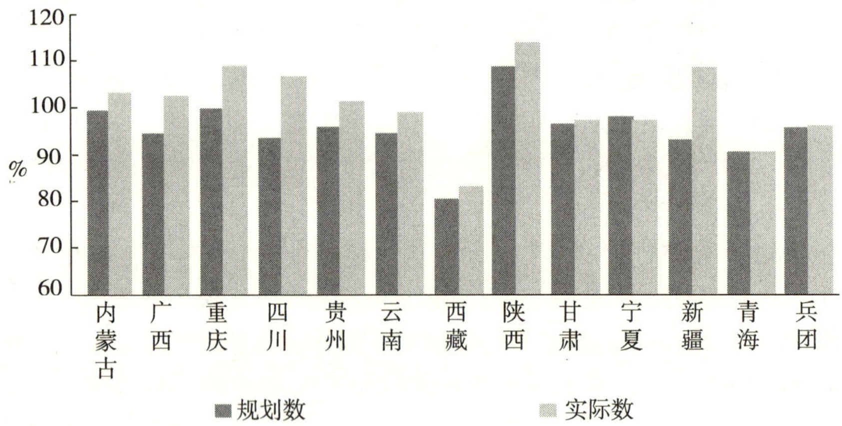

图 5－6　2006 年西部各省初中毛入学率

① 国家西部地区“两基”攻坚领导小组办公室．民生之本　强国之基：西部地区“两基”攻坚报告［M］．北京：人民教育出版社，2008：60，63.

第三节 进入新世纪，我国义务教育普及与巩固水平迈上新台阶

新世纪以来，我国西部地区“两基”攻坚计划的圆满实现，为整个义务教育普及与巩固水平奠定了坚实的基础。我国义务教育普及与巩固迈上了新台阶，使所有儿童都能入学，并完成了高质量的初等和初中阶段义务教育；明显缩小了小学和初中入学率的性别差异，逐步实现了教育平等。

一、小学净入学率高位增长，性别差异基本消除

2000 年以来，我国小学净入学率一直保持在 98.5% 以上，2006 年，全国共有普通小学 34.16 万所，在校生 10 711.5 万人，小学学龄儿童入学率达 99.27%，比 2000 年提高 0.17 个百分点，比 2002 年提高 0.69 个百分点，适龄儿童基本全部入学，在 9 个发展中人口大国中，我国位居第一。

表 5－3　2000—2006 年我国小学净入学率（%）①

年　份	小　计	男	女	性别差
2000	99.1	99.14	99.07	0.07
2001	99.05	99.08	99.01	0.07
2002	98.58	98.62	98.53	0.09
2003	98.65	98.69	98.61	0.08
2004	98.95	98.97	98.93	0.04
2005	99.15	99.16	99.14	0.02
2006	99.27	99.25	99.29	-0.04

2000 年以来，我国男女童小学入学差异进一步缩小，2006 年女童入学率比男童高 0.04 个百分点，性别比为 1，在 9 个人口大国中处于领先地位。

① 小学学龄儿童入学率，是按各地不同入学年龄和学制分别计算的；性别差，是指男童入学率减去女童入学率的差值。

表5－4 2005年9个发展中人口大国小学净入学率性别差异①

国别	小学净入学率（%）	男	女	性别比（GPI）女性/男性
巴西	95^z	95^z	95^z	1.00
中国	99.15	99.16	99.14	1.00
埃及	94	96	91	0.95
印度	89	92	85	0.93
印度尼西亚	96	97	96	0.99
墨西哥	98	98	98	1.00
尼日利亚	68	72	64	0.88
巴基斯坦	68	77	59	0.76
孟加拉国	94*z	93*z	96*z	1.03*z

分省看，2006年，我国有27个省、市、自治区小学净入学率均在99%以上，26个省、市、自治区均比2002年有所提高，其中西藏、重庆、湖南、宁夏、青海和吉林6个中西部省份增幅在1.5个百分点以上。除贵州和青海两省外，其余省份性别差均在0.3个百分点以内。

二、小学毕业生升学率在9个发展中人口大国中位居首位

2006年，我国初中阶段招生1 929.56万人，虽比上年减少58.02万人，但却首次超过小学毕业生人数，小学毕业生升学率由2000年的94.9%上升为2006年的100.1%。

表5－5 2000—2006年我国小学毕业生升学情况②（万人）

年份	2000	2001	2002	2003	2004	2005	2006
小学毕业生数	2 419	2 397	2 352	2 268	2 135	2 020	1 929
初中招生数	2 296	2 288	2 282	2 220	2 095	1 988	1 930
升学率（%）	94.9	95.5	97.0	97.9	98.1	98.4	100.1

① 资料来自：UNESCO：Education for all global monitoring report 2008。其中，尼日利亚小学净入学率采用的是在2004年数据基础上的估算值；“z”为2004学年数据；“＊”为国家估计数。

② 若无特殊说明，本书表中的数据均来自历年中华人民共和国教育部发展规划司和财务司统计数据，下同。

根据联合国教科文组织2005年数据统计，我国小学毕业生升学率在9个发展中人口大国中高居第一。2004年时，9个发展中人口大国中，只有中国和墨西哥小学毕业生升学率达到90%。

表5-6 2005年9个发展中人口大国义务教育普及情况①（%）

国　别	小学毕业生升学率（2004年）	初中毛入学率
巴西	80.5[y]	114[z]
中国	98.0	95
埃及	76.9	95
印度	85.1	96
印度尼西亚	78.5	75
墨西哥	93.7	77
尼日利亚	…	104
巴基斯坦	69.0	37
孟加拉国	89.3[y]	33

据统计，2006年我国31个省份中，有12个省份小学毕业生升学率超过了100%，其中除了3个为东部人口流入省份外，其他9个均为中、西部地区的人口大省。

2006年，西部12个省份小学毕业生升学率也均达到较高水平，内蒙古、广西、重庆、四川、陕西和新疆6个省份突破了100%；甘肃、宁夏、贵州、云南和青海也分别达到96%～99%的较高水平；原来基础较差的西藏自治区的小学毕业生升学率也达到93.1%，创历史最高水平。

表5-7 2006年西部地区小学毕业生升学率（%）

地　区	升学率	地　区	升学率
四川	103.5	甘肃	99.6
陕西	102.4	宁夏	99.4
重庆	101.9	贵州	97.8
新疆	101.5	青海	97.2
广西	101.2	云南	96.3
内蒙古	100.8	西藏	93.1

① 资料来自：UNESCO：Education for all global monitoring report 2008。“y”为2003学年数据，“z”为2004学年数据，“…”为无此数据。

经初步分析，小学毕业生升学率超过100%的原因主要是国家对农村义务教育实施“两免一补”政策、农村寄宿制学校建设工程等，极大地提高了应届农村小学毕业生和失学在家的往届小学毕业生读初中的积极性。

三、初中阶段毛入学率大幅度提高，三年巩固率有所提高

2006年，我国共有初中6.08万所，在校生达到5 957.95万人，初中阶段毛入学率达到97%，比2000年提高了8.4个百分点，比2002年提高了7个百分点。

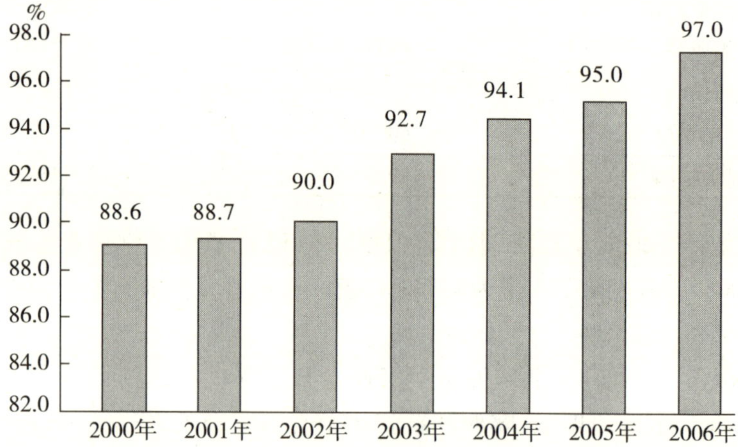

图5－7　2000—2006年我国初中阶段毛入学率

初中阶段三年巩固率有所提高。2006年，我国初中阶段三年巩固率为93.83%，比2002年提高了4.04个百分点，全国30个省份均有所提高，其中西部省份提高较为明显，西藏、陕西、内蒙古、四川提高7个百分点以上。

第四节　关注特殊人群，特殊教育和少数民族教育发展较快

2000年，达喀尔世界全民教育论坛会议以后，我国政府制定并实施了《中国全民教育行动计划（2000—2015）》，重申了我国全民教育发展的重点

领域，明确重点发展农村教育、西部贫困地区教育和少数民族教育；加强残疾儿童教育、婴幼儿保育和早期教育的战略目标，充分反映了达喀尔世界全民教育论坛会议的观点和《达喀尔行动纲领》中阐述的6项共同承诺及12项保证。2002年以来，我国特殊教育和少数民族事业得到快速发展，特殊学生和少数民族学生入学机会与教育水平取得明显进步。

一、特殊教育在改革创新中不断前进，呈现出良好的发展势头

2006年，我国特殊教育学校达1 605所，比2002年增加65所，在特殊教育学校就读学生的比例明显上升。我国义务教育阶段特殊教育招生4.98万人，其中在特殊学校就读的有2.02万人，占40.62%，比2002年提高5.47个百分点；我国义务教育阶段特殊教育在校生36.29万人，其中在特殊学校就读的有14.11万人，占38.88%，比2002年提高6.86个百分点。

表5－8　2002年、2006年我国义务教育阶段特殊教育情况（人）

指　标	2002年	2006年	增　减
学校（个）	1 540	1 605	65
招生合计	52 495	49 838	－2 657
特殊教育学校就读	18 450	20 245	1 795
附设特教班与随班就读	34 045	29 593	－4 452
特殊教育学校就读所占比例（%）	35.15	40.62	5.47
在校生合计	370 848	362 946	－7 902
特殊教育学校就读	118 747	141 127	22 380
附设特教班与随班就读	252 101	221 819	－30 282
特殊教育学校就读所占比例（%）	32.02	38.88	6.86

二、少数民族教育事业取得长足进展

党中央、国务院特别重视民族教育工作，先后颁布《关于进一步加强少数民族地区人才培养工作意见的通知》（国办发［1999］85号）、《国务院关于深化改革加快发展民族教育的决定》（国发［2002］4号）、《国务院

办公厅转发教育部等部门关于进一步做好教育援藏工作意见的通知》（国办发［2004］6 号）等文件，指导、推进民族教育健康持续发展。

2002—2006 年，我国义务教育阶段民族教育事业取得长足进展，几个少数民族自治区的教育都实现了较大发展。少数民族在校生所占比例逐年增长。2006 年，受教育学龄人口下降影响，小学少数民族在校生达1 081.28万人，比 2002 年有所减少，但占在校生总数的比例比 2002 年提高 0.63 个百分点，西部地区同比提高 1.27 个百分点，达 25.13%，西藏、新疆、青海、宁夏和贵州达 40% 以上。

2006 年，初中少数民族学生达 523.39 万人，比 2002 年有所增加，占在校生比例增加 1.07 个百分点，西部地区同比提高 1.44 个百分点，达 22.60%，西藏、新疆、青海达 40% 以上。

表 5－9　2002 年、2006 年分区域少数民族在校生的变化

地　区	少数民族在校生（万人）			占在校生比例（%）		
	2002 年	2006 年	增减（%）	2002 年	2006 年	增　减
小学	1 149.73	1 081.28	－6	9.46	10.09	0.63
东部	110.92	99.37	－10	2.62	2.67	0.05
中部	125.42	101.16	－19	3.06	2.91	－0.15
西部	913.38	880.76	－4	23.86	25.13	1.27
初中	515.79	523.39	1	7.71	8.78	1.07
东部	67.53	59.14	－12	2.68	2.77	0.09
中部	79.43	66.87	－16	3.27	3.24	－0.03
西部	368.83	397.38	8	21.16	22.60	1.44

第五节　后“两基”时代我国双高“普九”面临新挑战

2008 年 7 月，亚太经济合作组织（APEC）教育部长会议在秘鲁首都利马市举行，除越南以外的 20 个亚太经合组织成员派代表都参加了会议，主题是“注重质量的全民教育：学到 21 世纪所需的能力和技能”。会议发表的《第四次亚太经合组织教育部长声明》（以下简称《声明》）指出：“注重质量的全民教育是各经济体的共同目标，通过保障所有学生接受有质量的教育，我们尽力消除亚太经合组织经济体之间以及整个亚太地区的经济差距；我们要提高公民的生活质量，使他们受益于全球化和我们经济体的增长。”《声明》还指出：“受过良好教育的公民不仅参与，更承担着我们这21个经济体的社会、经济和可持续发展重任。”这些呼吁深刻反映了亚太经合组织各成员对教育质量的高度关注①。

进入21世纪，西部地区“两基”攻坚计划如期实现，我国义务教育普及取得历史性进展，人民群众对高质量义务教育的诉求日益强烈，然而我国义务教育普及与完成的情况都还不尽如人意，正面临着新的发展需求。

一、初中毕业生升学率仍较低，地区差距有所拉大

2001—2006年，我国初中毕业生升学率有较大幅度提高，从52.90%提高到75.10%，但仍有近四分之一的初中毕业生无法升学，初中毕业生升学率的地区差距有所拉大，中西部地区明显低于东部地区。

2006年，西部地区初中阶段毕业生升学率为72.42%，中部地区为71.41%，东西部差距从2001年的4.21个百分点拉大到9.91个百分点，扩大了5.70个百分点。

分省看，2006年，北京、上海、天津和浙江4个东部发达省份的初中毕业生升学率在95%以上，而新疆、云南、贵州和西藏4个西部省份该项指标在55%左右，西藏只有41.50%。初中毕业生升学率地区差距较大的原因主要还是由于中西部高中阶段教育资源紧缺所造成的。

表5－10 2001年、2006年分区域初中毕业生升学率（%）

地 区	2001年	2006年	增 减
全国	52.90	75.10	22.20
东部	57.93	82.33	24.40
中部	46.79	71.41	24.62
西部	53.72	72.42	18.70
东西部差距	4.21	9.91	5.70

① 全国教育科学规划办公室：亚太经合组织教育部长会议确立教育四个优先领域［EB/OL］.(2008－07－11)［2011－02－25］. http://onsgep.moe.deu.cn/edoas2/website7/level3.jsp? id=1215738186312837.

二、义务教育完成率快速提升，但地区差距较大

义务教育完成率是系当年初中毕业生数与九年前小学招生数的比值，反映了进入学校的学生九年义务教育的完成情况。20 世纪 90 年代以来，我国义务教育完成率取得巨大进展，从 1994 年的 50.75% 提高到 84.14%，提升了 33.39 个百分点，但同时，也不得不看到，全国仍有 16% 的学生，即 29 万人没有按时毕业，这说明义务教育的巩固与完成情况依然不容乐观。

表 5-11　1994—2006 年全国分区域义务教育完成率（%）

地　区	1994 年	2000 年	2002 年	2006 年	2006 年比 1994 年提高
合计	50.75	78.81	80.89	84.14	33.39
东部	62.04	88.54	87.84	86.75	24.71
中部	51.45	83.46	84.07	85.81	34.36
西部	38.08	61.72	68.88	78.88	40.80

2006 年，东西部地区义务教育完成率差距较大，西部地区义务教育完成率仅为 78.88%，比东部地区低差不多 8 个百分点，分省看，北京、浙江、上海、天津、广东等东部省份超过 90%，而贵州、宁夏和西藏低于 75%，人口的流动对人口输出区义务教育完成率也会产生一定的影响。

三、42 个“两基”最困难县攻坚任务艰巨

从我国“两基”攻坚县和西部地区“两基”攻坚的总体进展情况看，“两基”攻坚和义务教育发展依然面临十分艰巨的任务。按照国家教育部等部委与各地签署的协议，到 2007 年有 42 个最困难县仍不能实现“两基”攻坚的任务。这些县主要集中在边远山区、戈壁荒漠区，这些地方社会经济发展水平低，贫困人口占有相当比例，青壮年功能性文盲不能得到有效的技能培训与转移，在这样一些难啃的“硬骨头”县里要全面实现“两基”，必将面临更加严峻的挑战，也必须作出更大的努力。

42 个尚未实现“两基”的县，均为 1999 年以后实现“普六”的县，其中有 29 个县是在 2000 年以后实现“普六”的县。13 个县小学净入学率低于 80%，36 个县初中毛入学率低于 50%。按照第五次人口普查数据，这 42 个县中有 20 个县一半以上的人口属于文盲。

42个尚未实现“两基”的县均为少数民族集聚县，其中还包括7个边境县，当地地理条件特殊，42个尚未实现“两基”的县中，有20个县平均海拔高度超过4 000米；有27个县属于国家扶贫开发重点工作县，贫困人口达254万人，占43%；有38个县财政自给率低于20%，有36个县人均地方财政收入不足200元。

受当地客观条件和发展环境的影响，一些地方青壮年文盲的人口比例不仅不能快速、有效地减少，而且已经脱盲的青壮年文盲人数在一些农村地区也明显反弹，加之对一大批不具备现代生产及生活技能、不具备学习及发展能力的功能性文盲，广大山区农村普遍缺乏为之提供培训的基本保障体制，这些都给新时期的基本扫除文盲工作带来隐患。由于缺乏持续巩固扫盲成果的专业队伍、专项经费和长效保障机制，部分边远山区、交通不便地区贫困农村的扫盲工作难以持续推进，消除青壮年文盲工作的巩固、提高依然艰巨。

综上所述，我国政府高度重视义务教育普及，颁布《中华人民共和国义务教育法》，规定施行九年义务教育，2000年，如期实现“普及九年义务教育”目标，率先在9个发展中人口大国中最早普及九年义务教育。义务教育普及年限比世界平均（8.21年）高出0.79年，其他8个发展中人口大国义务教育普及年限仅为5~8年，且多数国家尚未实现普及目标。

在实现“普及九年义务教育”过程中，着力提高女童入学普及水平，男女童小学净入学率差距从1991年的1.8个百分点缩小到0.07个百分点，入学性别差异基本消除；着力提高贫困地区义务教育普及水平，“两基”攻坚任务圆满完成，西部地区义务教育普及与巩固水平取得历史性进展，贫困地区儿童上学难问题得到有效解决。

进入21世纪，义务教育普及与巩固水平迈上新台阶，远高于世界平均水平，在9个发展中人口大国中遥遥领先，与经济合作与发展组织（OECD）国家水平接近；小学净入学率在98%以上高位运行，2006年，为99.3%，比世界平均高出13个百分点；小学毕业生升学率达到98.4%，比世界平均水平高5个百分点，在9个发展中人口大国中位居首位；我国初中阶段毛入学率大幅提高，2006年，为97.0%，比世界平均水平高19个百分点，与OECD国家相当接近。此外，有关部门对特殊教育和少数民族教育十分关注，进展明显。

后“两基”时代，我国双高“普九”面临新挑战，初中毕业生升学率虽有较大幅度提高，但仍不足80%，仍有近四分之一的初中毕业生无法升学，地区差距有所拉大；义务教育完成率有了长足进步，但仍有16%的学生（约29万人）没有按时完成九年义务教育，义务教育完成率地区差距较大，西部比东部地区低11个百分点；42个“两基”攻坚最困难县任务艰巨。

面向未来，适应国际社会对高质量全民教育的要求，满足我国经济社会发展及人民群众对高质量义务教育的诉求，义务教育发展必须实现从关注普及到关注提高、从关注数量到关注质量、从关注升学到关注生存发展的战略转变，不断开拓进取，改革创新，促使我国义务教育发展步入新的发展轨道。

第六章

我国义务教育资源均衡配置总体状况

我国地域辽阔，城乡二元结构特征十分明显，地区间经济社会发展极不平衡。在构建和谐社会与全面建设小康社会的进程中，缩小城乡、区域差距，推动公共服务均等化，推进社会事业改革和发展，已成为实现国家发展目标的重大战略。受经济社会发展水平和地理环境影响，我国城乡间、地区间义务教育发展很不均衡，缩小义务教育地区、城乡差距，促进义务教育均衡发展，已成为构建社会主义和谐社会、推进社会公平的重要内容。

均衡配置公共资源，缩小资源配置的城乡差距、地区差距是推进义务教育公平的主要着力点。进入新世纪以来，新一届政府将缩小差距、均衡配置教育资源作为推进义务教育公平的重要手段，取得了显著成效——中小学生均拨款水平和基本办学条件差距明显缩小，教育投入的县际差距明显小于财政支出县际差距，但高水平教师配置等指标的城乡差距和地区差距依然较大，义务教育均衡发展任重而道远。

第一节 城乡间义务教育资源均衡配置

2002 年以来，中央和地方政府高度重视农村义务教育发展，确立农村义务教育重中之重的战略地位，出台农村义务教育保障机制等重大举措，不断加大中央财政投入力度，努力改善贫困地区农村学校办学条件，城乡间中小学资源配置的基本条件指标。如，生均拨款、生均校舍建筑面积、教师合格率等配置的均衡程度明显提高，但发展性指标，如，生均公用经费、教职工人均年收入、高水平教师配置水平的差距依然较大。

一、农村义务教育经费投入水平提高较快，除教职工收入外，城乡教育经费指标均有所缩小

随着新增教育经费用于农村重大政策的落实，农村义务教育总投入中政府拨款所占比例明显提高。2006 年，我国农村义务教育财政拨款为 1 880.57 亿元，占农村义务教育总投入的 86.37%，比 2002 年提高了 8.2 个百分点。随着农村教育投入的大幅增长，农村义务教育生均经费增幅明显高于城镇，生均教育经费城乡差距总体上呈逐步缩小的趋势，并呈现出生均预算内事业费城乡差距明显小于事业费总体差距、西部差距明显小于东部和中部地区、初中差距小于小学等特点。

不过，与城镇相比，农村中小学生均公用经费和教职工人均年收入这两项提高教学质量、稳定教师队伍的关键指标依然较低，城乡差距大，甚至有所拉大，极不利于农村中小学教师的稳定和教学水平的提高。

（一）义务教育生均事业费的城乡差距明显缩小，西部地区城乡差距相对较小

2006 年，我国农村小学生均事业费 1 803 元，比 2002 年增长 96.03%，比城镇同期增幅高 30 个百分点，小学生均事业费城乡之比由 2002 年的 1.80：1缩小为 1.52：1，东中西部的城乡之比均呈缩小的态势，全国除广东外，其余省份均有所缩小。分区域看，西部小学生均事业费城乡差距最小，城乡之比为 1.26：1，云南、陕西、青海和新疆小学生均事业费城乡之比在1.1：1之内。

2006 年，我国农村初中生均事业费 2 110 元，比 2002 年增长 94.64%，比同期城镇增幅高 31 个百分点，初中生均事业费城乡之比由 2002 年的1.85∶1缩小为 1.55∶1。东中西部初中生均事业费城乡之比均呈缩小的态势，全国除福建、广东、湖北、陕西、宁夏外，其余省份均有所缩小。分区域看，西部初中生均事业费城乡差距最小，城乡之比为 1.34∶1，内蒙古、四川、甘肃、青海和宁夏初中生均事业费城乡之比在 1.3∶1 之内。

表 6－1　2006 年我国分城乡小学和初中生均事业费支出情况（元）

地　区	2006 年				比 2002 年增长（%）/增减（%）			
	合　计	城　镇	农　村	城乡倍率	合　计	城　镇	农　村	城乡倍率
小　学								
全国	2 059	2 742	1 803	1.52	86.01	65.80	96.03	－0.28
东部	2 801	3 807	2 331	1.63	87.23	76.64	99.25	－0.21
中部	1 630	2 030	1 497	1.36	91.51	72.25	98.11	－0.20
西部	1 709	2 021	1 607	1.26	80.62	55.10	87.56	－0.26
初　中								
全国	2 544	3 276	2 110	1.55	77.57	63.43	94.64	－0.30
东部	3 566	4 659	2 823	1.65	85.37	76.35	108.60	－0.30
中部	1 968	2 497	1 714	1.46	80.39	67.56	88.51	－0.18
西部	2 036	2 414	1 795	1.34	70.08	56.92	80.71	－0.20

（二）农村义务教育生均预算内事业费翻番，城乡差距明显缩小，半数以上省份城乡倍率在 1.10 之内

2006 年，我国农村小学生均预算内事业费 1 506 元，比 2002 年增长 1.12 倍，比城镇同期增幅高 36 个百分点，小学生均预算内事业费城乡之比由 2002 年的 1.58∶1 缩小为 1.31∶1，东中西部的城乡之比均呈缩小的态势，全国除广东外，其余省份均有所缩小。西部地区城乡倍率仅为1.10∶1，全国有 15 个省市小学生均预算内事业费城乡倍率在 1.10 之内，城乡差距已经较小。

2006 年，我国农村初中生均事业费 1 717 元，比 2002 年增长 1.15 倍，比同期城镇增幅高 37 个百分点，初中生均预算内事业费城乡之比由 2002 年的1.55：1缩小为1.28：1，东中西部的城乡之比均呈缩小的态势。全国除天津、广东、福建和宁夏外，其余省份均有所缩小。西部地区城乡倍率仅为1.09：1，全国有17个省市初中生均预算内事业费城乡倍率在1.10之内，城乡差距已经较小。

表6－2 2006年我国分城乡小学和初中生均预算内事业费支出情况（元）

地　区	2006年				比2002年增长（%）/增减（%）			
	合　计	城　镇	农　村	城乡倍率	合　计	城　镇	农　村	城乡倍率
小　学								
全国	1 634	1 975	1 506	1.31	100.89	76.48	112.53	－0.27
东部	2 141	2 690	1 885	1.43	105.97	90.85	120.05	－0.22
中部	1 329	1 477	1 279	1.16	102.86	76.33	112.65	－0.24
西部	1 405	1 509	1 371	1.10	92.60	63.64	101.26	－0.25
初　中								
全国	1 897	2 200	1 717	1.28	97.45	78.68	115.77	－0.27
东部	2 560	3 082	2 204	1.40	106.48	92.45	131.52	－0.28
中部	1 494	1 670	1 410	1.18	98.57	79.95	109.60	－0.20
西部	1 603	1 686	1 551	1.09	88.17	72.02	99.90	－0.18

（三）农村义务教育生均预算内公用经费大幅增长，城乡差距迅速缩小，半数左右省份农村生均预算内公用经费高于城市

随着农村义务教育经费保障机制的落实，免杂费工作的全面推进，农村义务教育生均公用经费拨款成数倍增长。2006年，我国农村小学生均预算内公用经费为249元，比2002年增长4.82倍，比同期城镇增长了差不多2.85倍，小学生均预算内公用经费城乡之比由2002年的2.60：1缩小为1.33：1，东中西部的城乡之比均呈缩小的态势，东部地区缩小幅度最大，全国除黑龙江、江西和宁夏外，其余省份均有所缩小。西部地区小学生均预算内公用经费城乡差距已经很小，仅为1.03：1，全国有19个省市农村小学生均预算内公用经费高于城市。

2006年，我国农村初中生均预算内公用经费平均为346元，比2002年增长4.20倍，比同期城镇增长快2.59倍，初中生均预算内公用经费城乡之比由2002年的4.49：1缩小为1.25：1，东中西部的城乡之比均呈缩小的

态势，东部地区缩小幅度最大，全国除广西和陕西外，其余省份均有所缩小。西部地区农村初中生均预算内公用经费已高于城市，全国有14个省份情况类似。

表6-3　2006年我国分城乡小学和初中生均预算内公用经费支出情况（元）

地　区	2006年				比2002年增长（%）/增减（%）			
	合　计	城　镇	农　村	城乡倍率	合　计	城　镇	农　村	城乡倍率
小　学								
全国	271	331	249	1.33	349.99	197.19	481.63	-1.27
东部	333	447	279	1.60	242.90	158.25	370.64	-1.32
中部	182	204	175	1.16	439.91	312.60	499.76	-0.53
西部	295	301	292	1.03	521.17	319.07	608.28	-0.71
初　中								
全国	378	433	346	1.25	263.13	160.90	419.74	-1.24
东部	476	600	392	1.53	187.31	120.72	381.10	-1.80
中部	251	268	242	1.11	346.87	245.45	423.15	-0.57
西部	419	406	428	0.95	393.60	314.28	454.24	-0.32

（四）义务教育生均公用经费城乡差距虽有所缩小，但依然较大，在1.8倍以上

公用经费是学校日常运转的基本保障。2002年以来，我国农村中小学公用经费投入水平虽然增幅明显高于城镇，城乡差距也有所缩小，但依然较大。2006年，我国农村小学生均公用经费平均为401元，比2002年增长1.32倍，但城乡之比高达1.89：1，东部地区城乡差距最大，达2.02：1，上海、江苏、山东、广东城乡之比超过2.0：1。

2006年，我国农村初中生均公用经费平均为601元，比2002年增长1.17倍，但城乡之比高达1.82：1，东部地区城乡差距最大，达1.94：1，天津、福建、山东和湖南城乡之比超过2.0：1。

表 6－4 2006 年我国分城乡小学和初中生均内公用经费支出情况（元）

地 区	2006 年				比 2002 年增长（%）/增减（%）			
	合 计	城 镇	农 村	城乡倍率	合 计	城 镇	农 村	城乡倍率
小 学								
全国	499	760	401	1.89	109.46	76.65	132.53	－0.60
东部	722	1 102	545	2.02	92.84	80.04	111.97	－0.36
中部	361	533	304	1.76	124.25	98.70	134.21	－0.31
西部	402	526	361	1.46	138.95	81.48	162.41	－0.65
初 中								
全国	783	1 090	601	1.82	84.07	62.93	117.08	－0.60
东部	1 121	1 573	813	1.94	81.53	70.30	117.43	－0.54
中部	564	797	453	1.76	88.56	68.84	105.12	－0.38
西部	653	821	546	1.50	103.69	75.81	134.08	－0.50

（五）农村中小学教职工人均年收入增幅明显低于城市，城乡差距有所拉大

教职工人均年收入是学校人员成本的基本反映，城乡差距拉大或者过大，都不利于农村学校教职工队伍的稳定，不利于其教学质量的提高。2002 年以来，农村中小学教职工人均年收入增幅明显低于城市，城乡差距有所拉大。

2006 年，我国农村小学教职工人均年收入平均为 8 197 元，比 2002 年增长 44.05%，比同期城镇教职工人均年收入增幅低 9.3 个百分点，城乡之比从 2002 年的 2.68∶1 拉大到 2.85∶1，东部和中部地区都有所拉大，全国有 18 个省份这一差距都在拉大；而中、西部地区小学教职工人均年收入城乡之比超过 3.0∶1，福建、山东、安徽、甘肃 4 省该指标城乡之比超过 4.0∶1。

2006 年，我国农村初中教职工人均年收入平均为 13 715 元，比 2002 年增长 33.75%，比同期城镇教职工人均年收入增幅低 18.42 个百分点，城乡之比从 2002 年的 1.54∶1 拉大到 1.76∶1，东部、中部和西部地区都有所拉大。全国有 19 个省份这一差距都在拉大，而中部地区小学教职工人均年收入城乡之比超过 2.0∶1，福建、山东、安徽 3 省该指标城乡之比超过 3.5∶1。

表 6-5 2006 年我国分城乡小学和初中教职工人均年收入情况（元）

地区	2006 年				比 2002 年增长（%）/增减（%）			
	合计	城镇	农村	城乡倍率	合计	城镇	农村	城乡倍率
小学								
全国	18 189	23 397	8 197	2.85	49.19	53.35	44.05	0.17
东部	22 735	30 670	13 024	2.35	57.30	62.76	38.11	0.36
中部	15 076	17 682	5 613	3.15	51.58	52.39	50.07	0.05
西部	16 258	18 995	5 826	3.26	36.24	44.58	51.87	-0.16
初中								
全国	19 497	24 074	13 715	1.76	50.24	52.17	33.75	0.21
东部	24 508	30 910	19 961	1.55	56.54	59.15	24.03	0.34
中部	15 907	18 766	8 993	2.09	49.21	53.21	46.57	0.09
西部	17 191	20 249	12 086	1.68	42.30	47.52	41.98	0.06

二、农村办学条件改善较快，除建网学校等指标外，城乡办学条件差距进一步缩小

随着农村义务教育经费投入水平的大幅增长，农村中小学校舍条件和计算机配置水平得到较大改善，城乡差距进一步缩小。到 2006 年，城乡中小学生均校舍建筑面积已基本持平，远程教育资源在农村中小学覆盖面大大扩大。

生均教学仪器设备值是反映学校仪器配置水平的综合性指标，建网学校比例则是反映学校信息化水平的核心指标。2002 年以来，农村中小学生均仪器配置值和建网学校比例均有所上升，但改善程度慢于城市，城乡差距依然较大。

（一）农村校舍增加较快，大部分省份的生均校舍建筑面积城乡基本相近

2002—2006 年，我国农村中小学新建和改造校舍 1 亿多平方米，净增校舍建筑面积 6 903 万平方米，农村小学生均校舍建筑面积从 4.72 平方米增加到 5.47 平方米；农村初中生均校舍建筑面积从 4.80 平方米增加到 6.40

平方米。到2006年，我国中小学生均校舍建筑面积城乡已基本相近，小学有15个省、初中有10个省，城乡校舍建筑面积相差在0.5平方米之内，许多省农村中小学生均建筑面积已经超过城市。农村中小学新增校舍质量明显提高，许多校舍还由土坯房改建成砖瓦房、楼房。

表6－6 2006年我国分城乡中小学生均校舍建筑面积（m^2）

地 区	2006年			比2002年增减		
	合 计	城 市	农 村	合 计	城 市	农 村
小 学						
全国	5.47	5.30	5.51	0.75	0.31	0.84
东部	6.00	6.07	5.98	1.03	0.67	1.10
中部	5.46	4.85	5.56	0.74	0.17	0.84
西部	4.92	4.27	5.00	0.49	－0.34	0.59
初 中						
全国	6.40	6.36	6.40	1.60	1.38	1.63
东部	7.24	7.82	7.09	2.18	2.35	2.13
中部	6.36	5.68	6.48	1.55	0.76	1.69
西部	5.41	4.27	5.56	0.99	0.27	1.07

（二）农村学校现代教育技术装备水平有较大提高，每百名学生计算机台数城乡差距明显缩小，优质教育资源输送到36万所农村中小学

2002—2006年，我国农村小学每百名学生拥有计算机的台数由1.34台提高到3.11台，增长了1.32倍，是城市同期增幅的2倍。许多农村小学计算机配备实现了从无到有。每百名学生拥有计算机台数城乡之比相应由3.39∶1缩小为2.42∶1，全国29个省份小学每百名学生拥有计算机台数的城乡差距均在缩小，西部地区城乡差距缩小幅度最大，由3.79∶1缩小为2.54∶1，缩小了1.25倍。

我国农村初中每百名学生拥有计算机台数由2.16台提高到4.93台，增长了1.28倍，比城市同期增幅高出差不多44个百分点，初中每百名学生拥有计算机台数城乡之比相应由1.94∶1缩小为1.56∶1，全国31个省份初中每百名学生拥有计算机台数的城乡差距均在缩小，西部地区农村初中每百名学生拥有计算机台数已经超过4台，仅比城市低0.55台，城乡差距缩小为1.13∶1。

表 6-7　2006 年中小学每百名学生拥有计算机台数城乡差异

地　区	2006 年（台）			比 2002 年增长（%）			城乡倍率		
	合　计	城　市	农　村	合　计	城　市	农　村	2002 年	2006 年	增　减
小　学									
合计	3.77	7.52	3.11	109.44	65.64	132.09	3.39	2.42	-0.97
东部	5.96	9.57	5.02	137.45	78.21	169.89	2.89	1.91	-0.98
中部	2.73	5.84	2.25	84.46	55.32	97.37	3.30	2.60	-0.70
西部	2.47	5.39	2.12	84.33	36.80	103.85	3.79	2.54	-1.25
初　中									
合计	5.37	7.69	4.93	114.80	83.97	128.24	1.94	1.56	-0.38
东部	7.14	10.37	6.31	132.57	113.37	141.76	1.86	1.64	-0.22
中部	4.49	5.84	4.26	103.17	55.32	119.59	1.94	1.37	-0.57
西部	4.26	4.74	4.19	104.81	41.49	122.87	1.78	1.13	-0.65

随着农村中小学现代远程教育工程的顺利推进，农村学校的教育信息化环境得到显著改善。到 2007 年，中西部（含海南和河北）农村中小学拥有光盘播放设备 440 142 套、卫星接收设备 264 905 套、计算机教室 40 858 套，通过这些设备，优质教育资源输送到中西部 36 万所农村中小学校，有效促进了农村教育的均衡公正和教育质量的提高。①

（三）农村中小学生均仪器设备值增长较快，但城乡差距依然较大，初中还有所扩大

2006 年，我国农村小学生均教学仪器设备值为 224 元，比 2002 年增长 15.79%，比城市同期增幅高出 18 个百分点，小学生均仪器设备值城乡之比虽比 2002 年略有缩小，但仍达 3.10：1，中西部地区城乡之比还有所扩大，中部地区由 2.01：1 扩大到 3.24：1，西部地区由 2.59：1 扩大到 2.69：1，全国有 15 个省小学生均仪器设备值的城乡差距在扩大。

2006 年，我国农村初中生均仪器设备值为 352 元，比 2002 年增长 42.8%，比城市同期增幅低 20 个百分点，城乡之比由 2002 年的 1.91：1 扩大到 2.17：1，东部由 1.61：1 扩大到 2.22：1，全国有 14 个省初中生均仪

① 全国农村中小学现代远程教育办公室．架起通向未来的桥梁——中国农村中小学现代远程教育工程［M］．北京：人民教育出版社，2008：25.

器设备值的城乡差距在扩大。

表 6－8　2002 年、2006 年我国分城乡中小学生均仪器设备值差异（元）

地　区	2006 年			城乡倍率		
	合　计	城　市	农　村	2002 年	2006 年	增　减
小　　学						
全国	295	695	224	3. 71	3. 10	－0. 61
东部	474	924	358	5. 15	2. 58	－2. 57
中部	221	550	170	2. 01	3. 24	1. 23
西部	177	404	150	2. 59	2. 69	0. 10
初　　中						
全国	417	764	352	1. 91	2. 17	0. 26
东部	626	1 112	501	1. 61	2. 22	0. 61
中部	336	544	300	2. 30	1. 81	－0. 49
西部	259	353	246	1. 80	1. 43	－0. 37

（四）农村中小学建网学校比例增加缓慢，城乡差距明显拉大

2006 年，我国农村小学建网比例为 7. 61%，仅比 2002 年增加 5. 68 个百分点，而城市小学同比增加 33. 7 个百分点，建网比例达 51. 09%，小学建网学校比例城乡差值从 15. 46 个百分点拉大到 43. 48 个百分点，拉大了 28. 02 个百分点，东部地区差距最大，从 19. 51 个百分点拉大到 49. 29 个百分点，拉大了 29. 78 个百分点。全国有 29 个省份这一差距都在拉大，重庆、辽宁、青海拉大 35 个百分点以上，城乡差值已超过 50 个百分点。

我国农村初中建网比例为 28. 62%，仅比 2002 年增加 20. 39 个百分点，而城市初中同比增加 33. 19 个百分点，建网比例达 58. 28%，初中建网学校比例城乡差值相应从 16. 86 个百分点拉大到 29. 66 个百分点，拉大 12. 80 个百分点，中部地区差距最大，从 14. 30 个百分点拉大到 29. 89 个百分点，拉大了 15. 59 个百分点。全国有 24 个省份这一差距都在拉大，重庆、辽宁、江西和青海拉大了 20 个百分点以上，而黑龙江、河南、广东、辽宁和宁夏城乡差值已超过 30 个百分点。

表 6－9　2002 年、2006 年中小学校建网比例城乡差距（%）

地　区	2006 年			比 2002 年增减			城乡差值		
	合　计	城　市	农　村	合　计	城　市	农　村	2002 年	2006 年	增　减
小　学									
全国	9.77	51.09	7.61	6.96	33.70	5.68	15.46	43.48	28.02
东部	21.37	66.26	16.97	15.90	43.02	13.24	19.51	49.29	29.78
中部	5.90	39.80	4.48	3.82	25.33	2.99	12.98	35.32	22.34
西部	5.34	34.37	4.41	3.88	23.31	3.38	10.03	29.96	19.93
初　中									
全国	32.13	58.28	28.62	21.63	33.19	20.39	16.86	29.66	12.80
东部	51.30	72.32	46.82	33.91	39.20	32.88	19.18	25.50	6.32
中部	23.33	50.11	20.22	15.74	29.99	14.40	14.30	29.89	15.59
西部	23.06	38.73	21.75	16.46	21.85	16.27	11.40	16.98	5.58

三、合格教师队伍的城乡差距缩小明显，高水平教师城乡分布仍不均衡

教师是资源配置的核心。2002—2006 年，《中华人民共和国义务教育法》关于“应当加强教师培养工作，采取措施发展教师教育”的规定得到了很好的落实，我国农村中小学教师学历合格率不断提高，城乡差距不断缩小。

受收入水平、生存与发展条件等综合因素影响，农村中小学高一层学历教师和中高级职务教师比例大大低于城市，城乡差距较大，对农村中小学全面实施素质教育，提高教学质量十分不利。

（一）农村小学教师学历合格率较高，城乡差距已经缩小

2006 年，我国农村小学专任教师学历合格率提高较快，从 2002 年的 97.09% 提高到 98.72%，提高了 1.63 个百分点。小学专任教师学历合格率城乡差距从 2002 年的 1.92 个百分点缩小为 1.01 个百分点，西部地区农村小学教师学历合格率也达到了 97.74%，城乡缩小幅度最为明显，从 3.31 个百分点缩小为 1.78 个百分点，东部和中部地区城乡差距在 1 个百分点之内，全国有 23 个省小学教师学历合格率的城乡差距在 1 个百分点以内。

表 6－10 2002 年、2006 年小学、初中教师学历合格率（%）

地区	2006 年			比 2002 年增减			城乡差值	
	合计	城市	农村	合计	城市	农村	2002 年	2006 年
小学								
合计	98.87	99.73	98.72	1.48	0.72	1.63	1.92	1.01
东部	99.46	99.81	99.38	0.88	0.47	0.99	0.95	0.43
中部	99.07	99.76	98.96	1.18	0.71	1.26	1.35	0.80
西部	97.93	99.52	97.74	2.58	1.25	2.78	3.31	1.78
初中								
合计	96.33	98.78	95.81	6.05	2.33	7.00	7.64	2.97
东部	97.25	98.94	96.77	4.92	1.95	5.87	6.09	2.17
中部	95.62	98.65	95.05	5.68	2.45	6.42	7.57	3.60
西部	95.96	98.60	95.56	8.26	2.99	9.34	9.39	3.04

（二）农村初中教师学历合格率提高较快，城乡差距明显缩小

2006 年，我国农村初中专任教师学历合格率提高较快，从 2002 年的 90.28% 提高到 95.81%，提高了 5.53 个百分点，初中专任教师学历合格率城乡差距从 2002 年的 7.64 个百分点缩小为 2.97 个百分点，缩小了 4.67 个百分点，有 11 个省缩小了 5 个百分点以上，主要为中西部省份。西部地区初中教师学历合格率也达到了 95% 以上，城乡差距缩小了 6.35 个百分点，仅为 3.04，全国有 12 个省初中教师学历合格率的城乡差距在 2 个百分点以内。

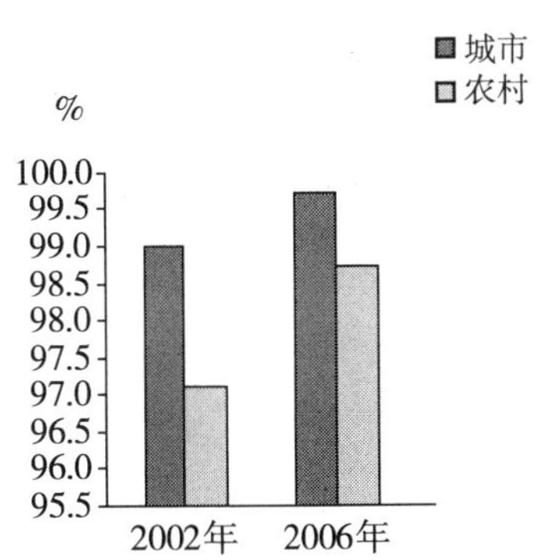

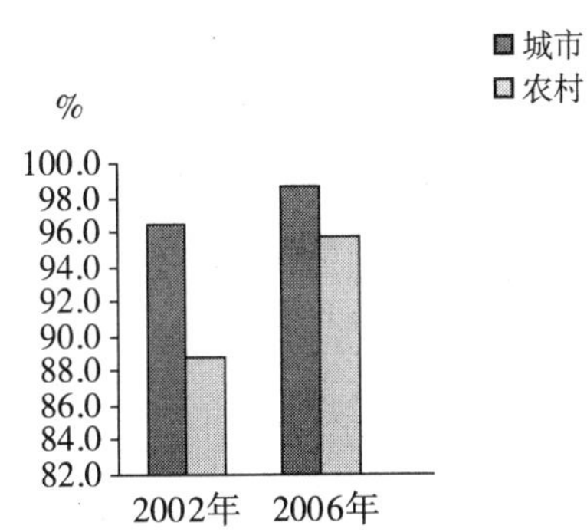

图 6－1 2002 年、2006 年初中教师学历合格率城乡差距

（三）农村小学高一层学历教师比例依然偏低，城乡差距较大，初中有所扩大

1. 小学高一层学历教师比例城乡差距较大，贫困地区比例偏低

2006年，我国小学大专及以上学历教师比例平均为62.07%，城市为82.54%，农村为58.50%，城乡之差达24.04个百分点，中部地区差距较大，相差25.95个百分点，海南、辽宁、甘肃、河南4省超过30个百分点。需要指出的是，福建、江西、上海、湖北和重庆5省市小学高一层学历教师比例城乡差值比2002年有所扩大。

表6－11　2006年小学高一层学历教师比例城乡差距（%）

地　区	合　计	城　市	农　村	城乡差值
合计	62.07	82.54	58.50	24.04
东部	67.77	84.29	63.65	20.64
中部	58.10	80.67	54.72	25.95
西部	59.62	81.15	57.06	24.09

贫困地区农村小学高一层学历教师比例普遍偏低。2006年，贫困县农村小学大专及以上学历教师比例只有50.50%，比全国农村平均低8个百分点，中部贫困县农村该比例只有48.09%，江西、贵州、安徽、甘肃和辽宁低于45%。

表6－12　2006年小学高一层学历教师比例分县类型（%）

地　区	合　计	山区县	丘陵县	贫困县	少数民族县
合计	62.07	55.80	57.58	50.71	54.64
东部	67.77	61.82	61.40	57.87	54.01
中部	58.10	54.10	54.92	48.34	57.90
西部	59.62	53.26	57.50	50.37	54.14
农　村					
合计	58.50	55.35	57.02	50.50	54.42
东部	63.65	61.13	60.56	57.81	54.01
中部	54.72	53.82	54.57	48.09	57.29
西部	57.06	52.89	57.01	50.13	53.94

2. 初中高一层学历教师比例[①]城乡差距拉大，贫困地区比例偏低

2006年，我国高一层学历教师比例平均为41.08%，农村为35.27%，虽比2002年增加21.17个百分点，但比城市同期增幅低了4.24个百分点，城乡之差从28.95个百分点扩大到33.19个百分点，中部地区由25.97个百分点扩大到31.58个百分点，西部地区由27.60个百分点扩大到33.76个百分点。全国有18个省份城乡差值在扩大，其中广西、河南、湖北、甘肃和重庆扩大了10个百分点以上。

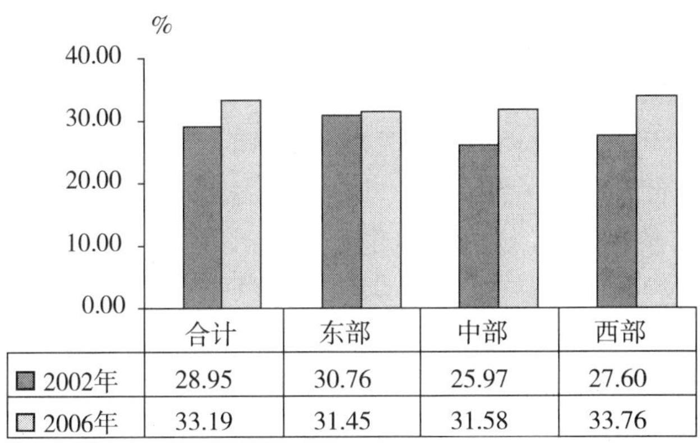

图6-2　2002年、2006年初中高一层学历教师城乡差值

表6-13　2006年初中高一层学历教师比例分县类型（%）

地　区	合　计	山区县	丘陵县	贫困县	少数民族县
合计	41.10	33.74	34.50	28.66	33.64
东部	48.44	40.41	40.48	32.93	28.38
中部	37.18	33.63	32.50	29.54	39.44
西部	35.92	28.91	31.78	26.67	34.00
农　村					
合计	35.28	32.95	33.56	28.24	32.67
东部	41.42	39.31	38.60	32.93	28.38
中部	32.18	33.34	32.16	29.04	37.43
西部	31.47	28.03	31.10	26.15	33.07

① 初中高一层学历教师比例指初中本科及以上学历教师比例，下同。

边远贫困地区农村初中高一层学历教师比例偏低。2006 年，贫困县农村只有 28.24%，比全国农村平均低 7 个百分点，西部贫困县农村相对更低，只有 26.15%，其中广西、贵州和甘肃贫困县农村该比例不足 20%，高水平教师缺乏。

（四）农村中小学中高级职称教师比例依然偏低，城市差距较大

1. 小学中高级职称教师比例城乡差距较大，农村尤其是山区县和贫困县高水平教师缺乏

2006 年，我国小学中高级职称专任教师比例为 45.80%，农村为 44.55%，比城市低 8.46 个百分点，西部农村最低，只有 36.17%，比全国农村水平低 8.38 个百分点，比西部城市低 12.68 个百分点。西藏、新疆、甘肃、陕西、青海 5 省（自治区）小学中高级职称教师比例城乡差值超过 15 个百分点，新疆最大，为 19.34 个百分点。

需要指出的是，河南、广西、湖北和西藏 4 省（自治区）小学中高级职称专任教师比例城乡差距比 2002 年扩大了 3 个百分点以上，河南扩大了 5.43 个百分点。

表 6－14　2006 年小学中高级职称教师比例城乡差距（%）

地　区	合　计	城　市	农　村	城乡差值
合计	45.80	53.01	44.55	8.46
东部	50.75	53.43	50.08	3.35
中部	47.91	55.35	46.79	8.56
西部	37.51	48.85	36.17	12.68

山区县、贫困县农村小学中高级职称专任教师比例更低，高水平教师缺乏。2006 年，我国少数民族县和贫困县农村该比例仅为 40% 左右，比全国农村平均低差不多 4 个百分点。西部地区山区县、贫困县和少数民族县的农村小学中高级职称专任教师比例都不足 35%，高水平教师十分缺乏。贵州和陕西山区县农村小学中高级职称教师比例不足 30%。

表 6－15 2006 年小学中高级职称教师比例分县情况（%）

地 区	合 计	山区县	牧区半牧区县	贫困县	少数民族县
合计	45.80	43.07	43.54	40.49	40.93
东部	50.75	53.41	68.12	53.95	53.07
中部	47.91	50.35	46.11	45.18	50.80
西部	37.51	33.29	39.45	33.76	34.83
农 村					
合计	44.55	42.88	43.17	40.38	40.86
东部	50.08	53.37	68.12	53.94	53.07
中部	46.79	50.32	46.11	45.02	50.76
西部	36.17	32.97	38.80	33.61	34.74

2. 初中中高级职称专任教师比例城乡差距较大，西部农村尤其是贫困县农村比例偏低

2006 年，我国初中中高级职称专任教师比例为 46.14%，农村为 43.02%，比城市低 17.79 个百分点，城乡差距较大。西部地区城乡差距最大，农村仅为 34.45%，比全国平均水平低 15 个百分点，比西部城市低 22.99 个百分点，而甘肃、贵州、陕西、西藏、宁夏 5 省（自治区）初中中高级职称教师比例的城乡差值超过 25 个百分点。

表 6－16 2006 年初中中高级职称教师比例城乡差距（%）

地 区	合 计	城 市	农 村	城乡差值
合计	46.14	60.81	43.02	17.79
东部	50.14	61.02	47.02	14.00
中部	48.66	62.73	46.02	16.71
西部	37.46	57.44	34.45	22.99

贫困地区农村初中中高级职称专任教师比例更低，高水平教师缺乏。2006 年，山区县、贫困县和少数民族县农村该比例都低于农村水平，贫困县最低，只有 37.46%，西部地区山区县农村只有 30.09% 左右，其中甘肃、贵州、陕西和重庆山区县农村该比例不足 30%，高水平教师十分缺乏。

表 6－17 2006 年初中中高级职称教师比例分县情况（%）

地　区	合　计	山区县	贫困县	少数民族县
合计	46. 16	40. 77	37. 72	40. 75
东部	50. 14	47. 10	47. 16	54. 72
中部	48. 66	47. 15	43. 45	52. 91
西部	37. 46	31. 67	30. 45	33. 27
农　村				
合计	43. 04	40. 30	37. 46	40. 22
东部	47. 02	46. 43	47. 16	54. 72
中部	46. 05	47. 04	43. 14	51. 66
西部	34. 46	31. 05	30. 09	32. 77

四、中西部城市和县镇大班额现象较为严重，教学资源十分紧张

小学标准班额为 45 人一班，56 人及以上班级称为大班额，65 人及以上班级称为超大班。随着城市化进程加快和中小学布局结构调整，学生向县镇和城市集中，中西部城市和县镇中小学大班额问题凸显，教师工作负担加重，学生学习空间狭小，不利于教学质量提高，不利于师生身心健康，不利于推进教育公平。

（一）小学大班额比例持续上升，中西部城市和县镇较为严重

2002—2006 年间，我国小学大班额比例持续升高，县镇大班额问题尤为突出，教学资源紧张。2006 年我国小学大班额比例达到 14. 3%，比 2002 年增加 3. 22 个百分点，城市为 27%，同比增加 3. 92 个百分点，而县镇高达 32. 39%，同比增加 10. 04 个百分点；农村最低，为 7. 51%。

分区域、分城乡看，中西部地区城市和县镇大班额问题都较为严重，均超过 35%，而中部县镇最为突出，达到 40. 90%，并且升高最快，比 2002 年增加 13. 19 个百分点，四川、湖北、江西县镇小学大班额比例超过 50%。

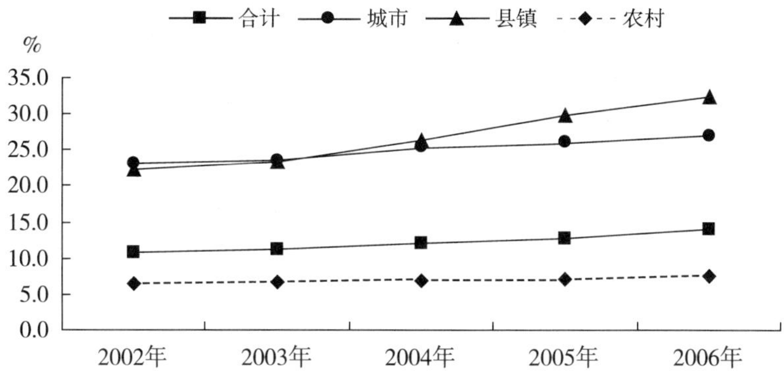

图 6-3 2002—2006 年我国小学大班额比例

表 6-18 2006 年我国小学大班额比例情况（%）

地 区	合 计	城 市	县 镇	农 村
合计	13.98	27.00	32.39	7.51
东部	12.34	18.41	23.77	6.62
中部	15.66	35.58	40.90	8.86
西部	13.99	36.22	36.90	6.90
比 2002 年增减				
合计	3.22	3.92	10.04	0.99
东部	2.54	-0.66	6.08	1.39
中部	2.33	6.46	13.19	0.21
西部	4.81	12.89	13.07	1.34

2006 年，我国最高的 20% 县小学大班额比例高达 32.31%，比 2002 年提高 6.45 个百分点；中部地区最高 20% 县大班额比例最高，平均为 34.30%，比 2002 年提高 2.67 个百分点；西部地区为 31.99%，比 2002 年增加 9.73 个百分点，大班额现象更趋严重。

表 6-19 2002—2006 年我国小学最高 20% 县大班额比例情况（%）

地 区	2002 年	2006 年	增 减
合计	25.86	32.31	6.45
东部	24.15	30.47	6.32
中部	31.63	34.30	2.67
西部	22.26	31.99	9.73

（二）初中超大班比例略有下降，但中部地区县镇仍十分严重

2002—2006年间，我国初中超大班额比例略有下降，但县镇尤其是中部县镇初中超大班额问题仍十分突出。2006年，我国初中超大班额比例达到21.13%，县镇达26.24%，农村为20.48%，城市最低，为11.39%。

分区域看，中部县镇初中超大班比例最高，为36.15%，比全国县镇高出差不多10个百分点，西部县镇不降反升，提高了3.10个百分点，达29.07%，湖北、海南、河南和陕西4省县镇初中超大班额比例超过45%。另外，西部农村初中超大班额比例也达到28.09%。

表6－20　2006年我国初中超大班额比例情况（%）

地　区	合　计	城　市	县　镇	农　村
合计	21.13	11.39	26.24	20.48
东部	13.84	6.78	17.78	13.68
中部	28.88	17.58	36.15	28.09
西部	21.91	13.43	29.07	16.91
比2002年增减				
合计	－2.25	－3.93	－1.25	－3.01
东部	－3.43	－4.46	－2.18	－4.40
中部	－4.95	－5.81	－3.10	－5.93
西部	2.94	1.14	3.10	0.92

2006年，最高20%县初中超大班额比例虽有所下降，但均值仍高达51.59%，中部地区高达60.27%，西部地区还上升了6.51个百分点。

表6－21　2002—2006年我国初中最高20%县超大班额比例情况（%）

地　区	2002年	2006年	增　减
合计	53.61	51.59	－2.02
东部	48.38	42.87	－5.51
中部	64.91	60.27	－4.64
西部	41.86	48.37	6.51

2006年，我国有674个县初中超大班额比例超过35%，占县总数的

22%，其中有149个县初中超大班额比例超过50%，占县总数的4.9%。

西部地区超大班额比例超过35%的县最多，达到297个，占西部地区县总数的26.1%。贵州有56%的县初中超大班额比例在35%以上，江西和陕西也有超过40%的县初中大班额比例在35%以上。

表6-22　2006年我国初中超大班额比例的县域分布（%）

地　区	超大班额比例低于20%	20%~35%	35%~50%	大于50%
合计	41.66	36.35	17.13	4.86
东部	50.94	31.76	12.58	4.72
中部	38.21	39.96	16.89	4.94
西部	36.84	37.11	21.14	4.91

第二节　地区间义务教育资源均衡配置

我国义务教育管理体制是以县为主。全国3 000多个区县级单位的经济发展水平和地理环境差异很大，地区差距的核心问题就是县际差距，缩小县际间教育资源配置的差距是促进义务教育均衡发展，实现教育公平的重要途径。

随着农村和西部地区义务教育投入力度加大，贫困区县生均教育经费水平和条件设施情况有很大改观，义务教育资源配置的县际差距进一步缩小，生均经费的县际差距明显小于财政支出，县际间合格教师配置基本均衡，生均校舍建筑面积和计算机配置水平差距明显缩小。不过，义务教育学校教学仪器设备值、高水平教师、教职工人均收入等指标县际差距依然较大。

一、事业经费投入地区差距明显缩小，但公用经费与教职工收入差距仍较大

事业费反映一个学校的日常运转成本的综合性指标，包括人员经费和公用经费两个部分。2002年以来，中小学生均事业费、生均预算内事业费的县际差距明显缩小，且低于同样本（2 000多个县）财政支出的县际差距。

公用经费是学校教学正常运转的必要保障，各省都有相应的公用经费拨款标准，2002 年以来，中小学公用经费县际差距虽有所缩小，但依然较大；而中小学教职工人均年收入 20% 县倍率甚至有拉大趋势。

（一）小学生均事业费、生均预算内事业费县际差距明显缩小

2006 年，我国小学生均事业费平均为 2 059 元，比 2002 年增加 952 元，增长 86.01%，县际差距明显缩小，2 000 多个样本县（与财政支出同口径）的差异系数从 0.88 缩小为 0.73，全国有 20 个省份这一系数都在缩小；我国小学生均事业费 20% 县倍率（将全国县区平均分为 5 组，用最高 20% 组与最低 20% 组生均指标值之比/之差来反映县际差异，下同）从 3.95 : 1 缩小到 3.87 : 1，全国有 14 个省这一差距在缩小。

生均预算内事业费反映一个学校的日常运转成本中政府投入部分，包括人员经费和公用经费两个部分，2006 年，我国小学生均预算内事业费平均为 1 634 元，比 2002 年增加 820 元，增长 1 倍。我国小学生均预算内事业费县际差距明显缩小，2 000 多个样本县（与财政支出同口径）的差异系数从 0.99 缩小为 0.73，全国 21 个省份的差异系数均在缩小；我国小学生均预算内事业费 20% 县倍率从 3.85 : 1 缩小到 3.71 : 1，有 16 个省在缩小。

（二）初中生均事业费、生均预算内事业费的县际整体差距缩小，20%县际差距有所拉大

2006 年，我国初中生均事业费平均为 2 544 元，比 2002 年增加 1 111 元，增长 77.53%。全国初中生均事业费县际差距明显缩小，2 000 多个样本县（与财政支出同口径）的差异系数从 0.98 缩小为 0.88，全国有近半数省份这一差距在缩小。全国初中生均事业费 20% 县倍率为 3.93 : 1，比 2002 年有所扩大。

2006 年，我国初中生均预算内事业费平均为 1 897 元，比 2002 年增加 936 元，增长 97.45%。初中生均预算内事业费县际差距明显缩小，2 000 多个样本县（与财政支出同口径）的差异系数从 1.17 缩小为 0.98，全国有 14 个省这一差距在缩小。不过，全国初中生均预算内事业费 20% 县倍率为 3.74 : 1，比 2002 年有所扩大。

表 6－23　2002 年、2006 年生均事业费、生均预算内事业费县际差距

指　标	小　学			初　中		
	2002 年	2006 年	增减	2002 年	2006 年	增减
样本县数	2 032	2 063		2 025	2 055	
差异系数						
生均事业费	0.88	0.73	－0.15	0.98	0.88	－0.10
生均预算内事业费	0.99	0.73	－0.26	1.17	0.98	－0.19
20% 县倍率						
生均事业费	3.95	3.87	－0.08	3.71	3.93	0.22
生均预算内事业费	3.85	3.71	－0.14	3.58	3.74	0.16

（三）义务教育生均事业费、生均预算内事业费的县际差距明显小于人均财政支出的差距

我国义务教育生均事业费、生均预算内事业费的县际差距明显小于人均财政支出。2006 年，2 063 个样本县小学生均事业费和生均预算内事业费的差异系数均为 0.73，而人均财政支出的差异系数为 1.15，小学生均事业费和生均预算内事业费 20% 县倍率分别为 3.87∶1 和 3.71∶1，而同口径人均财政支出的 20% 县倍率为 4.82∶1。

表 6－24　2006 年义务教育生均经费与人均财政支出县际差异比较

指　标	小　学	初　中
样本县数	2 063	2 055
差异系数		
生均事业费	0.73	0.88
生均预算内事业费	0.73	0.98
人均财政支出	1.15	1.14
20% 县倍率		
生均事业费	3.87	3.93
生均预算内事业费	3.71	3.74
人均财政支出	4.82	4.80

从分省差异系数分布散点图可以看出，小学生均预算内事业费的离散程

度明显小于同口径县的人均财政支出离散度。除江西、广西、贵州、宁夏4省（自治区）外，其余27个省份小学生均预算内事业费的差异系数均小于人均财政支出。

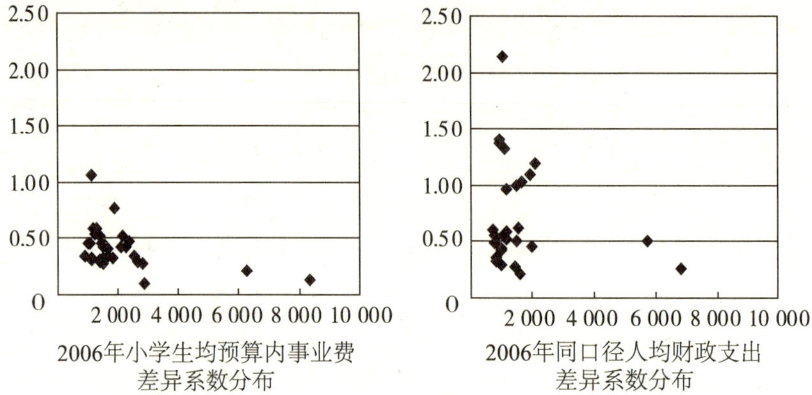

图6－4

2006年，2 055个样本县初中生均事业费和生均预算内事业费的差异系数均分别为0.88和0.98，而人均财政支出的差异系数为1.14。

初中生均事业费和生均预算内事业费县际差距分别为3.93：1和3.74：1，而同口径人均财政支出的县际差距为4.80：1。

从分省差异系数分布散点图可以看出，初中生均预算内事业费的离散程度明显小于同口径县的人均财政支出离散度。除北京、河北、吉林、江西、重庆、贵州、西藏和青海8省外，其余23个省的初中生均预算内事业费的差异系数均小于人均财政支出。

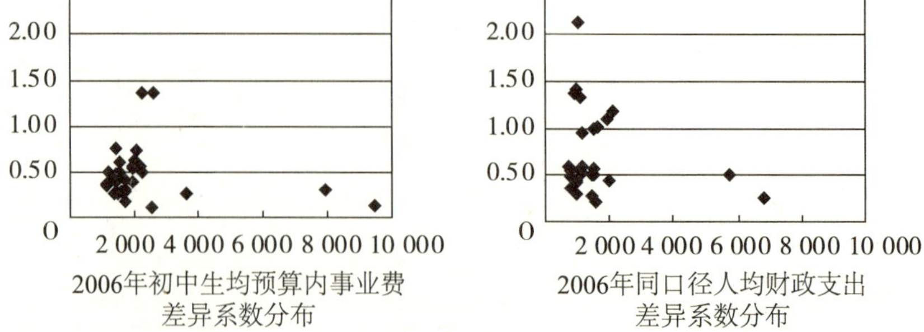

图6－5

（四）中小学生均公用经费地区差距较大，三分之一县经费水平在保障线以下

2002 年以来，中小学生均公用经费的地区差距虽有所缩小，但依然较大。2006 年，我国小学生均公用经费平均为 499 元，3 225 个样本县的基尼系数为 0.39，最低 20% 县生均水平仅为 200 元，而最高 20% 县生均水平达 1 496 元，县际差距为 7.48 ∶ 1，东部地区最高，为 7.78 ∶ 1，辽宁省为 10 ∶ 1。

2006 年，我国初中生均公用经费平均为 783 元，3 217 个样本县的基尼系数为 0.40，最低 20% 县生均水平仅为 301 元，而最高 20% 县生均水平达 2 360 元，县际差距为 7.83 ∶ 1，东部地区最高，为 8.67 ∶ 1，辽宁、青海和新疆在 10 倍以上。

表 6－25 2006 年小学、初中生均公用经费县际差距情况

地 区	样本县数（个）	最低 20% 县生均水平（元）	最高 20% 县生均水平（元）	20% 县倍率①	加权差异系数	基尼系数
小 学						
全国	3 225	200	1 496	7.48	2.11	0.39
东部	1 035	262	2 041	7.78	2.36	0.41
中部	1 007	185	1 041	5.63	1.18	0.32
西部	1 183	182	1 101	6.04	0.75	0.32
初 中						
全国	3 217	301	2 360	7.83	1.75	0.40
东部	1 027	379	3 284	8.67	1.91	0.42
中部	995	271	1 536	5.67	0.82	0.33
西部	1 195	283	1 874	6.62	1.07	0.34

另外，我国中西部小学农村生均公用经费保障线为 300 元，初中为 500 元，东部地区小学为 350 元，初中为 550 元，全国有三分之一左右的县中小学

① 本研究中县级差距的 20% 倍率计算结果是通过对样本原始数据集中计算处理得出的，如按本表中已取整的数据计算，因与原始数据取值的差异，其计算结果或有少许不同，本着不影响说明观点和忠于原数据的要求，本研究采用原始数据集中计算处理得出的倍率，特此说明。下同。

生均公用经费水平在保障线以下。2006 年，我国小学生均公用经费低于 350 元的县有 1 145 个，占35.51%；初中低于500 元的县有1 063 个，占33.04%。

（五）中小学教职工人均年收入县际差距超过 2 倍，并有所扩大，东部地区差距最大

教职工人均年收入地区差距拉大或者过大，同样不利于学校教职工队伍的稳定和教学质量的提高，容易引发教师流失。2002 年以来，我国义务教育学校教职工人均年收入的地区差距持续拉大。

2006 年，我国小学教职工人均年收入平均为 18 189 元，3 000 多个样本县小学教职工人均年收入平均的基尼系数从 0.21 扩大到 0.23。最低 20% 县小学教职工人均年收入平均仅为 11 489 元，而最高 20% 县平均水平为 36 529 元，县际差距从 2002 年的 2.88 ∶ 1 拉大到 3.18 ∶ 1，东中西部平均及全国有 20 个省小学教职工人均年收入的县际差距都有所拉大，东部地区差距最大，达 3.82 ∶ 1，其中广东最高，超过 4 ∶ 1。

表 6－26　2002 年、2006 年我国小学、初中教职工人均年收入的地区差距

地　区	样本县数		20% 县倍率			基尼系数		
	2002 年	2006 年	2002 年	2006 年	增　减	2002 年	2006 年	增　减
小　学								
全国	3 314	3 225	2.88	3.18	0.3	0.21	0.23	0.02
东部	961	1 035	3.6	3.82	0.22	0.26	0.28	0.02
中部	985	1 007	2.18	2.21	0.03	0.14	0.15	0.01
西部	1 368	1 183	2.14	2.37	0.23	0.13	0.16	0.03
初　中								
全国	3 175	3 216	2.97	3.32	0.35	0.22	0.24	0.03
东部	949	1 026	3.53	4.00	0.47	0.26	0.29	0.03
中部	963	995	2.22	2.29	0.07	0.14	0.16	0.02
西部	1 263	1 195	2.34	2.53	0.19	0.15	0.17	0.03

2006 年，我国初中教职工人均年收入平均为 19 497 元，3 000 多个样本县初中教职工人均年收入平均的基尼系数从 0.22 扩大到 0.24。最低 20% 县小学教职工人均年收入平均仅为 11 981 元，而最高 20% 县平均水平为 35 727元，县际差距从 2002 年的 2.97 ∶ 1 拉大到 3.32 ∶ 1，东中西部均有所

拉大，全国有 21 个省小学教职工人均年收入的县际差距有所拉大，东部地区差距最大，达 4.00∶1，其中广东最高，达 4.80∶1。

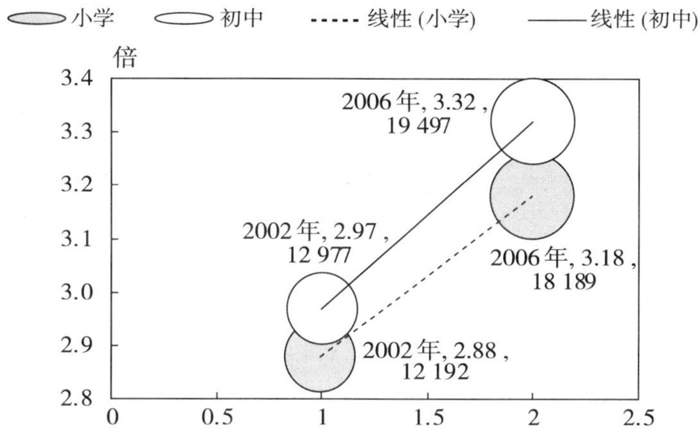

图 6-6　2002 年、2006 年小学、初中教职工人均年收入 20%倍率气泡图①

二、办学条件的地区差距有所缩小，但仪器设备和建网学校等配置水平差距依然较大

2002 年以来，经济发展水平较低的县义务教育学校校舍条件和计算机配置水平明显提高。生均校舍建筑面积和每百名学生拥有计算机台数，这两项反映学校办学条件的基本指标的县际差距明显缩小；而中小学生均教学仪器值和建网学校比例虽然也有所提高，但这两项反映学校教学仪器配置综合水平和信息化程度的指标县际差距依然较大。

（一）中小学生均校舍建筑面积低水平组县数比例明显减少，高水平组县数比例增加，县际差距有所缩小

2006 年，我国小学生均校舍建筑面积平均为 5.47 平方米。为研究方便，按生均校舍建筑面积高低，将全国 3 000 多个县分为五组，从分县小学生均校舍建筑面积频数百分比分布图（图 6-7）可以看出，与 2002 年相比，生均校舍建筑面积 5 平方米以下县数所占比例明显减少，从 52.5% 下降为 33.9%，减少了 18.6 个百分点，而 7 平方米以上县数所占比例有所增

① 气泡大小表示教职工人均年收入。

加，从12.1%上升为25.4%，增加了13.3个百分点，县的分布明显向5～7平方米组集中，县际差距有所缩小。

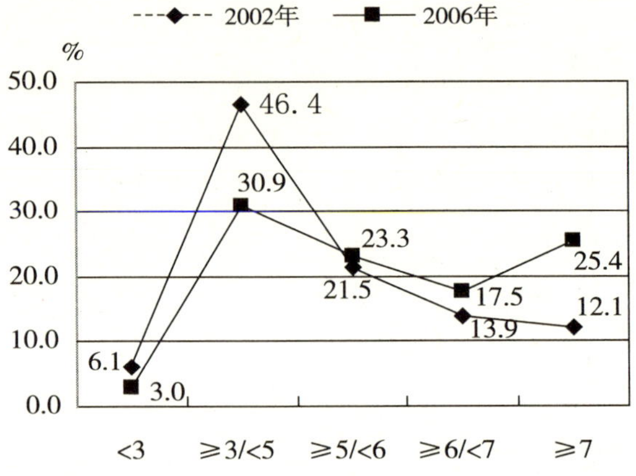

图6－7　2002年、2006年分县小学生均校舍面积频数百分比分布

2006年，我国初中生均校舍建筑面积平均为6.40平方米。从分县初中生均校舍建筑面积频数百分比分布图（图6－8）可以看出，与2002年相比，生均校舍建筑面积5平方米以下县数所占比例明显减少，从54.2%下降为28.4%，减少19.3个百分点，而9平方米以上县数所占比例有所增加，从5.2%上升为20.7%，增加15.5个百分点，县的分布明显向5～9平方米组集中，县际差距有所缩小。

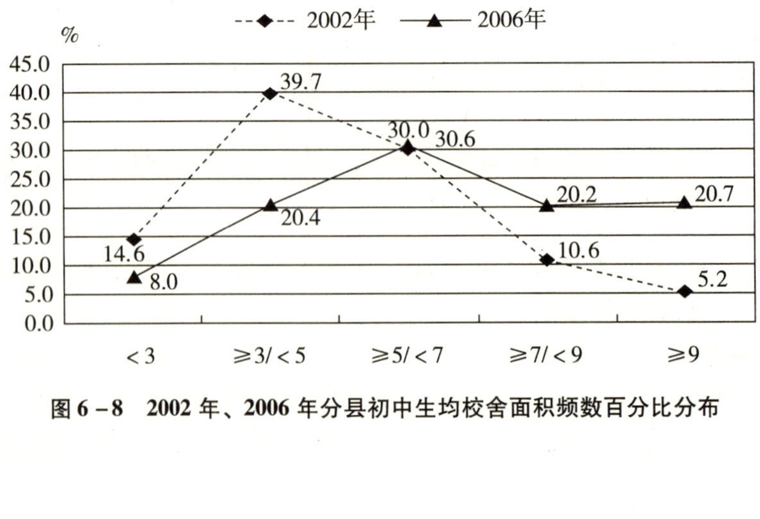

图6－8　2002年、2006年分县初中生均校舍面积频数百分比分布

（二）中小学每百名学生拥有计算机台数县际差距明显缩小，西部地区缩小幅度较大

2006 年，我国小学每百名学生拥有计算机台数 3.77 台，比 2002 年增加 1.97 台，增长 1.09 倍。我国小学每百名学生拥有计算机台数县际差距明显缩小，3 000 多个样本县的基尼系数从 0.54 缩小为 0.45，最低 20% 的县每百名学生计算机台数从 0.23 台增加到 0.91 台，增长 2.96 倍，县际差距（20% 县倍率）从 26.06 : 1 缩小为 11.16 : 1，西部地区缩小幅度最大，从 40.39 : 1 缩小为 9.54 : 1，全国 31 个省份都有所缩小。

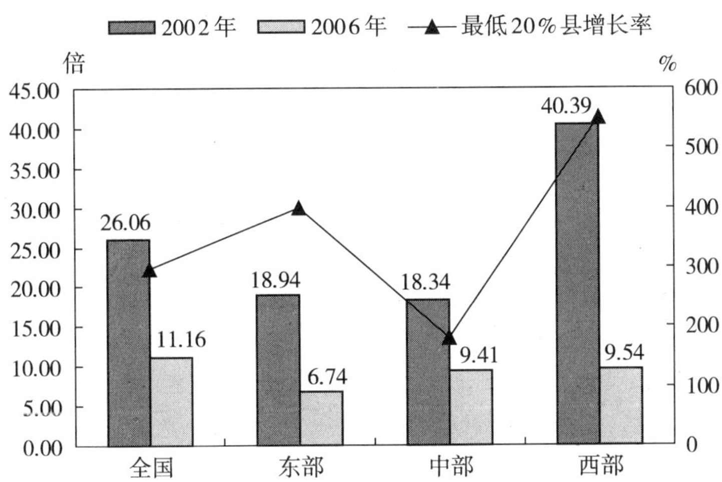

图 6－9　2002 年、2006 年我国小学每百名学生拥有计算机台数县际差距

2006 年，我国初中每百名学生拥有计算机台数 5.37 台，比 2002 年增加 2.87 台，增长 1.15 倍。我国初中每百名学生拥有计算机台数县际差距明显缩小，3 000 多个样本县的基尼系数从 0.38 缩小为 0.33，最低 20% 县每百名学生计算机台数从 0.49 台增加到 2.12 台，增长 3.33 倍，县际差距从 11.85 : 1 缩小为 5.74 : 1，西部地区缩小幅度最大，从 48.62 : 1 缩小为 6.00 : 1，全国 31 个省份都有所缩小。

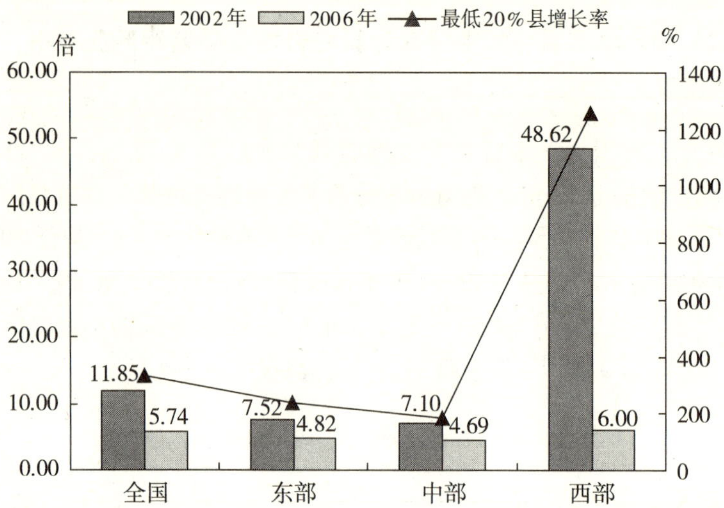

图 6－10　2002 年、2006 年我国初中每百名学生拥有计算机台数县际差距

（三）中小学生均仪器设备值地区差距大幅度缩小，但 20% 县倍率仍超过 10，差距依然较大

2002 年以来，中小学生均仪器设备值的地区差距缩小十分明显，但依然较大。2006 年，我国小学生均教学仪器设备值为 295 元，3 063 个样本县基尼系数为 0. 51，最低 20% 的县生均仪器设备值仅为 74 元，最高 20% 县为 958 元，县际差距高达 12. 91 ∶1，全国有西藏、青海等 7 个省（自治区）县际差距在 10∶1 以上。

我国初中生均教学仪器设备值为 417 元，3 061 个样本县基尼系数为 0. 47，最低 20% 的县生均仪器设备值仅为 107 元，最高 20% 县为 1 260 元，县际差距高达 11. 75∶1，全国有青海、福建、新疆等 6 省（自治区）县际差距在 10∶1 以上。

表 6－27　2002 年、2006 年中小学生均仪器设备值地区差异比较（元）

地　区	样本县数		20% 县倍率			基尼系数		
	2002 年	2006 年	2002 年	2006 年	增　减	2002 年	2006 年	增　减
小　学								
全国	3 050	3 063	26. 98	12. 91	－14. 07	0. 65	0. 51	－0. 14

续表

地　区	样本县数		20%县倍率			基尼系数		
	2002年	2006年	2002年	2006年	增　减	2002年	2006年	增　减
小　学								
东部	962	959	23.34	10.20	-13.14	0.64	0.48	-0.16
中部	958	971	29.43	11.90	-17.53	0.66	0.48	-0.18
西部	1 130	1 133	23.95	7.99	-15.96	0.58	0.38	-0.20
初　中								
全国	3 045	3 061	16.12	11.75	-4.37	0.51	0.47	-0.04
东部	957	953	12.89	10.79	-2.10	0.50	0.47	-0.03
中部	960	971	11.59	9.47	-2.12	0.45	0.43	-0.02
西部	1 128	1 137	25.58	8.22	-17.36	0.54	0.34	-0.20

（四）义务教育学校建网学校县际差距较大，基尼系数均超过0.5

2006年，我国小学建网学校比例为9.77%，比2002年增加6.96个百分点，地区差距较大，3 036个县的基尼系数达0.73。中西部地区差距较大，基尼系数都超过0.70，而云南、内蒙、新疆、西藏和安徽5省（自治区）小学建网学校比例基尼系数在0.80以上。2002—2006年全国最低20%的县小学建网学校比例一直为0，而最高20%的县则从20.12%提高到60.88%，县际差距进一步扩大。

2006年，我国初中建网学校比例为32.13%，比2002年增加21.63个百分点，地区差距较大，2 981个样本县的基尼系数达0.51，中西部地区差距较大，基尼系数都超过0.50，而云南、西藏、内蒙古和新疆都超过0.70。

2002—2006年我国最低20%县初中建网学校比例一直为零，而最高20%县则从40.82%提高到83.91%，县际差距进一步扩大。

表 6－28　2002 年、2006 年中小学校建网比例地区差距

地　区	样本县数		基尼系数		
	2002 年	2006 年	2002 年	2006 年	增　减
小　　学					
合计	3 037	3 036	0.80	0.73	－0.07
东部	957	947	0.76	0.62	－0.14
中部	955	967	0.74	0.71	－0.03
西部	1 125	1 122	0.81	0.72	－0.09
初　　中					
合计	2 979	2 981	0.69	0.51	－0.18
东部	949	940	0.64	0.36	－0.28
中部	945	954	0.66	0.52	－0.14
西部	1 085	1 087	0.71	0.55	－0.16

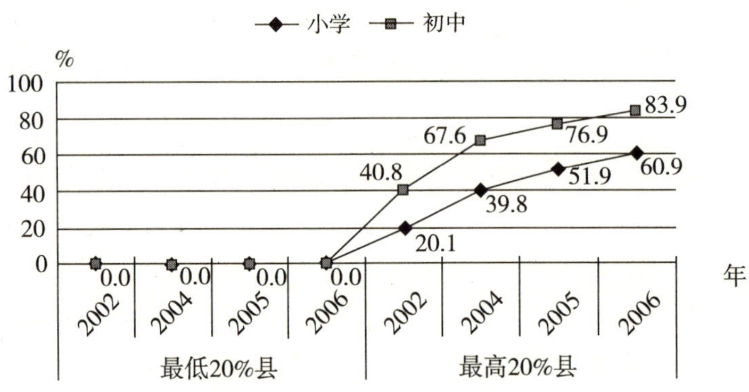

图 6－11　2002—2006 年中小学最高、最低 20％县建网学校比例变化

三、教师队伍地区差距较小，但高水平教师分布县际差距突出

教师是义务教育资源配置的重要方面，对于全面实施素质教育、全面提高教育质量，具有关键性作用。2002—2006 年，义务教育学校教师学历合

格率低水平县数比例减少，高水平县数比例增加，县际差距明显缩小，而且高水平教师队伍配置的县际差异较大。

2002—2006 年，教师学历合格率小于 95% 县数比例从 15.48% 减少为 3.69%，减少了 11.79 个百分点，而大于 99% 的县数比例则从 35.02% 增加到 64.84%，增加 29.82 个百分点，全国有 17 个省 75% 以上县小学教师学历合格率均在 99% 以上。上海、北京、河北和天津，90% 以上县小学教师学历合格率在 99% 以上，县际差距较小。

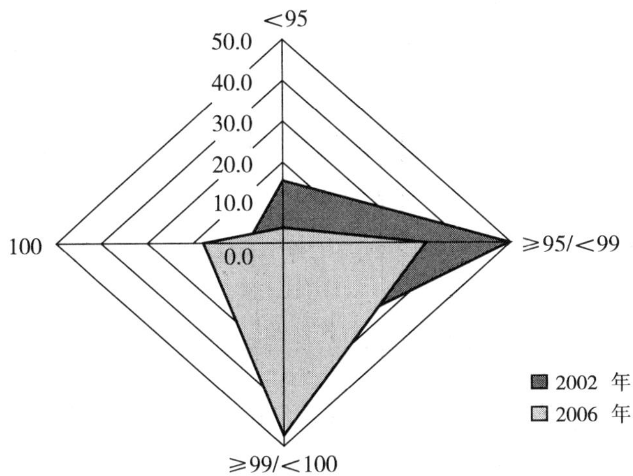

图 6－12　2002 年、2006 年小学教师学历合格率分档县数比例变化

2002—2006 年初中教师学历合格率低水平县数比例也明显减少，高水平县数比例增加，四分之三以上县都集中在 95% 以上区间，县际差距明显缩小。初中教师学历合格率小于 90% 县数比例从 36.98% 减少为 3.98%，减少 33.0 个百分点，而大于 95% 的县数比例则从 33.31% 增加到 78.04%，增加 44.73 个百分点。全国有 16 个省 80% 以上县初中教师学历合格率均在 95% 以上，县际差距较小。

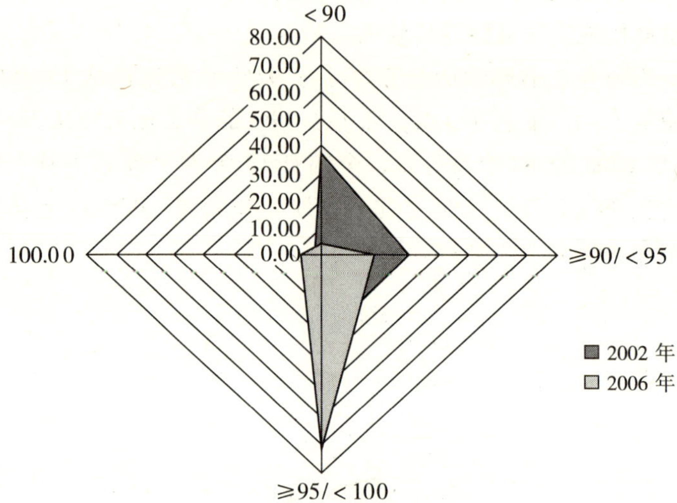

图 6－13　2002 年、2006 年初中教师学历合格率分档县数比例变化

（一）中小学高一层学历教师比例县际差距较大

1. 小学高一层学历教师比例县际差距虽有所缩小，但中西部地区差距依然较大

2002—2006 年，3 000 多个样本县中，小学高一层学历教师比例最低 20% 县平均值为 42. 29%，最高 20% 县平均值为 85. 87%，20% 县县际差值达 43. 58 个百分点，虽比 2002 年有所缩小，但依然较大。中部和西部地区都在 40% 以上。新疆、西藏、辽宁、贵州和甘肃县际差距在 50% 以上。

表 6－29　2002 年、2006 年小学高一层学历教师比例县际差距（%）

地　区	最低 20% 县指标		最高 20% 县指标		20% 县差值		
	2002 年	2006 年	2002 年	2006 年	2002 年	2006 年	增　减
合计	13. 33	42. 29	62. 87	85. 87	49. 54	43. 58	－5. 96
东部	20. 49	48. 45	66. 88	88. 07	46. 39	39. 62	－6. 77
中部	15. 75	40. 83	63. 58	83. 99	47. 83	43. 16	－4. 67
西部	8. 00	39. 69	54. 38	83. 95	46. 38	44. 26	－2. 12

小学高一层学历教师比例低于 40% 的县主要集中在中西部地区。全国有 187 个县小学大专及以上学历教师比例低于 40%，主要集中在中西部地

区，中部有72个，占38.50%，西部有88个，占47.06%。中、西部地区小学大专及以上学历教师比例低于40%的县的比例分别为7.42%和7.77%，江西、贵州、甘肃三省该比例超过20%。

表6－30　2006年小学高一层学历教师比例县域分布（%）

地　区	A <40	≥40/ <60	≥60/ <80	≥80
合计	6.11	32.06	42.57	19.26
东部	2.82	23.25	47.13	26.80
中部	7.42	37.90	39.03	15.65
西部	7.77	34.51	41.75	15.98

2. 初中高一层学历教师比例县际差距较大，且有所扩大

2002—2006年，3 000多个样本县，初中高一层学历教师比例县际差值达54.75个百分点，比2002年扩大10.5个百分点。东部地区差距最大，达58.41个百分点，西部地区差距扩大幅度最大，扩大了14.3个百分点，辽宁、广东、海南县际差距在55个百分点以上，全国有26个省市（自治区）这一差距在扩大，甘肃、山东、云南、四川和广西扩大了15个百分点以上。

表6－31　2002—2006年初中高一层学历教师比例县际差距（%）

地　区	2002年	2004年	2005年	2006年	2006年比2002年增减
合计	44.25	52.56	54.89	54.75	10.50
东部	51.23	57.28	59.19	58.41	7.18
中部	41.39	48.41	49.79	49.07	7.68
西部	36.49	46.69	50.30	50.79	14.30

初中高一层学历教师比例低于30%的县主要集中在中西部地区。全国有965个县小学大专及以上学历教师比例低于40%，主要集中在中西部地区，中部有310个，占32.12%，西部有453个，占46.94%。

中西部地区初中高一层学历教师比例低于30%的县的比例分别为31.93%和39.74%，贵州、广西、甘肃、陕西和河南5省（自治区）该比例超过50%。

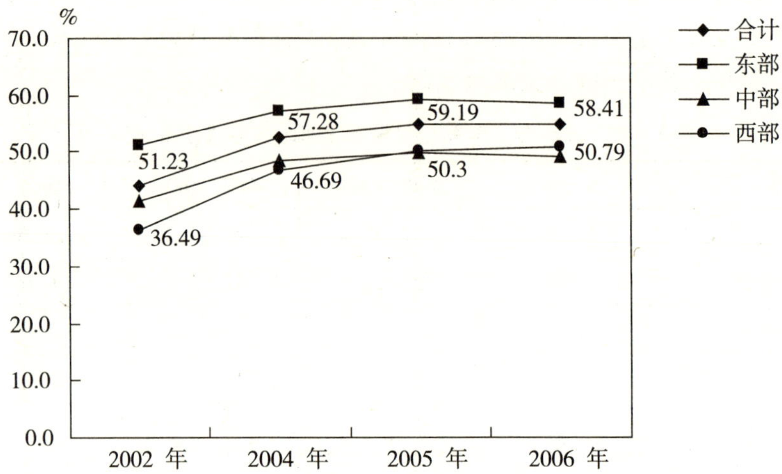

图 6-14　2002—2006 年初中高一层学历教师比例 20%最高最低县差值

表 6-32　2006 年初中高一层学历教师比例县域分布（%）

地　区	A<30	≥30/<40	≥40/<50	≥50
合计	31.48	18.92	15.50	34.09
东部	21.17	13.73	14.78	50.31
中部	31.93	22.66	15.65	29.76
西部	39.74	20.09	15.96	24.21

（二）中小学中高级职称[①]教师比例县际差距较大，并略有扩大

1. 小学中高级职称教师比例的县际差距有所扩大，东部地区差距最大

2002 年、2006 年，3 000 多个样本县中，小学中高级职称学历教师比例县际差值达 44.10 个百分点，比 2002 年扩大 4.46 个百分点。东部地区差距最大，达 42.23 个百分点，西部地区差距扩大幅度最大，扩大了 6.41 个百分点，河北、新疆和青海县际差距在 40 个百分点以上，全国有 22 个省市这一差距在扩大，青海、新疆、广东和福建扩大了 10 个百分点以上。

① 指小学高级及以上，初中一级及以上专业技术职称教师。

表 6-33 2002 年、2006 年小学中高级职称教师比例县际差距（%）

地 区	最低 20% 县		最高 20% 县		20% 县差值		
	2002 年	2006 年	2002 年	2006 年	2002 年	2006 年	增 减
合计	15.22	24.83	54.86	68.93	39.64	44.10	4.46
东部	16.82	30.90	59.77	73.13	42.95	42.23	-0.72
中部	20.75	30.59	58.00	70.48	37.25	39.89	2.64
西部	10.91	18.72	43.78	58.00	32.87	39.28	6.41

西部地区有三分之一以上的县小学中高级专业技术职称专任教师比例低于 30%。全国有 93 个县小学高级教师比例低于 15%，其中 86 个县集中在西部地区，占全国的 92.47%，西藏、陕西、贵州、新疆、甘肃 5 省有 35% 以上的县小学高级教师比例低于 15%。

表 6-34 2006 年小学中高级职称教师比例县域分布（%）

地 区	A < 15	≥15/ < 30	≥30/ < 45	≥45
合计	3.04	13.74	30.46	52.76
东部	0.83	5.94	24.82	68.40
中部	0.31	7.62	27.09	64.98
西部	7.24	25.60	38.13	29.04

2. *初中中高级职称教师比例的县际差距有所扩大，中西部地区差距较大*

2002 年、2006 年，3 000 多个样本县中，初中中高级职称学历教师比例县际差距达 43.44 个百分点，比 2002 年略有扩大，中部地区差距最大，达 41.92 个百分点，西部地区差距扩大幅度最大，扩大了 3.56 个百分点，新疆和河北县际差距在 45 个百分点左右，全国有 14 个省市这一差距在扩大，宁夏和上海扩大了 8 个百分点以上。

表 6-35 2002 年、2006 年初中中高级职称教师比例县际差距（%）

地 区	最低 20% 县		最高 20% 县		20% 县差值		
	2002 年	2006 年	2002 年	2006 年	2002 年	2006 年	增 减
合计	16.56	25.67	59.27	69.11	42.71	43.44	0.73
东部	16.59	32.87	61.82	71.80	45.23	38.93	-6.30
中部	22.11	30.76	62.02	72.68	39.91	41.92	2.01
西部	13.87	19.29	50.56	59.54	36.69	40.25	3.56

西部地区有三分之一以上的县初中中高级专业技术职称专任教师比例低于30%。2006年，全国有496个县初中一级教师比例低于30%，其中351个县集中在西部地区，占70.77%，西藏、陕西、甘肃、贵州有50%以上的县该比例低于30%。

表6－36　2006年初中中高级职称教师比例县域分布（%）

地　区	A<30	≥30/<35	≥35/<45	≥45
合计	16.18	8.32	22.09	53.41
东部	5.77	5.66	20.44	68.13
中部	9.27	6.28	19.05	65.40
西部	30.79	12.28	26.05	30.88

实地调研发现，农村教师高、中级专业技术职称结构比例相对偏低。其原因一是人事部门给定的编制指标偏紧，相当一批符合任职条件的教师受指标的限制，不能参评高、中级专业技术职称，特别是一大批大龄教师，甚至有些老教师临近退休也不能晋升中级专业技术职称；二是还有相当一部分教师评上专业技术职称却得不到聘任，得不到聘任就不能与工资挂钩，长期下去，教师心里不平衡，就会造成骨干教师流失严重；三是与农村办学条件的现状相比，对农村教师评审条件的要求相对偏高，使得农村教师一时难以达到有些评审条件。

第三节　部分地区校际教育资源均衡配置

消除校际差距，尤其是城市的校际差距，是推进教育公平最基本、也是最难的环节所在。本研究从9个省（其中东部1省，中部3省，西部5省）中，参考经济发展水平、在校生人数等指标选取了30个县（其中有7个县级市，23个县，下称样本县），共计4 995所小学，884所初中，考察县域内的办学条件校际差距，分县计算了最高、最低20%学校指标倍率/差值、加权变异系数和基尼系数。①

调查发现，县域内中小学资源配置的校际差距较大，教师的差距要小于

① 样本问题：选择的样本为9个省的30个样本县的所有中小学校。选择这些省的这些县的原则是数据可获得。

仪器设备值和计算机台数，但缩小教师差距难度最大；小学差距基本大于初中，除高一层学历教师比例之外，县域内小学生均仪器设备值和中高级教师职称比例教师校际差距明显高于初中。

一、生均仪器设备值校际差距依然较大

（一）小学生均仪器设备值县域校际差距较大

2006 年，样本县县域内小学生均仪器设备值校际差距较大，差异系数平均为 1.43，只有 1 个县小于 0.5，而 11 个县在 1.5 以上，占样本县的 36.67%，校际差距较大。以校为单位，样本县小学生均仪器设备值基尼系数平均为 0.55，只有 1 个县小于 0.4，有 10 个县大于 0.6，占样本县的 33%，校际差距较大。

从最高 20% 学校与最低 20% 学校生均仪器设备值倍率来看，县域内校际差距更大，30 个样本县中，有 17 个县 20% 倍率超过 40，占样本县的 56.67%（其中 12 个县最低 20% 小学生均仪器设备值为 0）。2006 年，我国小学生均仪器设备值平均为 295 元，样本县中，有 6 个县最高 20% 学校平均水平在 950 元～1 500 元，而对应最低 20% 学校平均水平只有 10 元～200 元，校际差距非常大。

表 6－37　2006 年县域内小学生均仪器设备值校际差距①

20% 倍率			加权差异系数			基尼系数		
分　档	县数	占比例	分　档	县数	占比例	分　档	县数	占比例
合计	30	100	合计	30	100	合计	30	100
<10	2	6.67	<0.5	1	3.33	<0.4	2	6.67
≥10/<20	5	16.67	≥0.5/<1	5	16.67	≥0.4/<0.5	8	26.67
≥20/<40	6	20.00	≥1/<1.5	13	43.33	≥0.5/<0.6	10	33.33
≥40	17	56.67	≥1.5<2	9	30.00	≥0.6<0.7	7	23.33
			≥2	2	6.67	≥0.7	3	10
均值	48.35		1.430 6			0.551 8		

① 20% 倍率均值为 18 个样本县平均，其余 12 个县最低 20% 学校生均仪器设备值为 0。

（二）初中生均仪器设备值县域内校际差距略小于小学，但依然较大

2006年，样本县县域内初中生均仪器设备值校际差距略小于小学，差异系数平均为1.29，10个县在1.5以上，占样本县的33.67%，校际差距较大。以校为单位，样本县初中生均仪器设备值基尼系数平均为0.50，有6个县小于0.40，占样本县的20%，校际差距相对较小，有4个县大于0.60，占样本县的13.33%，校际差距较大。

从高水平学校与低水平学校的差距来看，样本县初中生均仪器设备值20%倍率平均为21.18倍，明显小于小学。样本县中，有9个县20%倍率超过30，占样本县的23.33%，其中有2个县超过40倍，县际差距较大。2006年，我国小学生均仪器设备值平均为417元，样本县中，有1个县最高20%学校平均为880元，而对应最低20%学校平均水平只有17元，校际差距高达50多倍。

表6-38　2006年县域内初中生均仪器设备值校际差距①

20%倍率			加权差异系数			基尼系数		
分　档	县数	占比例	分　档	县数	占比例	分　档	县数	占比例
合计	30	100	合计	30	100	合计	30	100
<10	6	20.00	<0.5	2	6.67	<0.4	6	20.00
≥10/<20	8	26.67	≥0.5/<1	7	23.33	≥0.4/<0.5	9	30.00
≥20/<30	9	30.00	≥1/<1.5	11	36.67	≥0.5/<0.6	11	36.67
≥30	9	23.33	≥1.5<2	7	23.33	≥0.6	4	13.33
			≥2	3	10			
均值	21.18		1.285 7			0.496 3		

二、每百名学生计算机台数差距仍较明显

（一）小学每百名学生拥有计算机台数县域校际差距较大

2006年，样本县小学每百名学生拥有的计算机台数校际差距较大，差

① 20%倍率均值为28个样本县平均，其余2个县最低20%学校生均仪器设备值为0。

异系数平均为1.41，12个县均在1.5以上，占样本县的40.00%，校际差距较大。而样本县小学每百名学生拥有计算机台数校际差距的基尼系数平均为0.55，有6个县小于0.4，校际差距相对较小，有4个县大于0.6，占样本县的13.33%，校际差距较大。

从最高20%与最低20%学校每百名学生平均拥有计算台数来看，校际差距更大。30个样本县中，有17个县20%倍率超过30，占样本县的66.7%（其中16个县最低20%小学生均仪器设备值为0)。20%学校差值平均为6.61台，有7个县大于10台，主要是因为最低20%学校每百名学生拥有计算台数为0造成的。

表6-39 2006年县域内小学每百名学生拥有计算机台数校际差距①

20%倍率			20%差值		
分 档	县 数	占比例	分 档	县 数	占比例
合计	30	100.0	<3	6	20.00
<10	5	16.67	≥3/<5	10	33.33
≥10/<30	5	16.67	≥5/<10	7	23.33
≥30	20	66.67	≥10	7	23.33
			<3	6	20.00
均值	38.22		6.61		
加权差异系数			基尼系数		
分 档	县 数	占比例	分 档	县 数	占比例
合计	30	100	合计	30	100
<0.5	2	6.67	<0.4	6	20.00
≥0.5/<1	8	26.67	≥0.4/<0.6	12	40.00
≥1/<1.5	8	26.67	≥0.6/<0.7	8	26.67
≥1.5<2	8	26.67	≥0.6	4	13.33
≥2	4	13.33			
均值	1.409 5		0.549 3		

① 20%倍率均值为14个样本县平均，其余16个县最低20%学校每百名学生拥有计算机台数为0。

（二）初中每百名学生拥有计算机台数县域内校际整体差距略小于小学，但20%学校差值高于小学

2006年，样本县初中每百名学生拥有的计算机台数校际差距明显小于小学，各县差异系数平均为0.75，有8个县小于0.5；基尼系数平均只有0.32，80%的县均小于0.4，校际差距相对较小。

从最高20%与最低20%学校每百名学生平均拥有计算台数来看，校际差距更大，30个样本县中，有22个县20%倍率小于10，占样本县的73.34%。不过由于初中每百名学生拥有计算机台数明显高于小学，20%学校差值平均为15台，高于小学。

表6-40　2006年县域内初中每百名学生拥有计算机台数校际差距①

20%倍率			20%差值		
分　档	县　数	占比例	分　档	县　数	占比例
合计	30	100.00	合计	30	100.00
<5	11	36.67	<5	3	10.00
≥5/<10	11	36.67	≥5/<10	10	33.33
≥10/<15	4	13.33	≥10/<20	11	36.67
≥15	4	13.33	≥20	6	20.00
均值	16.56		15.406 3		
加权差异系数			基尼系数		
分　档	县　数	占比例	分　档	县　数	占比例
合计	30	100.00	合计	30	100.00
<0.5	8	26.67	<0.20	4	13.33
≥0.5/<1	15	50.00	≥0.2/<0.3	11	36.67
≥1/<1.5	6	20.00	≥0.3/<0.4	9	30.00
≥1.5	1	3.33	≥0.6	6	20.00
	0.752 8		0.322 8		

① 20%倍率均值为29个样本县平均，另外1个县最低20%学校每百名学生拥有计算机台数为0。

三、高一层学历教师比例差距相对较小

（一）小学高一层学历教师比例县域内校际整体差距较小，20%差值较大

2006 年，样本县小学高一层学历教师比例校际差距较小，差异系数平均为 0.41，20 个县都小于 0.5，校际差距较小。而样本县小学高一层学历教师比例校际差距的基尼系数平均为 0.23，所有县都小于 0.4，校际差距相对更小。

从最高 20% 与最低 20% 学校小学高一层学历教师比例差值平均为 65.33 个百分点，校际差距相对较大，30 个样本县中，有 6 个县 20% 差值超过 80 个百分点，占样本县的 20%，有 9 个县最低 20% 学校高一层学历教师比例为 0。

表 6－41　2006 年县域内小学高一层学历教师比例校际差距

20% 差值			加权差异系数			基尼系数		
分　档	县数	占比例	分　档	县数	占比例	分　档	县数	占比例
合计	30	100.00	合计	30	100.00	合计	30	100.00
<50	6	20.00	<0.2	5	16.67	<0.1	6	20.00
≥50/70	11	36.67	≥0.2/<0.35	8	26.67	≥0.1/<0.2	7	23.33
≥70/80	7	23.33	≥0.35/<0.50	7	23.33	≥0.2/<0.3	9	30.00
≥80	6	20.00	≥0.5<0.6	5	16.67	≥0.3	8	26.67
			≥0.6	5	16.67			
均值	65.33		0.407 3			0.228 7		

（二）初中高一层学历教师比例县域校际整体差距大于小学

2006 年，样本县初中高一层学历教师比例校际差距大于小学，差异系数平均为 0.50，12 个县都小于 0.45，占样本县的 40%，校际差距较小；有 4 个县大于 0.7，占样本县的 13.33%，校际差距较大。而样本县小学高一层学历教师比例校际差距的基尼系数平均为 0.27，28 个县都小于 0.4。

最高20%与最低20%学校初中高一层学历教师比例差值平均为40.54个百分点，校际差距相对较大，30个样本县中，有5个县20%的学校差值超过50个百分点，占样本县的16.67%，只有1个县最低20%学校高一层学历教师比例为0。

表6-42 2006年县域内初中高一层学历教师校际差距

20%差值			加权差异系数			基尼系数		
分　档	县数	占比例	分　档	县数	占比例	分　档	县数	占比例
合计	30	100.00	合计	30	100.00	合计	30	100.00
<30	6	20.00	<0.3	5	16.67	<0.2	7	23.33
≥30/40	9	30.00	≥0.3/<0.45	7	23.33	≥0.2/<0.3	12	40.00
≥40/50	10	33.33	≥0.45/<0.60	8	26.67	≥0.3/<0.4	9	30.00
≥50	5	16.67	≥0.6<0.7	6	20.00	≥0.4	2	6.67
			≥0.7	4	13.33			
均值	40.54		0.500 5			0.268 4		

四、中级及以上专业技术职称教师比例差距较小

（一）小学中高级职称教师比例县域校际差距较小

2006年，样本县小学中高级职称教师比例县域内校际差距较小，差异系数平均为0.49，17个县小于0.5；而样本县小学中高级职称教师比例校际差距的基尼系数平均为0.27，3/4以上的县都小于0.4，校际差距相对较小。

最高20%与最低20%学校小学中高级职称教师比例差值平均为52.86个百分点，30个样本县中，有8个县20%的学校差值超过60个百分点，占样本县的26.67%，有7个县最低20%学校小学中高级职称教师比例为0。

县域内学校间小学中高级职称教师比例的整体差距大于高一层教师比例。30个县本县中，有22个县小学中高级职称教师比例的基尼系数和差异系数都大于高一层学历教师的比例。

表 6-43 2006 年小学中高级职称教师县域内校际差距

20%差值			加权差异系数			基尼系数		
分　档	县数	占比例	分　档	县数	占比例	分　档	县数	占比例
合计	30	100.00	合计	30	100.00	合计	30	100.00
<40	5	16.67	<0.3	3	10.00	<0.2	7	23.33
≥40/50	6	20.00	≥0.3/<0.4	7	23.33	≥0.2/<0.3	11	36.67
≥50/60	11	36.67	≥0.4/<0.5	7	30.00	≥0.3/<0.4	8	26.67
≥60	8	26.67	≥0.5/<0.7	9	13.33	≥0.4	4	13.33
			≥0.7	4				
均值	52.86		0.494 2			0.273 9		

（二）初中中高级职称教师比例县域校际差距较小

2006 年，样本县初中中高级职称教师比例县域内校际差距小于小学，差异系数平均为 0.42，22 个县小于 0.5。而样本县当中初中中高级职称教师比例校际差距的基尼系数平均为 0.23，绝大部分县都小于 0.4，校际差距相对较小。

最高 20% 与最低 20% 学校小学中高级职称教师比例差值平均为 41.48 个百分点，30 个样本县中，有 7 个县小于 35 个百分点，占样本县的 23.33%，有 5 个县超过 50 个百分点，占 16.67%。有 1 个县最低 20% 学校中学中高级职称教师比例为 0。

与小学相反，县域内学校间初中中高级职称教师比例的整体差距小于高一层学历教师比例。30 个样本县中，有 23 个县初中中高级职称教师比例的基尼系数和差异系数都小于本专以上学历教师比例。

表 6-44 2006 年初中中高级职称教师县域内校际差距

20%差值			加权差异系数			基尼系数		
分　档	县数	占比例	分　档	县数	占比例	分　档	县数	占比例
合计	30	100.00	合计	30	100.00	合计	30	100.00
<35	7	23.33	<0.3	5	16.67	<0.2	12	40.00
≥35/40	8	26.67	≥0.3/<0.4	11	36.67	≥0.2/<0.3	10	33.33
≥40/50	10	33.33	≥0.4/<0.5	6	20.00	≥0.3/<0.4	7	23.33
≥50	5	16.67	≥0.5/<0.7	5	16.67	≥0.4	1	3.33
			≥0.7	3	10.00			
均值	41.48		0.419 9			0.227 3		

综上所述，我国城乡间、地区间中小学生均拨款水平和基本办学条件差距明显缩小，教育投入的地区差距也明显小于财政支出的地区差距，但高水平教师配置、生均教学仪器设备值等指标的城乡差距和地区差距依然较大。相较而言，地区差距要远大于城乡差距，但县域内各项指标的校际差距很大，择校问题积重难返，义务教育均衡发展依然任重而道远。

从城乡差距来看，城乡间中小学资源配置的基本指标均衡程度明显提高了，但发展性指标的城乡配置水平差距依然较大，中西部城市和县镇大班现象严重，教学资源相对不足。

经费投入方面，农村义务教育学校生均拨款增长快于城镇，城乡差距明显缩小。2006 年，农村小学、初中生均预算内事业费均比 2002 年增长 1.1 倍以上，城乡之比均由 1.6∶1 缩小为 1.3∶1；生均预算内公用经费增长了 4 倍以上，小学城乡之比由 2.5∶1 缩小为 1.3∶1，初中由 4.5∶1 缩小为 1.3∶1。

保障教学质量、稳定教师队伍的关键性指标——生均公用经费和教职工人均年收入水平农村明显低于城镇，城乡差距依然较大。小学、初中生均公用经费城乡之比为 1.8∶1 以上，小学教职工人均年收入水平城乡之比由 2.7∶1 拉大到 2.9∶1，初中由 1.5∶1 拉大到 1.8∶1。

办学条件方面，农村中小学校舍建筑面积和计算机配置水平等基本办学条件得到较大改善，城乡差距进一步缩小。2006 年，城乡中小学生均校舍建筑面积已基本持平，每百名学生计算机台数城乡差距也明显缩小，小学由 3.4∶1 缩小为 2.4∶1，初中由 1.9∶1 缩小为 1. 6∶1。

反映学校仪器配置水平的综合性指标——生均教学仪器设备值，反映学校信息化水平的核心指标——建网学校比例，两项指标的城乡差距依然较大。2006 年，小学生均仪器设备值城乡之比略有缩小，但仍达 3.1∶1，初中由 1.9∶1 拉大到 2.2∶1；农村中小学建网学校比例增加缓慢，城乡差距明显拉大，小学拉大 28 个百分点，初中拉大 13 个百分点。

教师配置方面，农村中小学教师学历合格率均达到 90% 以上，城乡差距已经较小，在 3 个百分点以内；但高水平教师在城乡间的配置不均衡，高一层学历和中高级职称教师比例城乡差距较大。2006 年，农村小学、初中高一层学历教师比例分别比城市低 24 和 33 个百分点；农村小学、初中中高级职称教师比例分别比城市低 8 和 18 个百分点，山区县和贫困县高水平教师更为缺乏。

另外，随着城市化进程加快和中小学布局结构调整，学生向县镇和城市集中，中西部城市和县镇中小学大班额问题凸显，中部县镇小学大班额超过40%，初中超大班额超过36%。教学资源十分紧张，教师工作负担加重，学生学习空间狭小，不利于教学质量提高。

从地区差距来看，义务教育资源配置的县际差距进一步缩小，生均经费的县际差距明显小于财政支出，县际间合格教师配置基本均衡，生均校舍建筑面积和计算机配置水平等基本办学条件的县际差距明显缩小。但义务教育学校教学仪器设备值、高水平教师、教职工人均收入等发展性指标的县际差距依然较大。

经费投入方面，义务教育学校生均事业费、生均预算内事业费的县际差距缩小，且小于人均财政支出。2002—2006 年，2 000 多个样本县（与财政支出同口径）的小学生均事业费差异系数从 0. 88 缩小为 0. 73，生均预算内事业费的差异系数从 0. 99 缩小为 0. 73，而 2006 年同口径县人均财政支出的差异系数为 1. 15；初中生均事业费差异系数由 0. 98 缩小为 0. 88，生均预算内事业费的差异系数由 1. 17 缩小为 0. 98，而 2006 年同口径县人均财政支出的差异系数为 1. 15。

义务教育生均公用经费与教职工人均年收入地区差距较大。2002 年以来，中小学公用经费县际差距虽有所缩小，但依然较大。最高、最低 20% 的县之比均超过 7∶1，全国有三分之一左右的县中小学生均公用经费水平在保障线以下；中小学教职工人均年收入最高、最低 20% 县之比也在 3∶1 以上，并且有拉大趋势，小学由 2. 9∶1 拉大到 3. 2∶1，初中由 3. 0∶1 拉大到 3. 3∶1。

办学条件方面，2002 年以来，经济发展水平较低的县义务教育学校校舍条件和计算机配置水平明显提高，生均校舍建筑面积和每百名学生拥有计算机台数的县际差距明显缩小。小学最低 20% 县中每百名学生计算机台数县际差距（20% 倍率）从 26∶1 缩小为 11∶1，初中从 12∶1 缩小为 6∶1；中小学生均教学仪器值和建网学校比例虽然也有所提高，但这两项指标的县际差距依然较大。小学生均仪器设备值县际差距（20% 县倍率）达 13∶1，初中达 12∶1；小学建网学校比例的基尼系数为 0. 73，初中为 0. 51。

教师配置方面，义务教育学校教师学历合格率低水平县数比例减少，高水平县数比例增加。2006 年，三分之二的县小学教师合格率超过 99%，四分之三的县初中教师合格率超过 95%，县际差距明显缩小；而高水平教师队伍配置的县际差异较大，且有所扩大。2006 年，小学高一层学历教师比例 20% 的县县际差值达 43. 58 个百分点，初中达 58. 41 个百分点，比 2002

年扩大了10个百分点；小学中高级职称学历教师比例县际差值达44.10个百分点，初中达43.44个百分点，均有所有扩大。

从校际差距看，县域内中小学资源配置的校际差距较大。如，样本县中，2006年，小学有56.67%的县最高、最低20%学校生均仪器设备值之比超过40∶1；初中有23.33%的县超过30∶1；小学有66.7%的县最高、最低20%学校每百名学生拥有计算机台数之比超过30∶1；初中有73.34%的县超过10∶1；小学最高、最低20%学校高一层学历教师比例差值平均为65.33个百分点，初中为40.54个百分点；小学最高、最低20%学校中高级职称教师比例差值平均为52.86个百分点，初中为41.48个百分点。

另外，教师的校际差距小于仪器设备值和计算机台数的差距，但缩小教师差距难度最大；而小学差距基本大于初中，除高一层学历教师比例之外，县域内小学生均仪器设备值和中高级教师职称比例教师校际差距明显高于初中。

第七章

各地义务教育经费配置状况

教育经费是保证教育教学顺利进行以及提高教育质量的关键因素之一。教育经费在城乡之间和县域之间的配置是否均衡，是衡量教育公平的重要指标之一。本章将主要从生均事业费、生均公用经费以及教职工人均年收入等指标来分析和评价教育经费在城乡之间和县际之间配置的均衡程度，来反映教育经费投入的公平情况。

从宏观数据的分析可以看出，农村义务教育经费保障新机制实施以来，各地农村义务教育经费实现快速增长，大部分地区农村生均教育经费的增速都超过城镇，使义务教育阶段生均事业费、生均预算内事业费、生均公用经费和生均预算内公用经费的城乡差距都明显缩小。特别是各级政府加大教育投入以后，2006 年生均预算内事业费和生均预算内公用经费的城乡差距已经不明显，地区平均的城乡差距在 10 个百分点以内。这说明预算内教育经费的配置已达到了基本均衡，农村教育事业的发展有了更多的经费保障，义务教育向着城乡均衡发展稳步推进。

从教育经费在省域内县与县之间的配置来看，与 2002 年比较，小学生均经费 4 项指标在大部分省份的县际差距都逐年缩小，其中生均公用经费的缩小幅度要大于生均事业费的缩小幅度。初中生均公用经费和生均预算内公用经费的县际差距也明显缩小，但生均事业费和生均预算内事业费的变化不十分明显，而且都有一半或一半以上的省份县际差距有不同程度的扩大。

从静态来看，生均公用经费的县际差距要大于生均事业费的县际差距。2006年，小学和初中生均公用经费县际之间的差距系数都在0.90以上，预算内生均公用经费县际之间的差距系数地区平均都超过1，这说明义务教育公用经费在不同县之间的配置仍很不均衡，需要采取有效措施，加快制定义务教育生均公用经费的标准，进一步缩小县际之间的差距，促进教育的均衡发展。

无论是城乡之间还是县际之间，教职工人均年收入的差距都较大。其中，小学教职工人均年收入的城乡差距最大，2006年，城镇是农村的2.88倍。与2002年比较，城乡差距和地区差距都有进一步扩大的趋势，无论是小学还是初中都有三分之二的省份教职工人均年收入的县际差距有不同程度的扩大，有18个省（市、自治区）初中教职工人均年收入的城乡差距在扩大。教职工收入差距过大，不利于教师队伍的稳定，影响教育教学质量。

第一节　生均教育事业费

农村义务教育经费保障新机制实施以来，各地农村义务教育经费实现快速增长，义务教育生均事业费的城乡差距明显缩小。2006 年有 10 个省份省内小学生均事业费的城乡配置已经达到基本均衡，城乡差距在 10 个百分点以内。

小学生均事业费的县际差距逐年缩小，2006 年地区平均为 2.9∶1，有三分之二的省份这一差距在明显缩小。初中生均事业费的县际差距变化不明显，2002 年以来，维持在 3.5∶1 左右，与 2002 年比较，全国有 17 个省初中生均事业费的县际差距有不同程度的扩大。

一、多数省份生均事业费的城乡差距缩小明显

（一）我国绝大部分省份农村义务教育生均事业费的增速超过城镇

由于农村义务教育经费保障新机制的实施，各地政府加大了对农村义务教育的投入力度，农村生均教育经费出现快速增长，超过城镇的增幅。在 31 个省（市、自治区）中，除广东外，农村小学生均事业费的增速都超过城镇，其中河北、内蒙古、陕西三省（自治区）农村小学生均事业费均比 2002 年翻了一番，且增速比城镇高出 60 个百分点以上。

专栏 7－1　北京市：每年新增教育经费的 70%将用于农村

从 8 月 21 日召开的北京市推进义务教育均衡发展工作会议上获悉，北京市委、市政府在近日出台了专门文件，将通过政策倾斜和加大经费投入等方式大力推进义务教育均衡发展。据权威人士透露，北京市将不断完善农村义务教育经费保障机制，每年新增教育经费的 70% 将用于农村。

截至 2006 年，北京市级教育事业费和教育费附加拨付农村教育经费累计已达 32 亿元，同时加大了中小学校布局调整力度，在远郊区县共撤并规模小、效益低的村小和乡以下初中 600 余所，在县城和中心城镇建设了一批高标准、规范化的中小学。

针对城区突出存在的校际间办学水平不均衡问题，北京市启动了“初中建设工程”。市财政每年设立 1 亿元专项基金，确定了 32 所重点建设项目

学校。为了充分发挥网络、信息技术手段对推进义务教育均衡发展的促进作用，北京市已经先后投入20亿元，建成市级骨干网、区县区域网和中小学校园网三级连通的北京教育信息网，初步搭建了数字化学习平台。

摘自：董城，杜弋鹏．每年新增教育经费的70%将用于农村［EB/OL］．（2007－08－22）［2009－12－09］http：//nc. people. com. cn/GB/61156/61901/6152685. html.

全国有26个省（市、自治区）农村初中生均事业费的增速超过城镇，其中北京农村初中生均事业费的增速比城镇快108个百分点，湖南和四川两省农村初中生均事业费的增速也比城镇快50个百分点以上。

表7－1　2006年部分省份生均事业费的增长情况

地　区	2006年（元）			比2002年增长（%）		
	合　计	城　镇	农　村	合　计	城　镇	农　村
小　　学						
北京	7 811	7 907	7 619	75. 26	58. 74	109. 05
河北	2 050	2 127	2 020	143. 14	84. 58	165. 73
辽宁	2 830	3 114	2 642	105. 02	78. 60	129. 63
海南	1 741	1 865	1 701	78. 58	44. 63	100. 60
内蒙古	2 869	2 251	3 563	87. 25	51. 05	128. 94
陕西	1 673	1 677	1 672	130. 90	85. 16	154. 26
新疆	2 822	2 818	2 823	82. 53	41. 58	101. 40
初　　中						
北京	11 679	11 950	10 869	108. 96	86. 60	194. 98
河北	2 169	2 359	2 036	110. 76	84. 82	129. 10
山东	2 932	3 745	2 655	123. 65	84. 36	132. 82
湖南	2 493	2 996	2 292	111. 37	71. 46	126. 65
内蒙古	2 795	2 706	2 955	79. 72	62. 15	108. 29
四川	1 940	2 177	1 808	66. 23	34. 91	89. 76
青海	2 683	2 946	2 294	68. 79	57. 01	97. 83

（二）小学有30个省（市、自治区）、初中有26个省（市、自治区）生均事业费的城乡差距明显缩小

由于农村生均事业费的快速增长，且超过城市，生均事业费的城乡差距逐年缩小。2002年，我国小学生均事业费地区平均城镇是农村的1. 48倍，

2006 年缩小到 1.25 倍。2006 年，全国有 10 个省份小学生均事业费的城乡差距已经在 10 个百分点以内，比 2002 年增加 8 个，说明小学生均教育事业费达到城乡基本均衡的省份越来越多，城乡差距不断缩小。

与 2002 年比较，31 个省（市、自治区）中，除广东外，小学生均事业费的城乡差距都有不同程度的缩小。其中河北、海南和新疆三省（自治区）小学生均事业费的城乡差距缩小了 40 个百分点。但值得关注的是，东部地区的广东小学生均事业费的城乡差距全国最高，城镇小学是农村的 2.18 倍，且比 2002 年扩大了 50 个百分点。

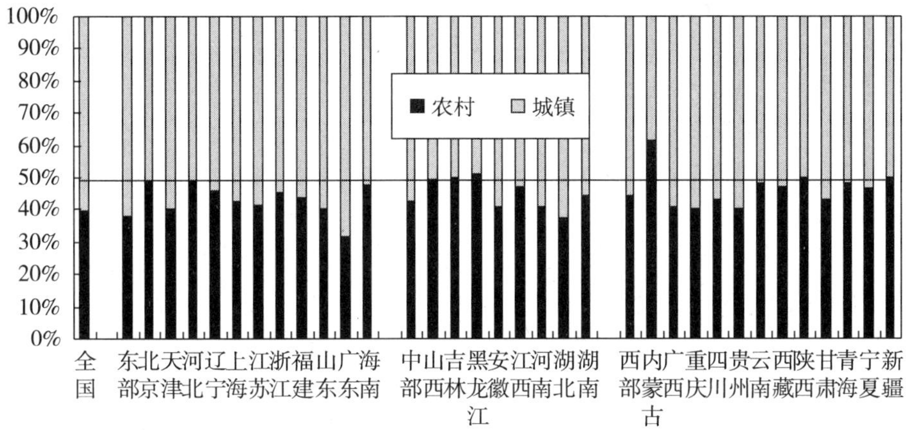

图 7－1　2006 年小学生均事业费的城乡差距

初中生均事业费的城乡差距要略大于小学。2006 年，初中生均事业费地区平均城镇是农村的 1.39 倍，比 2002 年的 1.58 倍有所缩小。西部地区平均的初中生均事业费的地区差距低于我国地区平均，也低于东中部地区的平均差距。2006 年，初中生均事业费的城乡差距小于 1.5：1 的省份达到 22 个，比 2002 年增加 9 个，其中城乡之比低于 1.2：1 的省份有北京、河北、江西和内蒙，但天津城乡差距仍在 2：1 以上。

专栏 7－2　湖南今年起新设地方教育费附加　“十一五”末教育经费可增加 425 亿元

经湖南省人民政府常务会议讨论同意，从 2008 年起，凡在湖南省行政区域内缴纳增值税、营业税、消费税（简称“三税”）的单位和个人，将分别按照实际缴纳“三税”税额的 3% 和 1.5%，同时缴纳教育费附加和地方教育附加。至“十一五”末，湖南省教育经费可增加425亿元以上。

根据《湖南省人民政府关于加快城市义务教育设施配套建设的意见》、《湖南省教育费附加和地方教育附加征收管理办法》两个配套文件，明确城市基础设施配套费安排一定比例用于教育，按“三税”1.5%新开征地方教育费附加。据介绍，1.5%的地方教育费附加是新开的口子，其主要目的是改善中小学教学设施和办学条件。

为保证教育投入，湖南省委、省政府采取许多措施，拓宽教育经费筹措渠道。据统计，2007年，全省预算内教育拨款接近200亿元，其中省本级24.5亿元，比2006年增加4.5亿元，增长22.5%。根据落实湖南建设教育强省投入规定，2008年省本级预算又有了突破性增长，今年年初省本级预算相比去年同期新增经费3.56亿元。

摘自：李伦娥．湖南今年起新设地方教育费附加　“十一五”末教育经费可增加425亿元［EB/OL］．（2008－05－21）［2009－12－09］http：//edu. people. com. cn/GB/7042281. html.

与2002年比较，全国有26个省（市、自治区）初中生均事业费的城乡差距不断缩小，其中北京、湖南和四川城乡差距缩小了40个百分点以上。但广东和福建两省生均事业费的城乡差距比2002年拉大了20个百分点以上。

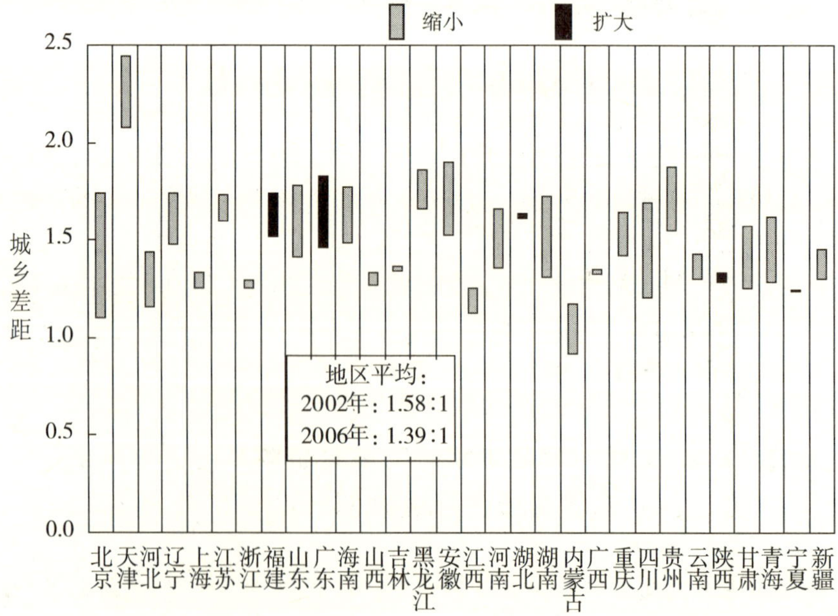

图7－2　2002年和2006年初中生均事业费城乡差距的变化

二、多数省份生均事业费的县际差距仍较突出

（一）全国有25个省（市、自治区）小学生均事业费的县际差距逐年缩小

生均事业费的县际差距虽然较大，但绝大部分省份呈现逐年缩小的趋势。2006年，小学生均事业费县际差距的差距系数地区平均为0.47，全国有9个省份差距系数超过0.5，其中辽宁最高，达到2.07，广东、河南和甘肃也超过了0.7。

从最高20%县与最低20%县的差距来看，2006年，地区平均为2.90：1，比2002年的3.16：1有所缩小。与2002年相比，全国有25个省份小学生均事业费的县际差距呈缩小态势，其中宁夏的县际差距由3.9：1缩小到2.1：1，山东由4.9：1缩小到4.0：1，河北由3.3：1缩小到2.5：1。但值得注意的是，广东小学生均事业费的县际差距全国最大且比2002年进一步拉大，从2002年的5.3：1扩大到2006年的5.8：1。

从小学生均事业费县际差距的散点图可以看出，2002年散点图（图7－3）比较分散，除江西外，其余各省份的县际差距都在2：1到6：1之间。到了2006年，散点图（图7－4）向中间集中，更多的省份的县际差距在2：1到4：1之间，这说明小学生均事业费的县际差距逐步缩小，且不同省份之间的差距也在缩小。2002年，全国有17个省份的小学生均事业费的县际差距大于3：1，2006年，减少到12个，相应的县际差距小于2.5：1的省从8个增加到12个。

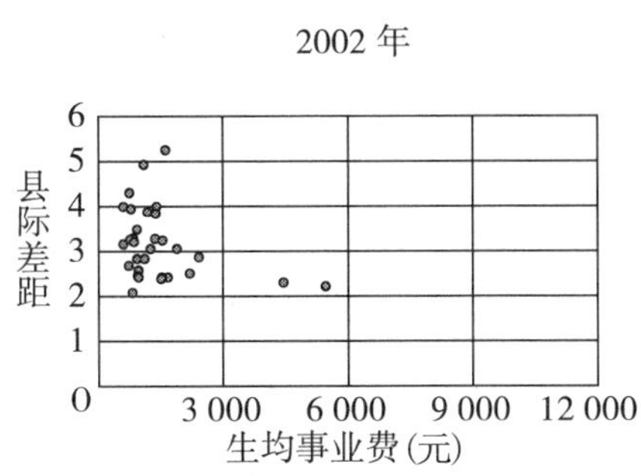

图7－3　2002年小学生均事业费县际差距散点图

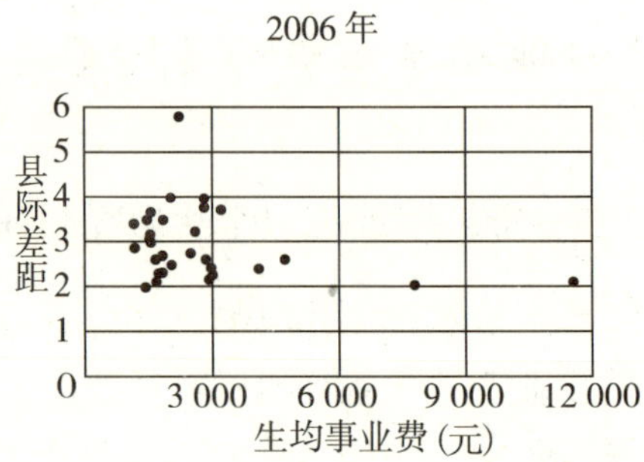

图 7-4　2006 年小学生均事业贵县际差距散点图

2006 年，小学生均事业费低于 1 200 元的县数明显减少。2002 年，我国有 1 761 个县小学生均事业费低于 1 200 元，占县总数的 53.12%。随着投入的不断增加，生均事业费不断提高，2006 年，生均事业费低于 1 200 元的县减少到 335 个，占县总数的比例比 2002 年下降了 42.73%。河北、海南、山西、江西、湖南、重庆和陕西 7 个省（直辖市）小学生均事业费低于 1 200 元的县占县总数的比例均比 2002 年减少了 60% 以上。

（二）初中生均事业费的县际差距依然较大，一半以上的省份有扩大的趋势

初中生均事业费的县际差距大于小学。2006 年，初中生均事业费县际差距的差距系数地区平均为 0.54，其中河北、辽宁、上海、广东、西藏和新疆 6 个省份县际差距的差距系数超过 0.7，辽宁最高，达到 1.06。

从最高 20% 县与最低 20% 县的差距来看，2002 年以来，各地区平均的初中生均事业费的县际差距在 3.5∶1 左右，变化不明显。2006 年，东部地区平均的县际差距大于中西部地区，为 3.72∶1，其中江苏和广东两个经济较为发达的省份 2006 年的县际差距超过 5∶1，另外还有 6 个省份的县际差距超过 4∶1，分别为辽宁、福建、山东、黑龙江、青海和新疆。

与 2002 年比较，全国有 17 个省份初中生均事业费的县际差距有所拉大，其中上海、江苏和新疆拉大了 1 倍以上。

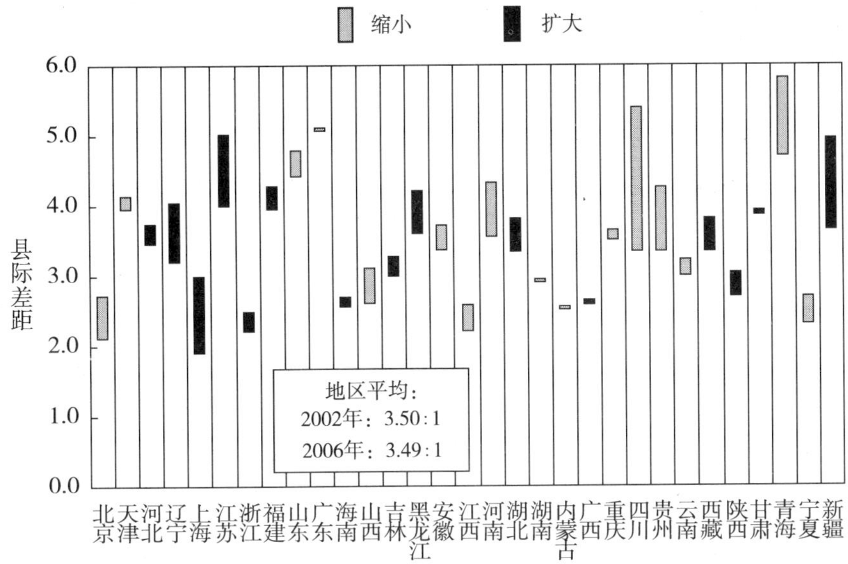

图 7－5　2002 年和 2006 年初中生均事业费县际差距的变化

第二节　生均预算内事业费

城乡小学生均预算内事业费配置基本均衡。2006 年，地区平均的城乡差距为 1.09：1，有 11 个省份农村小学生均预算内事业费已经超过城镇。初中生均预算内事业费的城乡差距也不断缩小，2006 年，全国有 14 个省份初中这一指标的城乡差距在 10 个百分点以内。

小学生均预算内事业费的县际差距要大于城乡差距。最高 20% 县为最低 20% 县的 2.63 倍，与 2002 年比较，有 20 个省份的这一指标的县际差距有不同程度的缩小。初中生均预算内事业费的县际差距依然较大，2006 年为 3.17：1，而且一半省份这一差距有扩大趋势。

一、多数省份生均预算内事业费的城乡差距相对较小

（一）小学生均预算内事业费的城乡差距较小，有三分之一的省份农村已经超过城市

近年来，随着中央和各级政府对农村教育投入的不断加大，生均预算内

事业费出现快速增长。全国有三分之二的省份农村小学生均预算内事业费都比2002年翻了一番。

专栏7-3 内蒙古今年教育支出预算增长67.9%
新增1.7亿元补助14.3万名蒙语授课寄宿学生

记者日前了解到，今年内蒙古财政预算安排教育支出比上年年初预算增长67.9%，内蒙古党委把优先发展教育列为“八件实事”之一，进一步加大对教育的支持力度。自治区明确提出，要扩大教育补助覆盖面，提高补助救助标准，提高高校生均经费标准，扩大特困生贷款贴息补助规模。

2008年，内蒙古将继续完善义务教育阶段学生“两免”政策，自治区新增支出1.7亿元，使全区14.3万名义务教育阶段蒙语授课寄宿生全部享受小学生每人每天4元、初中生每人每天5元的住宿费补助。同时，继续落实由自治区本级财政承担的2 000万元民族教育专项补助经费。

此外，内蒙古是全国化解农村牧区义务教育“普九”债务试点省区，共锁定债务39亿元，自治区将在今年年底完成所有债务化解任务。

摘自：郝文婷．内蒙古今年教育支出预算增长67.9%新增1.7亿元补助14.3万名蒙语授课寄宿学生［N］．中国教育报，2008-02-14（1）．

随着农村教育经费投入的快速增长，小学生均预算内事业费的城乡差距逐年缩小。2002年，小学生均预算内事业费的城乡差距地区平均为1.32∶1，2006年，缩小到1.09∶1，实现了城乡小学生均预算内事业费配置的基本均衡，其中有11个省份农村小学生均预算内事业费已经超过城镇。

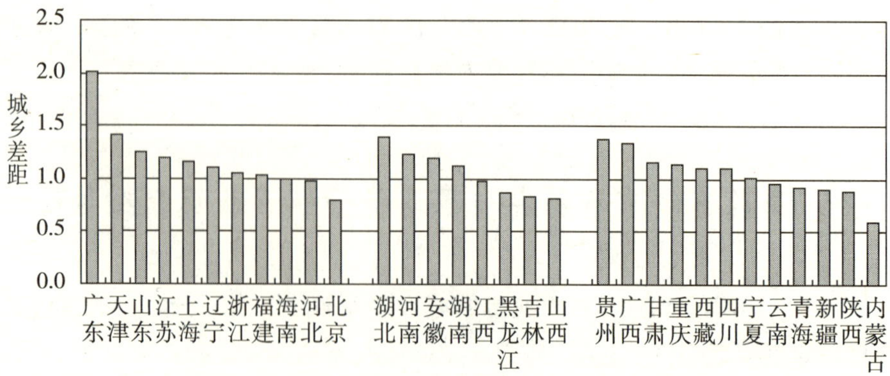

图7-6 2006年小学生均预算内事业费的城乡差距

与2002年比较，全国有25个省份小学生均预算内事业费的城乡差距有不同程度的缩小，其中天津、河北、湖北和陕西4省（市）城乡差距缩小了35个百分点以上。2002年，全国有9个省小学生均预算内事业费的城乡差距大于1.5：1，2006年，仅有广东一省这一指标城乡差距大于1.5：1，更多的省份小学生均预算内事业费向着城乡配置均衡方向发展。

表7-2　2006年小学生均预算内事业费城乡差距较小且变化明显的省份

省　份	2006年城乡倍率	比2002年减少
辽宁	1.10	0.33
海南	1.00	0.25
河北	0.98	0.45
新疆	0.91	0.34
陕西	0.88	0.42

（二）初中生均预算内事业费的城乡差距较小，26个省份城乡差距不断缩小

农村初中生均预算内事业费实现快速增长，全国有20个省份农村这一指标都比2002年翻了一番，城乡差距有所缩小。2006年，初中生均预算内事业费地区平均城镇是农村的1.13倍，比2002年的1.30倍有所缩小。2006年，全国有14个省份初中生均预算内事业费的城乡差距在10个百分点以内，比2002年增加7个，初中预算内事业费的城乡差距向着均衡迈进。从散点图（图7-7、图7-8）也可以看出，2006年与2002年比较，更多省份初中生均预算内事业费的城乡差距向1：1靠近。

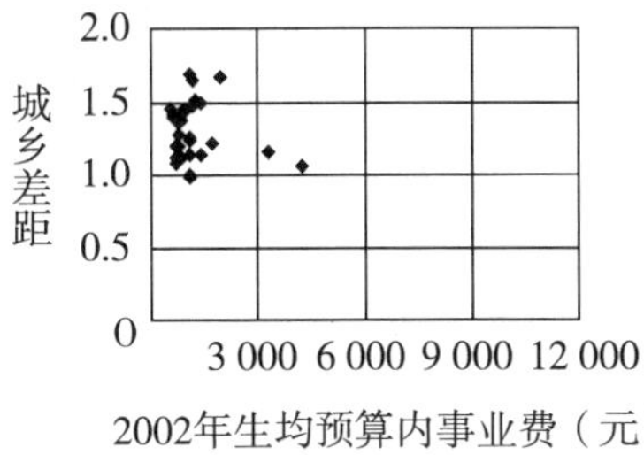

图7-7　2002年初中生均预算内事业费城乡差距的分布

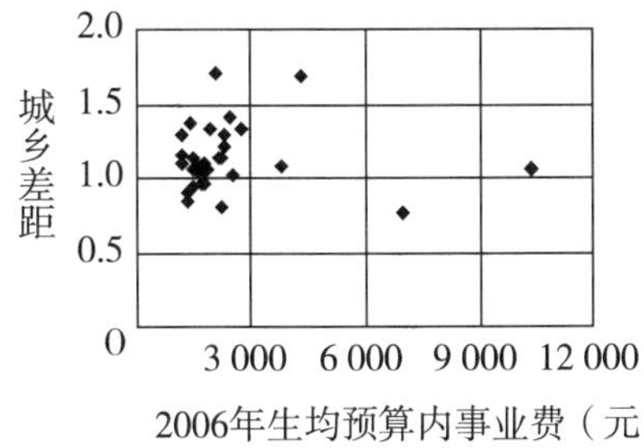

图7-8　2006年初中生均预算内事业费城乡差距的分布

与2002年比较，全国有26个省份初中生均预算内事业费的城乡差距在

缩小，其中湖南从1.46∶1缩小到0.95∶1，海南从1.43∶1缩小到1.08∶1。

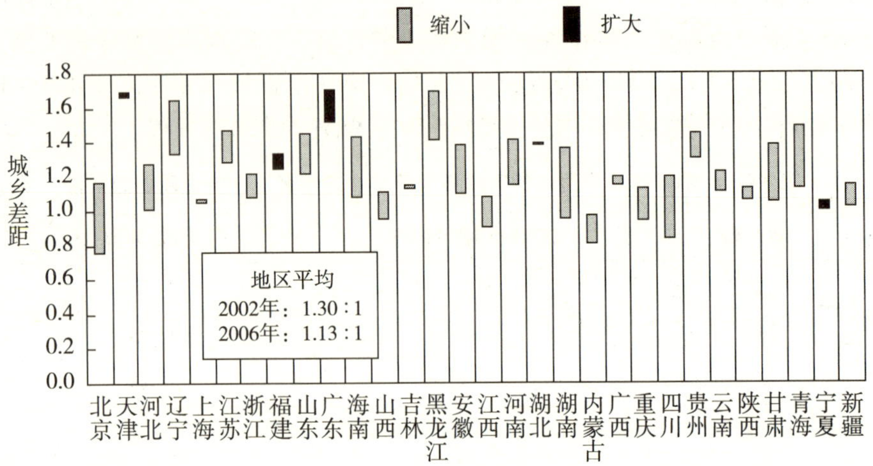

图7-9 2002年、2006年各省份初中生均预算内事业费城乡差距的变化

二、多数省份小学生均预算内事业费的县际差距进一步缩小，半数省份的初中呈扩大态势

（一）三分之二省份的小学生均预算内事业费的县际差距有所缩小

小学生均预算内事业费的县际差距要大于城乡差距。与2002年比较，县际差距虽然有所缩小，但总体变化不大。2006年，小学生均预算内事业费县际差距的差距系数地区平均为0.48，东部地区县际差距的差距系数较大，达到0.61，中部地区平均最低，为0.38。河北、辽宁、广东、河南、甘肃和新疆6省（自治区）生均预算内事业费的县际差距超过0.6，辽宁最高达到2.57。

从最高20%县与最低20%县的比较来看，县际差距有所减小，地区平均从2002年的2.72∶1缩小到2.63∶1，但变化不是十分明显。2006年，小学生均预算内事业费的县际差距大于3∶1的省份从2002年的13个减少到8个，但辽宁、山东、广东和新疆4个省份这一指标的县际差距仍大于4∶1。

与2002年比较，有20个省份的县际差距有不同程度的缩小，其中宁夏从3.31∶1缩小到2.08∶1，湖北从4.54∶1缩小到3.47∶1，四川也从

3.79∶1 缩小到 2.99∶1，缩小的幅度都在 80 个百分点以上。但也有 11 个省份小学生均预算内事业费的县际差距比 2002 年有所扩大，其中辽宁从 2002 年的 3.45∶1 扩大到 4.85∶1。

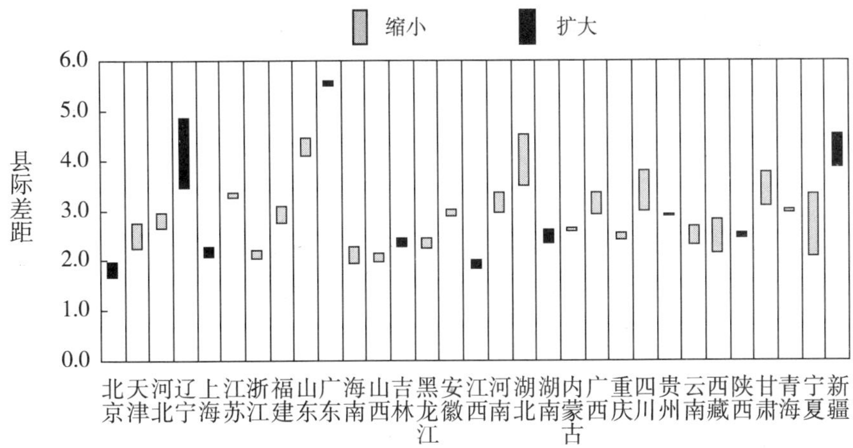

图 7－10　2002 年、2006 年各省份小学生均预算内事业费县际差距的变化

（二）初中生均预算内事业费的县际差距依然较大，一半省份有扩大趋势

2006 年，初中生均预算内事业费县际差距的差距系数地区平均为 0.47，东部地区县际差距的差距系数较大，达到 0.57。河北、辽宁、广东、西藏和新疆 5 省（自治区）生均预算内事业费县际差距的差距系数超过 0.8，辽宁最高达到 1.27，新疆为 1.16。

从两极差距来看，初中生均预算内事业费的县际差距依然较大，2006 年最高 20% 县与最低 20% 县的倍率地区平均为 3.17∶1，与 2002 年比较，变化不大。东部地区的县际差距要大于中西部地区。2006 年，东部 11 省平均的县际差距达到 3.76∶1，且比 2002 年有所拉大，而中西部地区的县际差距平均都小于 3∶1。2002 年这一指标的县际差距大于地区平均值的有 13 个省份，而 2006 年扩大到 16 个省份，其中广东、山东、江苏、辽宁、青海和新疆 2006 年的县际差距大于 4∶1。

从初中生均预算内事业费县际差距的散点图可以看出，2006 年的散点图（图 7－12）比 2002 年的（图 7－11）更为分散，也说明县际差距不断扩大。

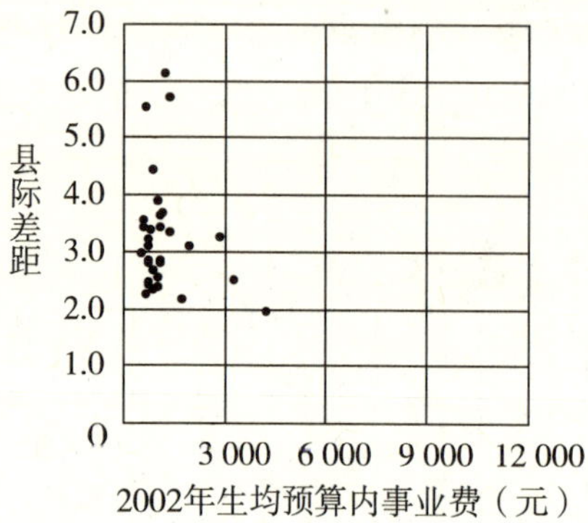

图 7－11　2002 年初中生均预算内事业费县际差距的分布

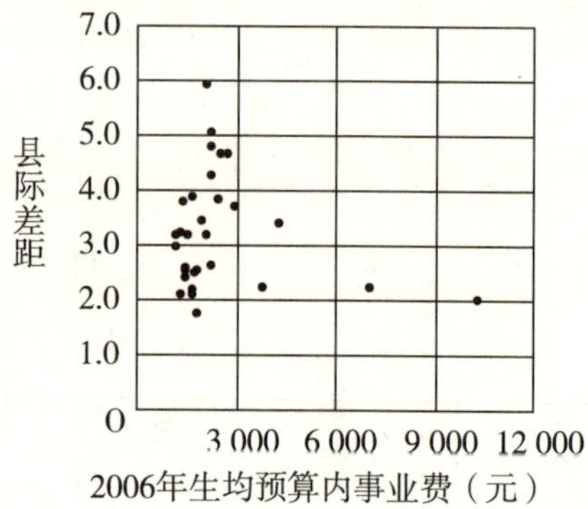

图 7－12　2006 年初中生均预算内事业费县际差距的分布

全国有 16 个省份初中生均预算内事业费的县际差距比 2002 年有所拉大，其中辽宁、江苏、山东和新疆 4 省（自治区）不仅县际差距大于 4∶1，而且与 2002 年相比，差距不断扩大，需要引起关注与重视。

表 7－3　2006 年初中生均预算内事业费县际差距较大且扩大明显的省份

地　区	2006 年	比 2002 年扩大
山东	5.06	0.64
江苏	4.77	1.11
辽宁	4.66	1.04
新疆	4.64	1.29
河北	3.88	0.82
黑龙江	3.81	0.40
湖北	3.79	0.60
西藏	3.68	0.42

第三节　生均公用经费

义务教育生均公用经费的快速增长，使城乡差距逐年缩小。小学地区平均从 2002 年的 2.03∶1 缩小到 1.48∶1，初中从 2002 年的 2.08∶1 缩小到 1.64∶1。与 2002 年比较，小学有 28 个省份、初中有 23 个省份生均公用经费的城乡差距有不同程度的缩小。

全国大部分地区小学和初中生均公用经费在支出水平大幅提高的同时，其县际差距均明显缩小。28 个省份小学、23 个省份初中这一指标的县际差距有不同程度的缩小。但总体来看，义务教育生均公用经费的县际差距依然较大，2006 年，小学和初中生均公用经费县际之间的差距系数都在 0.90 以上。

一、生均公用经费的城乡差距缩小较为明显

（一）农村小学生均公用经费快速增长，28 个省份城乡差距不断缩小

农村小学生均公用经费实现快速增长，全国除广东、山东和江西外，其他地区农村小学生均公用经费的增速都超过城镇，有 10 个地区农村的增速比城镇快 100 个百分点以上，其中重庆农村小学生均公用经费的增速比城镇小学快差不多 215 个百分点。

表 7－4 2006 年小学生均公用经费增长较快的省份

地 区	2006 年（元）		比 2002 年增长（%）		农村快于城镇（百分点）
	城 镇	农 村	城 镇	农 村	
北京	2 417	2 362	56.52	192.24	135.7
河北	499	388	93.90	202.97	109.1
辽宁	746	715	92.82	253.07	160.2
上海	4 927	2 306	124.88	251.34	126.5
海南	488	482	26.55	214.02	187.5
河南	409	245	75.73	200.74	125.0
重庆	884	559	157.64	372.52	214.9
四川	612	407	57.42	168.93	111.5
西藏	477	558	49.34	205.33	156.0
新疆	603	418	52.91	230.06	177.2

随着农村小学生均公用经费的快速增长，城乡差距逐年缩小，地区平均的城乡差距从 2002 年的 2.03 ∶ 1 缩小到 1.48 ∶ 1。与 2002 年比较，全国有 28 个省小学生均公用经费的城乡差距有不同程度的缩小，其中上海、河南、重庆、四川和新疆 5 省（直辖市、自治区）的城乡差距缩小了 1 倍以上。

专栏7-4　重庆统筹城乡教育发展的主要做法

统筹城乡教育的本质在于促进城乡一体化，实现教育的公平与和谐。围绕这一主题，重庆市大力实施统筹城乡教育综合改革，强化了“四个统筹”。

一、统筹调整城乡学校布局。根据重庆市经济社会发展总体规划，加大了对普通中小学、中等职业学校、高等院校布局结构调整的力度，促进了各级各类教育发展。2007年，全市有各级各类学校1.42万所，在校生594.4万人，与1998年比较，学校总数减少了1.31万所，在校生总数增加了82.17万人。学校规模不断扩大，办学效益不断提高。

二、统筹配置城乡教育经费。政府加大了城乡教育投入，依法保障了教育经费“三个增长”。积极探索教育融资渠道及经费管理机制，促进了城乡教育经费的统筹配置。2007年，全市教育经费总投入230.97亿元，其中农村总投入77.58亿元。全市财政预算内教育经费拨款139.7亿元，比上年增长40.68%，用于农村的教育经费比例也逐年提高。

三、统筹改善城乡办学条件。大力推进城乡基础教育均衡发展，加强中职学校和高校基础能力建设，促进城乡学校现代教育技术装备建设，各级各类学校办学条件明显改善。2007年，全市各级各类学校占地面积12 385万平方米，校舍建筑面积5 210万平方米，图书8 562万册，教学科研仪器设备值55.93亿元。与1998年相比，学校占地面积增加6 272万平方米，校舍建筑面积增加2 160万平方米，图书增加3 783万册。

四、统筹提升城乡师资水平。努力完善中小学编制配置和管理办法，完善教师评聘制度，建立健全教师补充、交流、培训和激励机制，提升城乡师资队伍整体水平。2007年，全市各级各类学校共有教职工34.5万人，其中专任教师28.1万人，与1998年比较，教职工增加3.3万人，专任教师增加3.7万人。

摘自：重庆市信息中心．重庆统筹城乡教育发展的主要做法及成效［EB/OL］．(2008-06-16)［2009-11-25］．http：//www.moe.edu.cn/edoas/website18/00/info1213586972877400.htm.

2002年，仅有4个省份的小学生均公用经费的城乡差距小于1.5：1，而有9个省份的城乡差距大于2.5：1。到2006年，城乡差距逐年缩小，全国有一半的省份小学生均公用经费的城乡差距小于1.5：1，其中辽宁、北京、内蒙古、海南和青海5省（直辖市、自治区）这一指标的城乡差距在

10 个百分点以内。而城乡差距最高的也仅为 2.26：1。从小学生均公用经费城乡差距的散点图（图7－13、图 7－14）看，2006 年与 2002 年比较，更多的省份向城乡差距 2：1 和 1：1 之间集中，这说明小学生均公用经费的城乡差距逐步缩小，均衡不断推进。

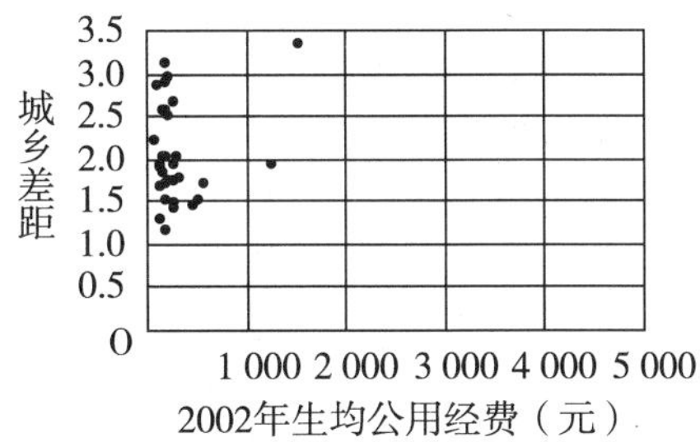

图 7－13　2002 年小学生均公用经费城乡差距的分布

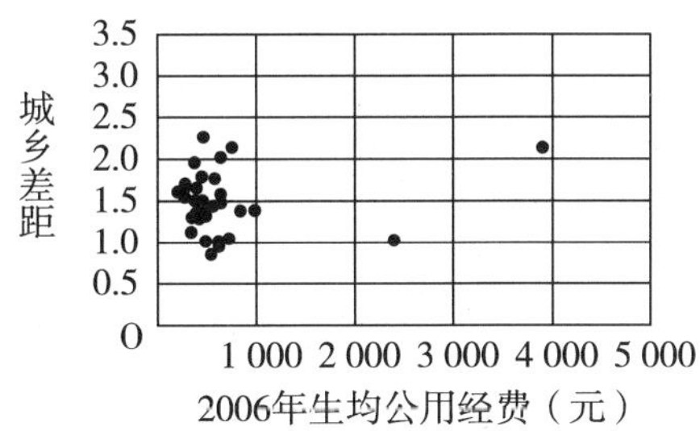

图 7－14　2006 年小学生均公用经费城乡差距的分布

通过各省份小学生均公用经费的绝对水平以及城乡差距的二维比较来看（以 31 个省份的平均为分界线），2006 年，全国有 7 个省市区属于生均公用经费的水平高且差距较小，分别为北京、浙江、天津、辽宁、吉林、青海和内蒙古。有 6 个省（自治区）小学生均公用经费的绝对水平低，而且城乡差距又较大，分别为湖北、安徽、河南、山西、贵州和广西，都属于中西部地区，这类地区需要引起高度关注。

（二）全国有 23 个省份初中生均公用经费的城乡差距明显缩小

从初中生均公用经费城乡的增长情况来看，2006 年与 2000 年比较，全国有 23 个省份农村初中生均公用经费的增幅超过城镇，其中有 6 个省份农村初中生均公用经费的增幅是城镇的 2 倍以上。农村教育经费的快速增长，使得城乡差距逐渐缩小。2006 年，地区平均城乡差距从 2002 年的 2.08：1

缩小到1.64∶1。与2002年比较，全国有23个省份初中生均公用经费的城乡差距有不同程度的缩小，其中北京、重庆、四川和贵州4省市的城乡差距缩小了1倍以上。

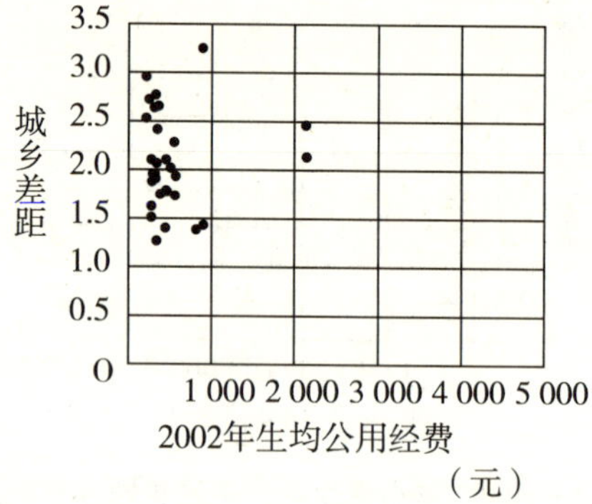

图7－15　2002年初中生均公用经费城乡差距的分布

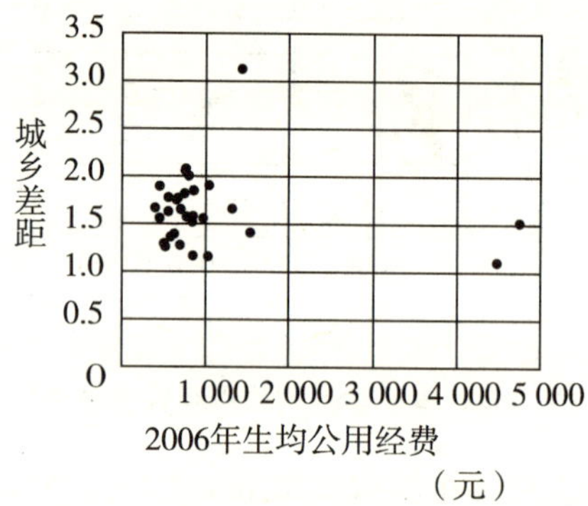

图7－16　2006年初中生均公用经费城乡差距的分布

2002年，初中生均公用经费城乡差距大于2∶1的省份有15个省，占总数的一半，2006年，减少到4个。相对应的，城乡差距小于1.5∶1的省份从4个增加到9个。从散点图（图7－15、图7－16）可以看出，2006年，城乡差距不断向2∶1和1∶1之间靠拢，各省份初中生均公用经费的均衡程度不断提高。

专栏7－5　贵州下拨农村义务教育公用经费7.59亿

日前从贵州省财政厅获悉，7.59亿元春季农村义务教育公用经费已下拨至县（市、区）财政教育专户。据了解，今年贵州省农村义务教育公用经费大幅提高，小学达到每生每年225元、初中每生每年375元。

据了解，近日贵州省财政厅、省教育厅将用于今年春季学期中小学农村义务教育阶段学生学杂费和保障农村中小学的公用经费，中央专项资金6.67亿元和省级配套资金0.92亿元，共7.59亿元春季农村义务教育公用经费下达到各市（州、地）。这些经费主要用于农村义务教育免杂费和公用经费补助、贫困女童入学及贫困寄宿生生活费补助等，为提高农村教育公用经费提供了保障。

摘自：贵州商报．贵州省下拨农村义务教育公用经费7.59亿［N］．中国教育报，2008－04－20（2）．

二、多数省份生均公用经费的县际差距依然较大

（一）有28个省份的小学、23个省份的初中生均公用经费的县际差距明显缩小

2002—2006年间，全国大部分地区小学和初中生均公用经费在支出水平大幅提高的同时，其县际差距均明显缩小，地区平均从2002年的6.78：1缩小到2006年的4.83：1。其中西部地区县际差距缩小的幅度更加明显，平均从2002年的8.03：1缩小到4.81：1，县际差距由2002年的大于东部地区转变为2006年的小于东部地区。我国31个省、市、自治区中，除辽宁、江苏和湖南外，其余省份这一指标的县际差距都有不同程度的缩小，有9个省份的县际差距缩小了3倍以上，其中西藏和甘肃的县际差距缩小了7倍多。

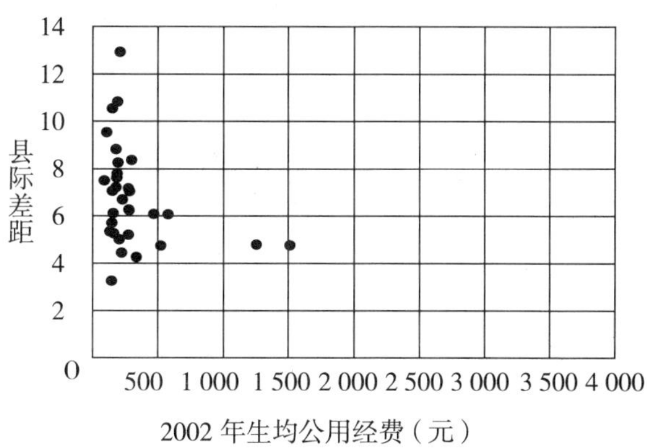

图7－17　2002年各地区小学生均公用经费散点图

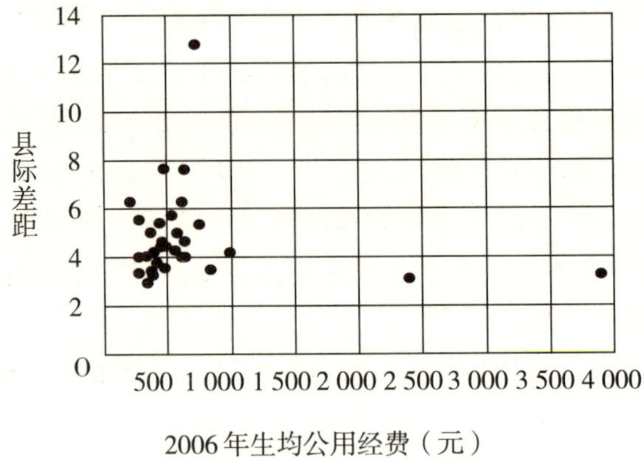

图7－18　2006年各地区小学生均公用经费散点图

从散点图（图7－17、图7－18）可以看出，从2002年到2006年，我国小学生均公用经费支出水平高于500元的省份由4个增加到14个；县际差距高于8∶1的省份由7个减少到1个，县际差距低于4∶1的省份由1个增加到9个。这说明小学生均公用经费的水平不断提高，县际差距不断缩小。

如果以2006年我国小学生均公用经费支出水平和省内县际差距程度地区平均水平（我国小学生均公用经费支出为498.83元，省内县际差距地区平均为4.8∶1）为基准，全国31个省份可划分为四类地区，第一类地区为生均水平和县际差距双高型，包括辽宁、江苏等6个省份，大部分为东部地区省份；第二类地区为低生均高差距类型，包括新疆、贵州等5个中西部省

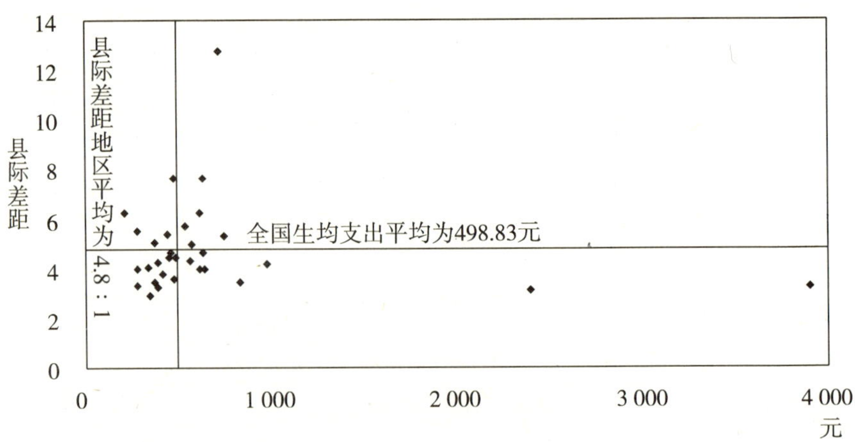

图7－19　2006年我国小学生均公用经费支出水平和县际差距地区分布

份；第三类地区为生均水平和县际差距双低型，包括江西、宁夏等12个省份；第四类地区为高生均低差距类型，包括北京、上海等8个省份。其中第二类地区需要引起中央和相应地方政府的高度关注，对这些地区需要加大中央和地方政府的财政转移支付力度，以提高这些地区的生均经费支出水平和内部均衡程度。

表7－5　2006年小学生均公用经费支出水平和县际差距概况

	低生均水平（<498.83元）	高生均水平（>498.83元）
高差距（>4.8：1）	象限2：新疆、贵州、河南、湖南、湖北	象限1：辽宁、江苏、青海、西藏、广东、福建
低差距（<4.8：1）	象限3：江西、宁夏、广西、甘肃、海南、河北、安徽、云南、山西、四川、陕西、山东	象限4：北京、上海、天津、内蒙古、吉林、浙江、黑龙江、重庆

初中生均公用经费的县际差距也不断缩小，由2002年的7.30：1缩小为5.53：1，其中西部地区缩小的幅度最大，平均从2002年的10.08：1缩小到2006年的5.83：1。全国有23个省份初中生均公用经费县际差距有所缩小，其中西藏从29.68：1缩小到7.95：1，重庆从14.67：1缩小到4.44：1。

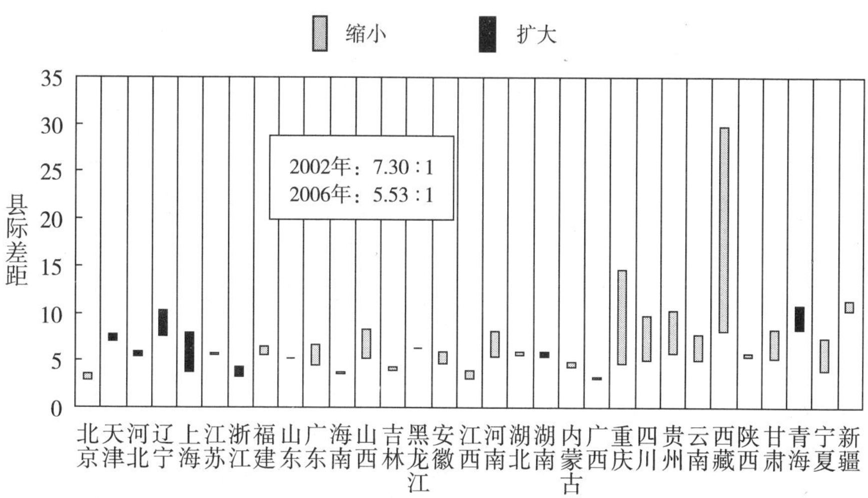

图7－20　2002年、2006年初中生均公用经费县际差距的变化

（二）生均公用经费的县际差距依然较大，初中大于小学

2006年，小学生均公用经费县际之间的差距系数为0.92，东部地区平均高达1.32，其中河北、辽宁和河南三省的差距系数高出1，辽宁甚至高达7.86。从最高20%县和最低20%的县际差距来看，2006年，地区平均的县际差距为4.83∶1，其中东部地区最高，平均达到5.16∶1，全国有三分之一的省份县际差距在5∶1以上。东部地区的辽宁县际差距达到12.87∶1，比2002年扩大5.65倍，江苏为7.61∶1，也比2002年有所拉大。中部地区的河南、湖北和湖南县际差距也都在5∶1以上。西部地区的新疆县际差距达到7.94∶1，贵州和青海都在6∶1以上。

2006年，我国小学生均公用经费为499元，但全国还有512个县小学生均公用经费低于250元，不及全国平均水平的一半，占县总数的15.9%，其中河南、广西和贵州有超过40%的县小学生均公用经费低于250元。

2006年，初中生均公用经费的县际差距系数达到0.90，其中辽宁、上海、西藏和新疆4省（直辖市、自治区）的差距系数在1.5以上，差距较大。从20%县的分布来看，最高20%县初中生均公用经费是最低20%县的5.53倍，西部最高，为5.83倍，辽宁、青海和新疆3省超过10倍，而且辽宁比2002年扩大了2.78倍，青海扩大了2.62倍。

表7-6　2002年、2006年小学生均公用经费的县际差距较大或有所扩大的省份

单位：倍率

地区 \ 年份	2002	2006	2002—2006
地区平均	6.78	4.83	1.94
辽宁	7.22	12.87	-5.65
江苏	6.98	7.61	-0.63
湖南	4.97	5.44	-0.47
贵州	7.50	6.25	1.25
青海	8.05	6.27	1.78
新疆	10.97	7.94	3.03

表 7－7 2002 年、2006 年初中生均公用经费的县际差距较大或有所扩大的省份

单位：倍率

年 份 地 区	2002	2006	2002—2006
地区平均	7. 30	5. 53	1. 76
天津	6. 84	7. 74	－0. 90
河北	5. 29	5. 87	－0. 58
辽宁	7. 47	10. 25	－2. 78
上海	3. 60	7. 95	－4. 35
湖南	5. 20	5. 88	－0. 68
青海	8. 19	10. 81	－2. 62
新疆	11. 45	10. 11	1. 34

第四节 生均预算内公用经费

目前，城镇和农村生均预算内公用经费已经达到基本均衡。2006 年，地区平均的小学生均预算内公用经费的城乡差距为 1. 07 ：1，全国有 14 个省份这一指标的城乡差距在 10 个百分点以内，比 2002 年增加 13 个。初中生均预算内公用经费的城乡差距也表现出相同的变化，全国有 28 个省城乡差距在缩小。

生均预算内公用经费的县际差距大幅缩小。2006 年，我国小学生均预算内公用经费县际之间从 2002 年的 12. 7 ：1 缩小到 5. 29 ：1，初中的县际之间的平均差距也从 2002 年的 14. 82 ：1 缩小到 5. 75 ：1。所有省份这一指标的县际差距都有明显缩小。

但总体来看，义务教育生均预算内公用经费在不同县之间的配置仍很不均衡，无论小学还是初中，县际之间的差距系数地区平均都超过 1。

一、生均预算内公用经费的城乡差距呈缩小态势

（一）小学生均预算内公用经费的城乡差距较小，有 28 个省份明显缩小

农村义务教育经费保障机制改革实施以来，中央和地方各级人民政府按照要求，积极加大农村教育投入，提高农村公用经费的保障水平，使农村预算内公用经费实现快速增长，城乡差距明显缩小。

专栏7-6　实施农村义务教育经费保障新机制

2005年，《国务院关于深化农村义务教育经费保障机制改革的通知》指出，要提高农村义务教育阶段中小学公用经费保障水平，各省（区、市）制订本省（区、市）农村中小学预算内生均公用经费拨款标准，所需资金由中央和地方按照免学杂费资金的分担比例共同承担。在此基础上，为促进农村义务教育均衡发展，由中央适时制定全国农村义务教育阶段中小学公用经费基准定额，所需资金仍由中央和地方按上述比例共同承担。同时规定，2006年，中央财政对西部地区农村义务教育阶段中小学安排公用经费补助资金，提高公用经费保障水平；2007年，中央财政对中部地区和东部部分地区农村义务教育阶段中小学安排公用经费补助资金，提高公用经费保障水平。

摘自：国务院关于深化农村义务教育经费保障机制改革的通知［R］. 2005-12-24.

2006年，地区平均的小学生均预算内公用经费的城乡差距由2002年的1.84∶1缩小到1.07∶1。全国有28个省（直辖市、自治区）小学这一指标的城乡差距有不同程度的缩小，其中江苏、福建、山东、河南、重庆和新疆缩小了1.5倍以上。2002年，小学生均预算内公用经费的城乡差距在2∶1以上的省份有11个，而2006年，城乡差距最大的省份也仅为1.73∶1。2006年城乡差距在10个百分点以内的省份达到14个，比2002年增加了13个，更多的省份小学生均预算内公用经费的城乡配置向着均衡化方向发展。

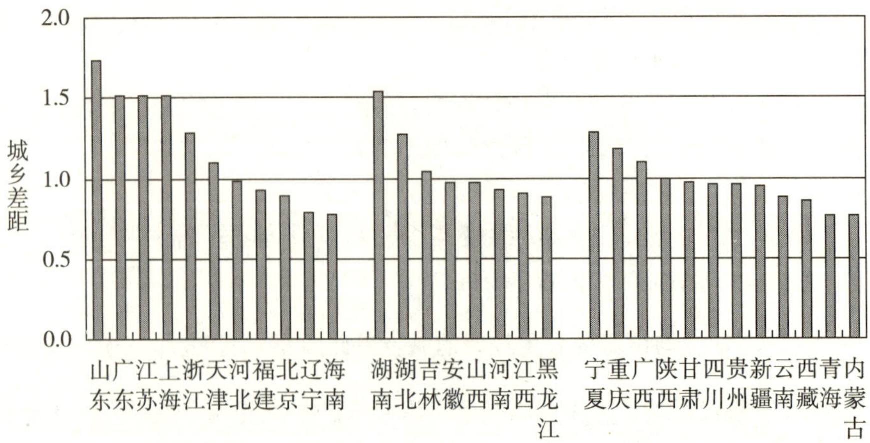

图7-21　2006年小学生均预算内公用经费的城乡差距

（二）农村初中生均预算内公用经费的增速明显超过城镇，28个省份的城乡差距明显缩小

初中生均预算内公用经费的城乡差距也表现出相同的变化。2002年，我国农村初中生均预算内公用经费仅为67元，2006年，迅速增长到346元，增长4.2倍，而同期城镇初中仅增长1.6倍，农村初中的增速明显快于城镇，城乡差距迅速缩小，地区平均从2002年的1.61∶1缩小到2006年的1.06∶1。

从散点图（图7－22、图7－23）可以看出，2002年，各省份相对比较分散，城乡差距在3.20∶1和0.62∶1之间。到了2006年，散点图更加集中，城乡差距在1.91∶1和0.66∶1之间，其中有11个省份初中生均预算内公用经费的城乡差距在10个百分点以内，比2002年增加8个。

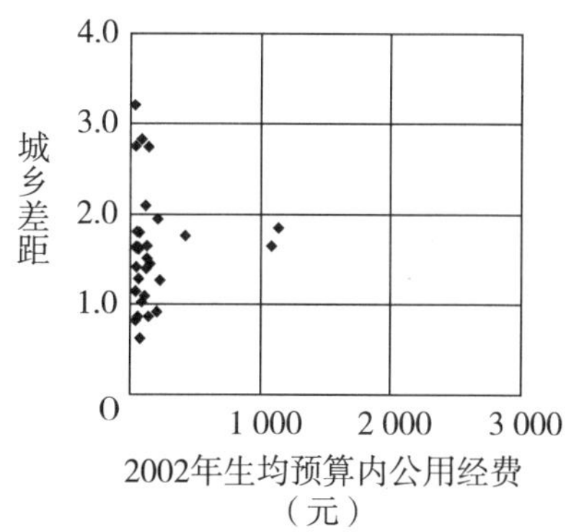

图7－22　2002年初中生均预算内公用经费城乡差距散点图

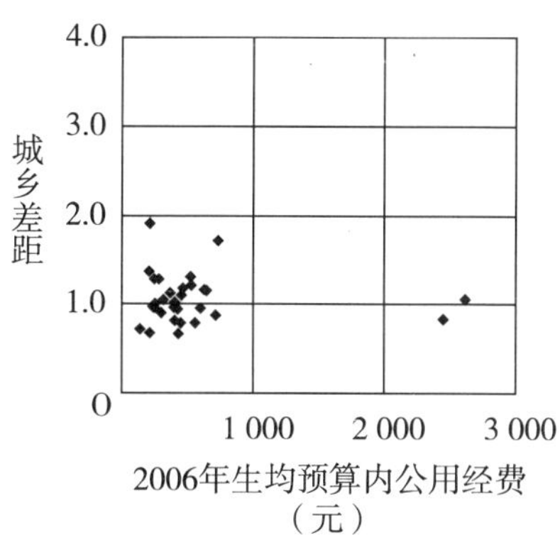

图7－23　2006年初中生均预算内公用经费城乡差距散点图

与2002年比较，除广西、陕西和新疆外，其余地区初中生均预算内公

用经费的城乡差距都在缩小，其中河南从3.2∶1缩小到1∶1，辽宁从2.74∶1缩小到0.87∶1，江苏从2.82∶1缩小到1.27∶1。

专栏7－7　河南小学初中生均公用经费翻番，加大投入增强农村义务教育保障能力

为增强农村义务教育的保障能力，河南省将增加财政投入力度，加快实施农村中小学远程教育工程，继续实施“两免一补”，并提高了农村中小学预算内公用经费拨款标准，提高部分由省级财政负担。

据了解，2006年，河南省提高了农村中小学预算内公用经费拨款标准，小学由每生每年10元提高到20元，初中由15元提高到30元，提高部分由省级财政负担，目前，省级财政已下拨省级公用经费5 752万元。

摘自：郭炳德．加大投入增强农村义务教育保障能力［N］．中国教育报，2006－06－16（1）．

二、生均预算内公用经费的县际差距明显缩小，但不平衡问题依然突出

（一）所有省份生均预算内公用经费的县际差距都明显缩小

我国小学生均预算内公用经费县际之间的差距明显缩小，从2002年的12.7∶1缩小到2006年的5.29∶1。中西部地区县际差距缩小得更为明显，中部地区从2002年的46.2∶1缩小到7.7∶1，西部地区从27.67∶1缩小到4.62∶1。与2002年比较，31个省份县际差距都有大幅缩小。2002年，有9个省份小学生均预算内公用经费最低20%的县为0，另外还有11个省份最低20%的县低于5元。到2006年，各省份中小学生均预算内公用经费最低的贵州，最低20%的县也达到了17元。最低20%的县小学生均预算内公用经费低于50元的也仅有5个省份。

初中生均预算内公用经费县际之间的平均差距也明显缩小，从2002年的14.82∶1缩小到5.75∶1。中西部地区县际差距缩小得更为明显，中部地区从2002年的47.60∶1缩小到8.48∶1，西部地区从45.15∶1缩小到6.11∶1。与2002年比较，31个省（直辖市、自治区）县际差距都有大幅缩小。2002年，江苏、安徽、河南、重庆和贵州5个省（市）小学生均预算内

公用经费最低的20%的县为0，另外还有10个省最低20%的县低于5元。到2006年，各省初中生均预算内公用经费最低的河北和安徽，最低20%县也达到28元。最低20%的县初中生均预算内公用经费低于50元的也仅有6个省份。

表7-8 2002年、2006年义务教育生均预算内公用经费县际差距

地区	最低20%县（元）	比2002年增长（倍）	最高20%县（元）	比2002年增长（倍）	2002年20%县倍率	2006年20%县倍率
小学						
地区平均	179	5.80	946	1.84	12.70	5.28
东部	276	3.48	1 464	1.70	8.83	5.30
中部	67	17.32	514	2.05	46.20	7.67
西部	165	17.08	760	2.02	27.67	4.61
初中						
地区平均	231	5.48	1 325	1.51	14.82	5.74
东部	371	3.34	1 883	1.32	9.48	5.08
中部	85	16.56	724	2.13	47.60	8.52
西部	199	18.31	1 214	1.61	45.15	6.10

（二）生均预算内公用经费的县际差距依然较大

生均预算内公用经费在县际之间的配置仍十分不均衡。2006年，小学生均预算内公用经费县际之间的差距系数平均为1.17，其中东部地区平均最高，达到1.85，西部地区平均最低，为0.60，其中辽宁县际之间的差距系数高达10.62，河北和河南也超过了3。

从最高20%与最低20%的差距来看，2006年，小学生均预算内公用经费地区平均的县际差距为5.29∶1，其中河北、辽宁、山东、河南、湖北、湖南和贵州7省这一差距超过10∶1。差距最大的河北，最低20%小学生均预算内公用经费仅为26元，而最高的20%县高达516元，二者相差19倍。

2006年，全国还有42个县小学生均预算内公用经费为0，542个县低于100元，合计占县总数的18.1%。其中河北、山东、安徽、河南、湖北、湖南和贵州7省有超过30%的县小学生均预算内公用经费低于100元。

2006年，初中生均预算内公用经费县际之间的差距系数平均为1.08，

其中东部地区平均最高，达到1.35，中西部地区平均在0.9左右，河北、辽宁、新疆三个地区的县际差距系数超过2.5。

从最高20%与最低20%的差距来看，2006年，初中生均预算内公用经费地区平均的县际差距为5.75：1，高于小学。中部地区最高，为8.48：1。全国有9个省份的县际差距超过10：1，其中河北高达28.25：1，山东高达24.60：1。

2006年，全国还有52个县初中生均预算内公用经费为0，另外还有355个县低于100元，合计占县总数的12.65%，其中河北、山东、安徽3省有超过30%的县初中生均预算内公用经费低于100元。

表7-9　2006年义务教育生均预算内公用经费县际差距较大的省份

单位：倍率

小　学		初　中	
地区平均	5.29	地区平均	5.75
东部	5.31	东部	5.08
中部	7.70	中部	8.48
西部	4.62	西部	6.11
河北	19.96	河北	28.25
辽宁	17.98	山东	24.60
贵州	17.16	湖北	17.30
河南	14.45	青海	15.53
湖北	12.53	辽宁	14.97
山东	11.88	河南	13.86
湖南	11.23	新疆	13.31
安徽	9.78	安徽	13.03
广东	9.70	贵州	10.89

第五节　教职工人均年收入

小学教职工人均年收入的城乡差距依然较大。2006年，城镇是农村的2.88倍。与2002年比较，有14个省的城乡差距有不同程度的扩大。由于农村初中教职工人均年收入的增长低于城镇，城乡差距有所扩大，地区平均从2002年1.54：1扩大到2006年的1.74：1，全国有18个省份初中教职工人均年收入的城乡差距有不同程度的扩大。

小学教职工人均年收入的县际差距地区平均为2.09：1，比2002年有所扩大。全国有三分之二的省份小学这一指标的县际差距有不同程度的扩大。初中教职工人均年收入的县际差距大于小学，2006年，地区平均的县际差距为2.23：1，全国有21个省份初中这一指标的县际差距有不同程度的扩大。

一、多数省份小学教职工人均年收入的城乡差距较大，初中呈扩大态势

受城乡经济发展水平的限制，教职工人均年收入也存在明显的地区差距。2006年，我国农村小学教职工人均年收入为8 197元，比2002年增长44.05%，而同期城镇增长53.35%。农村增幅小于城镇。全国有14个地区农村小学教职工的人均年收入的增幅低于城镇。天津、浙江、福建和江西4省（市）农村小学教职工人均年收入甚至比2002年有所减少。

小学教职工人均年收入的城乡差距依然较大，且变化不明显。2002年，这一指标地区平均城镇小学是农村的2.83倍，2006年，城镇是农村的2.88倍，变化不明显。中西部地区这一指标的城乡差距大于东部地区，城镇小学是农村的3倍以上。全国31个省、市、自治区中，有17个省份这一指标的城乡差距在3：1以上，其中最高的山东达到5.45：1，安徽也达到5：1。与2002年比较，有14个省份的城乡差距有不同程度的扩大，其中浙江、福建、江西扩大了1倍以上，福建从1.71：1扩大到4.16：1。由于同一级别的教师基本工资基本一致，教职工人均年收入的差距主要表现在地方津补贴和奖金等其他收入方式的差距。

初中教职工人均年收入的城乡差距小于小学。2006年，我国农村初中教职工人均年收入为13 715元，比2002年增长33.75%，城镇初中教职工人均年收入达到24 074元，同比增长52.17%。农村初中教职工人均年收入的增幅比城镇低近20个百分点。全国有18个地区农村初中教职工的人均年收入的增幅低于城镇初中。天津、浙江、福建和江西四省（市）农村初中教职工人均年收入比2002年有所减少，其中浙江和福建2006年农村初中教职工人均年收入仅为2002年的三分之一左右。

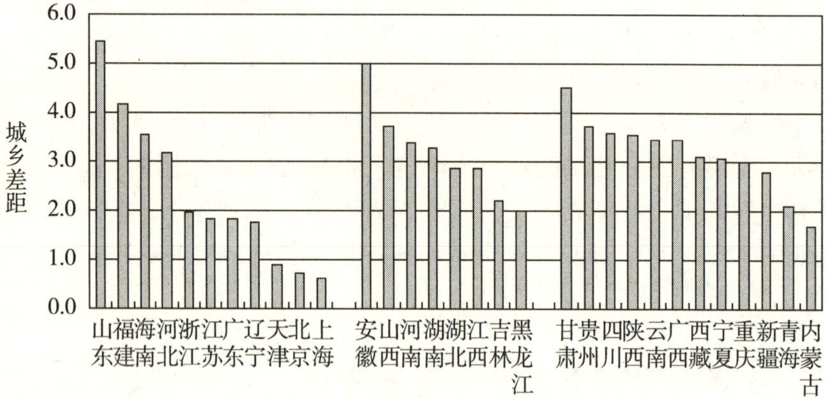

图 7－24　2006 年小学教职工人均年收入的城乡差距

专栏 7－8　宁夏将实行城乡教师统一工资制度

记者今天从宁夏回族自治区教育厅获悉，自治区发布新制定的《关于义务教育均衡发展行动计划》中明确规定，宁夏将逐步实行城乡教师统一的工资制度，使城乡中小学教师同工同酬，待遇一致。

据了解，宁夏农村教师的工资水平虽然有所提高，但与城市教师的收入差距越来越大。有些地区由于财政问题，长期不能给教师调整工资收入。加上农村教师没有其他福利，与城市教师收入差距明显，农村教师生活水平较差。

宁夏教育厅厅长蔡国英介绍说，为了保护农村教师的积极性，今后长期在农村任教的教师可以得到一定的生活交通等补贴。宁夏从今年起将逐步实行城乡教师相统一的工资制度，这是宁夏新出台的义务教育均衡发展计划中重要的一条。

摘自：陈晓东．宁夏将实行城乡教师统一工资制度　长期在农村任教可获生活交通等补贴[N]．中国教育报，2007－09－18（1）．

初中教职工人均年收入的地区差距有所扩大。这一指标 2002 年地区平均城镇初中是农村的 1.54 倍，2006 年，扩大到 1.74 倍。中部地区城乡差距最大，城镇初中是农村的 2.13 倍。福建、山东、安徽和湖南 4 省这一指标的城乡差距超过 3∶1。与 2002 年比较，有 18 个省份初中教职工人均年收入的城乡差距有不同程度的扩大，其中福建从 2002 年的 0.85∶1 扩大到 3.99∶1。

二、多数省份教职工人均年收入的县际差距呈进一步扩大的态势

教职工人均年收入是教师基本生活的重要保障。如果各地教职工的收入差距太大，将不利于教师队伍的稳定。2006 年，我国小学教职工人均年收入的县际差距地区平均为 2.09：1，东部地区平均最高，为 2.29：1。江苏、山东、广东 3 个东部经济较为发达的省份这一指标的县际差距最大，超过 2.5：1，最高的广东为 4.89：1。

与 2002 年比较，大部分地区的县际差距有所扩大。2002 年，小学教职工人均年收入的县际差距为 1.97：1，2006 年，扩大到 2.09：1。全国有三分之二的省份小学这一指标的县际差距有不同程度的扩大，广西、重庆、贵州、甘肃和新疆 5 个西部省（市、自治区）这一指标的县际差距比 2002 年扩大了 40 个百分点以上。

2006 年，全国还有 327 个县小学教职工的人均年收入低于 12 000 元，占县总数的 10.14%，其中河南有 36.2% 的县低于这一水平，陕西有 24.6% 的县低于这一水平。

初中教职工人均年收入的县际差距大于小学。2006 年，我国初中教职工人均年收入的县际差距地区平均为 2.23：1，东部地区平均最高，为 2.37：1。山东、广东这一指标的县际差距最大，分别为 3.17：1 和 4.80：1。

与 2002 年比较，大部分地区的初中这一指标的县际差距有所扩大。2002 年，初中教职工人均年收入的县际差距为 2.03：1，2006 年，扩大到 2.23：1。全国有 21 个省（直辖市、自治区）初中这一指标的县际差距有不同程度的扩大，福建、广东、甘肃、青海和新疆 5 个省份这一指标的县际差距比 2002 年扩大了 50 个百分点以上，广东最为明显，从 2002 年的 3.5：1扩大到 4.8：1。2002 年，初中教职工人均年收入的县际差距大于 2：1的省份有 15 个，而 2006 年增加到 20 个，县际差距不断扩大。

如果以 2006 年我国初中教职工人均年收入水平和省内县际差距程度地区平均（全国初中教职工人均年收入为 19 497 元，省内县际差距地区平均为 2.23：1）为基准，全国 31 个省份可划分为四类地区，第一类地区为收入水平和县际差距双高型，包括广东、江苏等 5 个省份；第二类地区为低收入高差距类型，包括黑龙江、山东等 8 个省份；第三类地区为收入水平和县

际差距双低型，包括安徽、内蒙古等9个省份；第四类地区为高收入低差距类型，包括上海、浙江等9个省份。其中第二类地区，除山东外都属于中西部地区，这些收入水平低而且差距又大的中西部省份需要引起高度关注。

表7－10　2006年初中教职工人均年收入水平和县际差距概况

分　档	低收入水平（<19 497元）	高收入水平（>19 497元）
高差距（>2.23：1）	象限2：黑龙江、山东、吉林、甘肃、广西、重庆、四川、河南	象限1：广东、江苏、青海、福建、辽宁
低差距（<2.23：1）	象限3：安徽、内蒙古、山西、河北、贵州、湖北、江西、湖南、陕西	象限4：上海、浙江、北京、西藏、天津、云南、海南、新疆、宁夏

第八章

各地义务教育办学条件基本状况

义务教育学校的校舍、仪器设备等基本办学条件是保证学校正常运转、提高教学质量的重要保障之一，也是义务教育法规的基本要求。义务教育学校的校舍、仪器设备等教育资源在城乡之间和县域之间的配置是否均衡，是衡量教育公平的重要方面。本章将主要从义务教育阶段学校生均校舍建筑面积、生均仪器设备值、建网学校比例、每百名学生拥有计算机台数、大班额等5个办学条件指标，考察各省省内城乡之间、县际之间差异程度的发展变化情况，进而分析和评价校舍、仪器设备等在城乡之间和县际之间配置的均衡程度，客观反映教育公平的实施情况。

党和政府围绕促进义务教育公平，实施了多项重大工程举措，如“国家贫困地区义务教育工程（二期）”“农村中小学危房改造工程”“农村中小学现代远程教育工程”“农村寄宿制学校建设工程”“农村义务教育保障新机制”等，农村校舍面积大量增加，危房大量拆除，农村中小学生均校舍面积大幅增加，与城市的差距越来越小，农村中小学信息化水平也有较大提高，建网学校比例、每百名学生拥有计算机台数均有所增加，有效改善了农村教育的办学条件，缩小了义务教育办学条件的城乡、县际差距。

通过对2002年、2006年各省份办学条件的区域、城乡差距及其变化情况进行分析比较，发现：从办学条件在省域内县与县之间的配置来看，与2002年比较，除建网学校比例这个指标外，生均校舍建筑面积、生均仪器设备值、每百名学生拥有计算机台数3项指标多数省份的县际差距都逐年缩小。

然而，由于历史及现实的原因，各省省内城乡之间、不同地区之间办学条件仍然存在相当差距。不仅西部多数省份存在较大的省内差异，东部一些发达省份也存在较大的县际差距。如，农村校舍在结构与质量方面，与城市就存在较大差距；仍有相当数量的省份，其农村地区，部分经济欠发达、财政困难的县市小学、初中生均仪器设备值明显偏低；还有部分县市不仅小学、初中建网学校比例为0，而且每百名学生拥有计算机台数也为0；多数省份还存在比较严重的大班额现象，尤其是在县镇地区。办学条件的城乡差距、县际差距过大，不仅难以保证薄弱地区的教育教学质量，而且加剧了人民群众对优质教育资源的需求与教育供给之间的矛盾，不利于教育公平。

第一节 生均校舍面积

国家相继启动和实施的“国家贫困地区义务教育工程（二期）”“农村中小学危房改造工程”“西部地区农村寄宿制学校建设工程”等一系列支持农村教育发展的重大工程项目，极大地改善了农村教育的办学条件，使农村学校校舍面积大幅增加，危房面积大幅减少，危房比例迅速下降，农村中小学生均校舍面积大幅增加，与城市的差距逐年缩小，大部分省市农村中小学生均校舍面积甚至高于城市地区。但有部分省份由于流动人口大量涌向城市，城市学校扩容压力巨大，大班额现象较为严重，导致城市生均校舍面积偏低。另外，在校舍的质量与结构方面，农村和城市之间仍然存在较大差距。

一、多数省份义务教育生均校舍面积的城乡差距已较小

（一）农村生均校舍面积增加较快，城乡差距缩小

2006 年，我国农村小学生均校舍面积达到 5.51 平方米，比 2002 年增加 0.84 平方米；农村初中生均校舍面积达到 6.4 平方米，比 2002 年增加 1.63 平方米。

2002—2006 年间，由于农村中小学生均校舍面积增长速度远远快于城市，城乡差距缩小。2002 年，19 个省份城市小学生均校舍面积高于农村，到 2006 年，减少到 10 个；初中城市生均校舍面积高于农村的省份 2002 年有 16 个，2006 年减少为 11 个。

专栏 8-1 教育部、国家发展改革委、财政部共同出台“寄宿制”工程实施方案

2004 年 2 月 19 日，教育部、国家发展改革委、财政部共同出台《西部地区农村寄宿制学校建设工程实施方案》，决定从 2004 年起，用四年左右时间，由中央投入 100 亿元专项资金，在中西部地区 953 个县（主要是 2002

年尚未实现“两基”的469个县）启动实施“寄宿制工程”。新建、改扩建一批以农村初中为主的寄宿制学校，解决好西部未“普九”地区新增130万初中学生和20万小学生最基本的学习、生活条件。

2004—2007年间，“寄宿制工程”共批复项目学校8 363所，其中初中有5 413所，小学有2 950所。“寄宿制工程”的实施为中西部农村新增校舍面积1 509.1万平方米，其中西部1 237.4平方米，中部271.7万平方米，极大地改善了农村学校办学条件。410个攻坚县新增校舍面积1 078万平方米，小学生均校舍面积从2003年的4.29平方米增加至2007年的5.15平方米，初中生从4.55平方米增加到6.3平方米，满足了208.5万新增学生的就学需求（比原预计的150万超出58.5万人）和222.6万新增寄宿生的寄宿需求。

摘自：国家西部地区“两基”攻坚领导办公室．民生之本 强国之基 西部地区“两基”攻坚报告［M］．北京：人民教育出版社，2008：23.

（二）尽管目前全国三分之二的省份农村中小学生均校舍面积高于城市，但校舍的结构与质量还远不如城市

2006年，除部分东部省份外，大多数省份农村生均校舍面积均高于城市。2006年，全国有21个省（市、自治区）农村小学生均校舍面积高于城市，其中福建、湖南、陕西、广西等省（自治区），农村比城市高出1平方米以上。有20个农村初中生均校舍面积高于城市，其中北京、湖南、江西、内蒙古、青海和山西6省（市、自治区）农村比城市高出2平方米以上。

部分省份城市中小学生均校舍面积高于农村。这一方面是由于中小学校布局结构调整之后，部分农村地区受地理环境的因素影响，仍需要保留或新建中小学校，而通过国家各项工程援助新建或改扩建的中小学校，大大增加了农村地区的校舍供应量；另一方面则是，随着大量农村劳动力外出到城镇就业，其随行子女亦大量流向城镇学校所致。

尽管经过多项工程的改造与扩建，农村校舍面积大幅增加，危房面积大幅减少，多数省份农村中小学生均校舍面积已经高于城市，但是就校舍的结构和质量而言，农村还是远不如城市。农村中小学校舍建筑50%以上为砖混结构，框架结构比例为10%左右，还有较高比例的砖木和土木结构；而城市则95%以上为框架或砖混结构。2006年，我国小学校舍建筑面积中框架结构比例城市为34.43%，农村为8.59%，城市比农村高26个百分点，

有9个省份城乡差距大于30个百分点，其中海南和福建超过50个百分点；初中校舍建筑面积中框架结构比例城市为38.28%，农村为10.17%，城市比农村高28个百分点，海南、福建、四川、安徽和江西5个省份城乡差距大于30个百分点。

专栏8-2　福建改造3 760所学校危房　危改工程成绩显著

2007年，福建全省完成对3 760所项目校的危房改造任务，新建校舍建筑面积406.9万平方米。其中，第一期项目校1 342个，新建校舍建筑面积145.5万平方米，按实际施工期，于2003年全部竣工交付使用。第二期项目校2 018个，新建校舍建筑面积261.4万平方米，按实际施工期，绝大部分在2006年竣工交付使用，少数项目校在2007年扫尾。基本消除了全省2003年年底中小学危房项目库中的危房面积302.2万平方米。其中D级危房面积242.7万平方米，拆除新建；C级危房面积44.5万平方米、B级危房面积15万平方米，分别进行维修加固或改造，保障了师生的生命和财产安全。全省多渠道筹措危改资金27.7亿元。其中：中央专款补助1.6亿元。省级财政拨款4.3亿元，市、县财政投入8亿元，其他自筹资金13.84亿元。

摘自：林芹. 福建改造3 760所学校危房　危改工程成绩显著［EB/OL］.（2007—11—06）［2009-11-25］. http：//news. fznews. com. cn/dsxw/2007-11-6/200711682N-2P8dYY161454. shtml.

（三）部分省份不仅县镇地区中小学校舍紧张，其城市中小学校舍也很紧张

目前，部分省份由于大量流动人口涌向城市，导致城市学校压力过大，大班额现象严重，城市中小学生均校舍面积已经偏低，急需得到改善。如，新疆、宁夏、甘肃、青海等省（自治区），其城市小学生均校舍建筑面积不仅低于农村，甚至不足4平方米。青海、甘肃、陕西、四川、安徽等省（自治区），其城市初中生均校舍建筑面积亦不足4平方米，其中青海仅有2.36平方米，校舍紧张程度可见一斑。

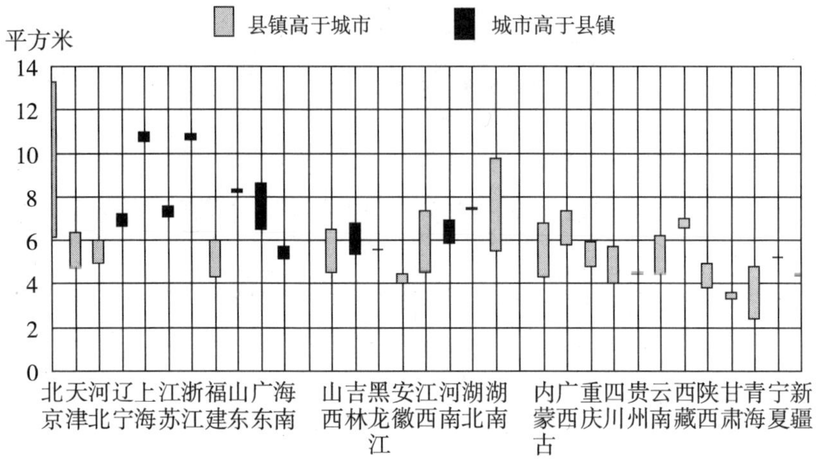

图8－1　2006年各地区初中生均校舍面积城乡差距比较

二、多数省份生均校舍面积的县际差距缩小较为明显

（一）全国一半以上省份小学生均校舍面积的县际差距缩小

各省小学生均校舍建筑面积低于3平方米县数占各省总县数的比例，全国有16个省份。2006年，该比例比2002年明显减少，有12个省份该比例为0，比2002年增加了2个省份。2006年，全国有29个省份小学生均校舍建筑面积高于7平方米县数所占比例，比2002年有所增加。这不仅反映了各省小学生均校舍面积的提高，也反映了县际差距有所缩小。其中，安徽、江苏、新疆等省（自治区），生均校舍面积低水平的县数比例减少较快，而生均校舍面积高水平的县数比例增加较快，县际差距减小明显。

（二）各省份初中生均校舍面积的县际差距缩小幅度高于小学

相比小学，各省份初中生均校舍面积的县际差距缩小更为显著。2006年，初中生均校舍建筑面积低于3平方米县数所占比例，有23个省份比2002年明显减少；有28个省份生均校舍建筑面积高于9平方米县数所占比例，比2002年明显增加。其中，贵州、宁夏、青海、甘肃等省（自治区）生均校舍面积低水平的县数比例减少较快；新疆、黑龙江、江苏、吉林、江西等省（自治区），不仅生均校舍面积低水平的县数比例减小较快，同时生均校舍面积高水平的县数比例增加较快，县际差距明显减小。

专栏8-3 教育优先发展战略地位不断得到加强和落实，办学条件不断改善

“最近5年，我国的办学条件得到了根本改善，变化可以用天翻地覆来形容。”回首过去，宁夏回族自治区隆德县教育局基教股股长张文瑞，这位在六盘山深处干了几十年教育的同志，颇多感慨：这些年，政府确实是给教育投了大钱。“5年前我们的条件，说来你可能感到奇怪，像电安中学，直到2004年危房率还是100%，房子都是20世纪70年代用杨木椽子支撑起来的土坯房，破旧不堪。”张文瑞说那时坐在教室里可以看到天，外面下大雨、里面下小雨，学校穷得连厕所都没有，就用麻布片遮起来当厕所用。电安中学的简陋并不是个案，据统计，隆德全县2003年小学危房率是15%，初中是36%。不少山区学校没有围墙、没有大门，实验设备基本没有。

“从2003年开始，政府开始大规模投钱了，先是‘二期义教工程’的933万元，接着‘二期危改工程’资金下来了575万元。‘农村寄宿制工程’是大头，加上县里的配套资金一共2 200万元。”张文瑞说，之前还真没见过这么多钱，从来都是感觉极度缺钱。有了钱，隆德的教育发展变得血脉畅通。张文瑞介绍，这几年全县兴建、改建、扩建校舍86 000多平方米，购置配发近400万元的图书设备，还为全县配备桌椅板凳1万余套。“现在的孩子坐在明亮的教室里上课，上学不用交杂费，几年前真是不敢想。”

正如张文瑞的感觉，过去的5年是教育优先发展的5年。国家和各级政府拿出了大笔资金，用于教育发展，谱写了教育发展的新篇章。“过去5年，本届政府在农村义务教育上一年一大步，每年都有新亮点。”教育部基教司司长姜沛民说。2004年，国家投入100亿元实施农村寄宿制学校建设工程、投入60亿元实施新一轮危房改造工程、投入100亿元实施农村现代远程教育工程，每一笔都是巨额投入。而随后推出的“两免一补”政策和逐步建立到位的农村义务教育经费保障机制，也正是在国家巨额财政保障下实施的。

摘自：王友文．教育优先发展战略地位不断得到加强和落实［N］．中国教育报，2008－03－05（2）．

第二节 生均教学仪器设备值

在中央和各级地方政府的积极努力下，我国义务教育投入增长，办学条件改善，生均仪器设备值不断增长。2002—2006年间，除部分中西部省份外，大多数省份小学、初中生均仪器设备值都有所增加，省内城乡差距和县际差距也有所减小。不过，全国仍有相当数量的省份，其农村、县市小学、初中生均仪器设备值明显偏低，省内城乡差距、县际差距仍然较大。

一、多数省份生均仪器设备值的城乡差距有所缩小，部分省份农村生均仪器设备值水平依然较低

（一）小学和初中生均仪器设备值的城乡差距缩小

2006年，我国小学生均仪器设备值城乡倍率地区平均为2.57∶1，比2002年的3.27∶1有所缩小。全国有16个省份省内城乡差距缩小，其中广东、山西、福建、宁夏、西藏等省（自治区）城乡差距大幅缩小，均缩小3倍以上。

分省而言，广东省小学生均仪器设备值的城乡差距缩小最为明显，2006年，广东小学生均仪器设备值城市为1 400元，农村为414元，二者相差3.38倍，比2002年缩小11.99倍。其次为山西，其小学生均仪器设备值的城乡差距也从2002年的6.84倍缩小到2006年的1.32倍。

2006年，我国初中生均仪器设备值城乡倍率地区平均为1.62∶1，比2002年的2.65∶1缩小1.03倍。全国有17个省份省内城乡差距缩小，其中青海、山西、贵州、四川等省城乡差距缩小较为明显，城乡倍率均缩小2倍以上。

专栏8-4 实施农村中小学现代远程教育工程，不断提高农村教育信息化水平

经国务院批准，2003—2007年，我国实施了农村中小学现代远程教育工程。这项工程动用百亿资金，用5年的时间，为全国农村教学点、农村小学和农村初中分别配备教学光盘辅助设备，卫星教学收视设备和计算机教

室，让亿万农村学生能够与城市学生同在蓝天下，共享优质资源。

在过去的5年间，遍及全国农村学校的远程教育网络基本形成，配备教学光盘设备35万余套、卫星教学收视系统19万余套、计算机教室和多媒体设备3.5万余套，优质教育资源走进9万多个农村教学点、18.6万多所农村小学、3.4万所农村初中，1亿多名农村中小学生通过教育信息化接受到良好的教育。

摘自：柴葳．坚持以科学发展观统领教育事业改革发展这五年，教育发展又好又快［N］．中国教育报，2008－03－04（2）．

（二）部分省份农村生均仪器设备值水平较低，城乡差距依然较大

尽管大多数省份小学、初中生均仪器设备值水平有所提高，城乡差距有所缩小，但仍有部分省份农村水平依然较低，城乡差距仍然较大。

从2006年各地区小学生均仪器设备值城乡差异图可以看出，除北京外，其余省份均是城市高于农村，但是多数中西部省份及东部的河北、福建等省份，其城、乡小学生均仪器设备值水平都很低（小于500元）。

值得注意的是，广东、吉林、湖南、重庆等省（市），其小学生均仪器设备值不仅城乡差距较大，而且其农村水平较低。如，吉林城市为1 619元，农村仅为308元，城乡差值达1 311元；重庆城市为946元，农村仅为238元，城乡差值达708元；贵州农村最低仅为92元，城市为288元，城乡差值也达到196元。

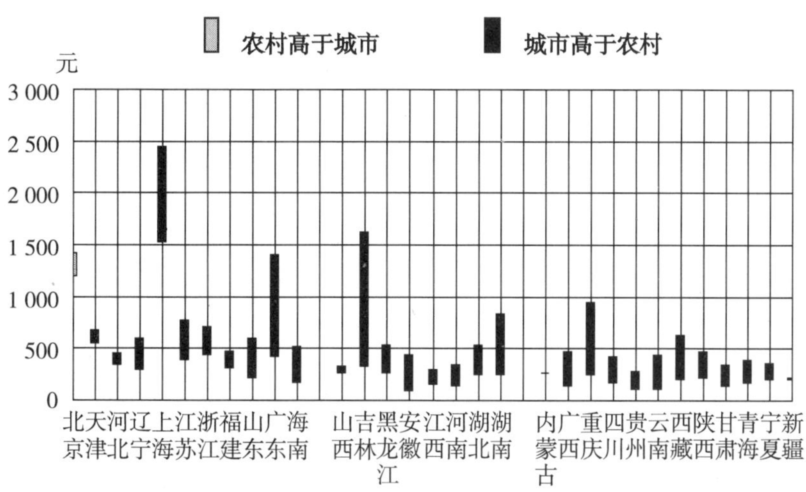

图8－2　2006年各地区小学生均仪器设备值城乡差距比较

初中的情况与小学类似，除北京、海南、湖南、内蒙古、西藏和青海外，其余省份均是城市高于农村，但是多数中西部省份及东部的河北省，其城、乡初中生均仪器设备值水平都很低（小于500元）。但是相对小学而言，中西部省份初中生均仪器设备值的城乡差距较小，相反，广东、上海、北京等东部省市城乡差距较大，广东尤为明显，而且广东农村该值较低，仅为475元，比城市低1 117元；上海农村也比城市低877元。

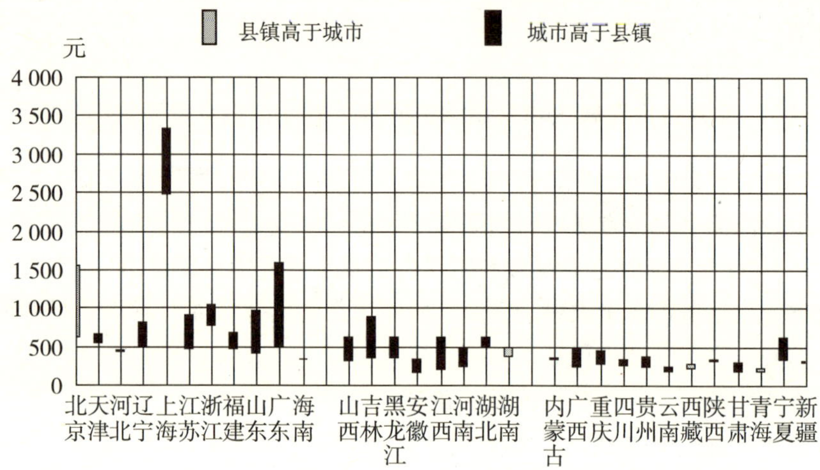

图8－3　2006年各地区初中生均仪器设备值城乡差距比较

二、多数省份生均仪器设备值县际差距缩小明显，中西部地区多数省份处于低水平高差异状态

（一）各省份生均仪器设备值水平提高，县际差距明显缩小，三分之二的省份生均仪器设备值的基尼系数值降低

基尼系数常被用来衡量一个国家或地区社会贫富差距的程度，本书借用基尼系数的算法，计算各省指标值的基尼系数，以此评价各省该指标的公平程度。

从以下小学、初中生均仪器设备值县际差异（基尼系数）的散点图可以看出，2002年散点图比较分散，到了2006年，散点图向中间集中并且向右向下移动，这不仅说明小学、初中生均仪器设备值逐年增长，而且表明县际差距逐步缩小，不同省份之间的差距也在缩小。

小学生均仪器设备值的基尼系数大于0.4的省份，2002年有23个，2006年减少到10个；但其中西藏、湖南、安徽、山西、江西、青海、山东7个省（自治区）不仅基尼系数较高，而且生均仪器设备值水平较低。

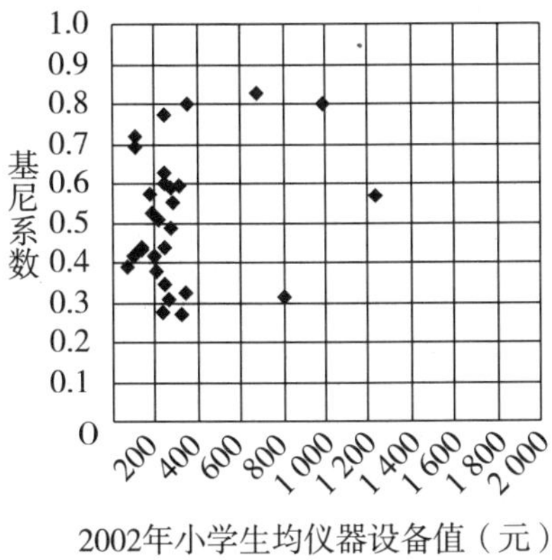

图8－4　2002年小学生均仪器设备值县际差异（基尼系数）散点图

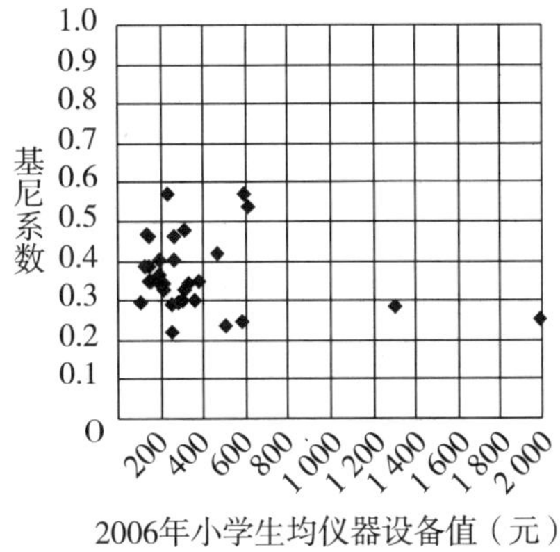

图8－5　2006年小学生均仪器设备值县际差异（基尼系数）散点图

初中生均仪器设备值的基尼系数大于0.4的省，2002年有16个，2006年减少到10个；但其中西藏、福建、新疆、江西、吉林、山西等6个省（自治区）不仅基尼系数较高，而且生均仪器设备值水平较低。

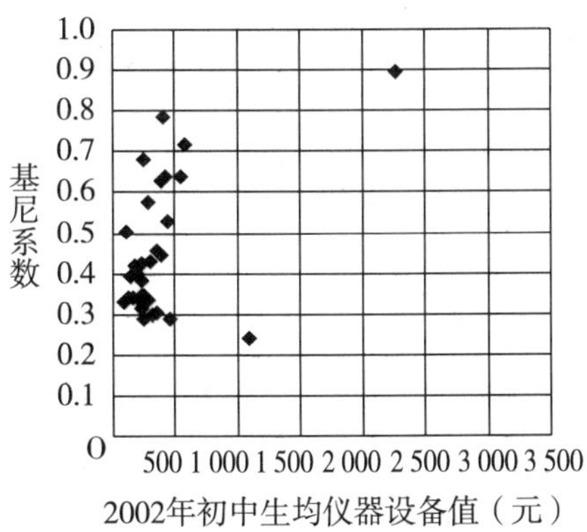

图8－6　2002年初中生均仪器设备值县际差异（基尼系数）散点图

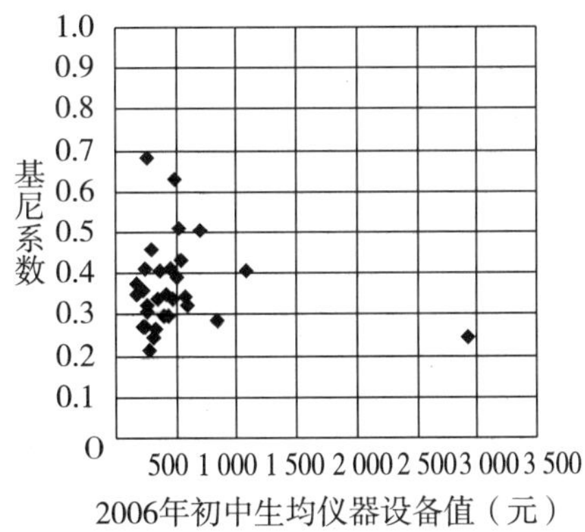

图8－7　2006年初中生均仪器设备值县际差异（基尼系数）散点图

（二）生均仪器设备值县际差距明显缩小，低水平县的增速快于高水平县

2002—2006年，全国所有省区的最低20%县小学生均仪器设备值均呈

上升趋势，平均增长94.07%，有9个省份增长了1倍以上，其中上海、陕西、广东和贵州增长了1.5倍以上。而全国所有省区的最高20%县小学生均仪器设备值则呈下降趋势，平均下降24.88%，有18个省区同比下降，其中江西、甘肃、吉林、河南、新疆和贵州6省区下降了50%以上。这表明在底部抬高的同时，高低的差异缩小了。

从最高20%组与最低20%组生均指标的平均值之比来看，省内县际差异也明显缩小了。

与2002年相比，2006年，全国有26个省份的小学生均仪器设备值的县际差距呈缩小态势，各地平均由19.55：1缩小到7.9：1①。其中甘肃的县际差距由62：1缩小到8：1，广东由65：1缩小到12：1，吉林由61：1缩小到16：1，江西由56：1缩小到10：1。但值得注意的是，青海、安徽、黑龙江和辽宁4省，小学生均仪器设备值的县际差距有所拉大，其中青海不仅为我国小学生均仪器设备值县际差距最大的省，并且县际差距拉大幅度也最高，从2002年的20：1扩大到2006年的30：1。

表8－1　部分地区省内小学生均仪器设备值的差距缩小情况

地　区	最高20%县的平均值（元）		最低20%县的平均值（元）		20%县倍率		
	2002年	2006年	2002年	2006年	2002年	2006年	2006年比2002年增减
地区平均	1 221	917	71	137	19.55	7.90	－11.64
甘肃	1 539	418	25	50	62.21	8.35	－53.86
广东	3 106	1 707	48	137	65.36	12.42	－52.94
吉林	7 574	2 731	123	176	61.48	15.51	－45.97
江西	2 495	505	45	49	55.54	10.30	－45.24
贵州	504	220	19	50	26.06	4.45	－21.61
北京	3 818	2 344	148	368	25.78	6.37	－19.41
新疆	1 171	509	50	56	23.62	9.11	－14.51
江苏	1 444	1 213	65	158	22.06	7.66	－14.40
河南	947	389	47	64	20.07	6.10	－13.97

与2002年相比，2006年全国有17个省份的初中生均仪器设备值的县

① 此处地区平均值不包括西藏，因西藏最低20%县小学生均仪器设备值均为0，不符合数据计算要求。

际差距呈缩小态势，各地平均由 58. 58 : 1 缩小到 8. 79 : 1[①]。其中青海、甘肃、陕西、吉林、贵州等省的 20% 倍率值明显缩小，显示其省内差距明显减小。

表 8-2 部分地区省内初中生均仪器设备值的差距缩小情况

地 区	最高 20% 县的平均值（元）		最低 20% 县的平均值（元）		20% 县倍率		
	2002 年	2006 年	2002 年	2006 年	2002 年	2006 年	2006 年比 2002 年增减
地区平均	869	1 197	88	174	58. 58	8. 79	-49. 78
青海	2 451	545	2	17	1 404. 60	32. 88	-1 371. 70
甘肃	1 768	465	26	59	67. 69	7. 90	-59. 79
陕西	1 106	547	54	158	20. 49	3. 46	-17. 03
吉林	2 699	1 316	121	176	22. 37	7. 47	-14. 90
贵州	267	441	17	113	15. 97	3. 89	-12. 08
新疆	875	879	28	42	31. 26	21. 08	-10. 18
山西	1 344	846	74	95	18. 13	8. 91	-9. 22
宁夏	494	743	39	184	12. 75	4. 03	-8. 72
北京	1 093	2 303	72	330	15. 25	6. 97	-8. 28
河北	1 732	891	134	179	12. 95	4. 97	-7. 98

（三）生均仪器设备值水平与县际差距的地区分布，中西部地区多数省份属于低水平高差异型

如果以 2006 年我国小学生均仪器设备值水平和省内县际差异程度地区平均（全国小学生均仪器设备值为 371. 92 元，省内县际差异地区平均为 7. 9 : 1）为基准，全国 31 个省（市、自治区）可划分为四类地区。

第一类地区为生均水平和县际差异双高型，仅包括吉林和广东两个省份；第二类地区为低生均高差异类型，包括青海、安徽、湖南等 9 个省份；第三类地区为生均水平和县际差异双低型，包括广西、云南、四川等 14 个省（自治区）；第四类地区为高生均低差异类型，包括北京、上海等 6 个省市。

① 此处地区平均值不包括西藏和海南。

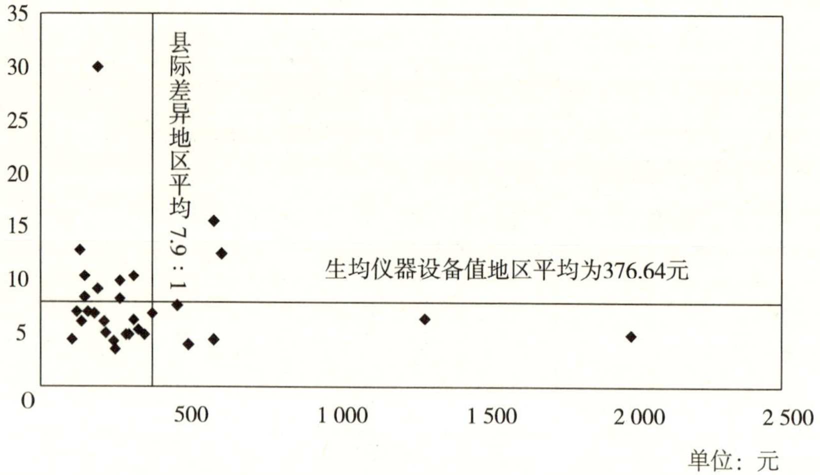

图 8-8　2006 年我国小学生均仪器设备值水平和县际差异地区分布

其中，第二类地区中的 9 个省份，除山东外，均为中西部省份，这需要引起中央和相应地方政府的高度关注，对这些地区加大中央和地方政府的财政转移支付力度，以提高这些地区的办学条件和内部均衡程度。

表 8-3　2006 年小学生均仪器设备值水平和县际差异概况

分　档	低生均水平（<371.92 元）	高生均水平（>371.92 元）
高差异（>7.9∶1）	象限 2： 青海、湖南、安徽、江西、山西、新疆、甘肃、山东、西藏	象限 1： 吉林、广东
低差异（<7.9∶1）	象限 3： 广西、云南、四川、黑龙江、河南、海南、福建、宁夏、河北、重庆、湖北、贵州、陕西、内蒙古	象限 4： 江苏、辽宁、北京、上海、天津、浙江

第三节　每百名学生拥有计算机台数

2002—2006 年间，各省小学、初中每百名学生拥有计算机台数都有所增加，并且大多数省份该指标值的城乡差距有较明显缩小，县际差距也有明显缩小，省内均衡度有所提高。但不可否认的是，还有部分省份的农村、部分县市，办学信息化水平还很低，拥有计算机台数少。截至2006年，全国有近一半省份的农村小学每百人拥有计算机台数依然低于3台、初中低于5台；还有13个省份，其最低20%县的小学每百人拥有计算机台数不足1台，有10个省份最低20%县的初中每百人拥有计算机台数不足2台。

一、绝大多数省份每百名学生拥有计算机台数的城乡差距缩小明显

（一）绝大多数省份小学每百名学生拥有计算机台数的城乡差距明显缩小

2006年，我国小学每百名学生拥有计算机台数的城乡倍率为2.42∶1，比2002年的3.39∶1有所缩小。

全国除湖北、重庆之外，其余29个省份省内城乡差距有所缩小，其中西藏、云南、安徽、陕西、青海、贵州、广西等中西部省（自治区）的城乡差距缩小幅度较大，均超过2倍。如，云南2002年城乡倍率为10.73∶1，2006年为5.07∶1，整整缩小了5.65倍。

相对中西部而言，东部各省城乡差距缩小的幅度不大，这与其整体上计算机拥有量较高、城乡差距不大相关。

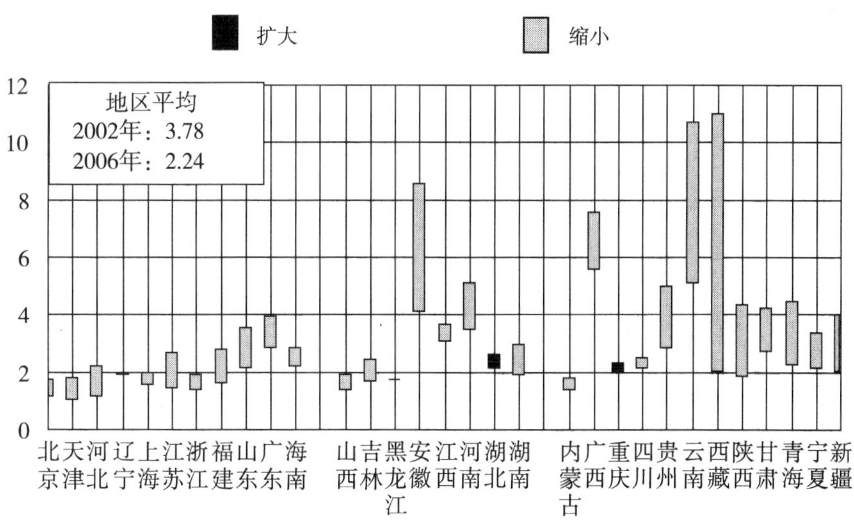

图8-9 2002—2006年各地区小学每百名学生拥有计算机台数的城乡差距（倍率）变化

（二）各省初中每百名学生拥有计算机台数的城乡差距均明显缩小

初中每百名学生拥有计算机台数的城乡差距，全国所有省份都在缩小。2006年，各地区平均为1.29：1，而2002年该值为1.99：1。安徽、贵州、海南、宁夏、西藏、新疆、云南和青海8个省（自治区）城乡差距缩小了1倍以上。

分省而言，城乡差距缩小幅度最大的是安徽，2006年安徽初中每百名学生拥有计算机台数城市为5.18台，农村为3.41台，二者相差1.52倍，而2002年城乡相差4.03倍，4年缩小2.51倍；其次为贵州，其初中每百名学生拥有计算机台数的城乡差距也从2002年的3.52倍缩小到2006年的1.21倍。

表8－4　部分地区初中每百名学生拥有计算机台数的城乡差距缩小情况（台）

地　区	城　市		农　村		城乡差距（倍率）		
	2002年	2006年	2002年	2006年	2002年	2006年	2006年比2002年增减
安徽	3.14	5.18	0.78	3.41	4.03	1.52	－2.51
贵州	3.98	4.98	1.13	4.11	3.52	1.21	－2.31
海南	5.48	4.44	1.57	3.62	3.49	1.23	－2.26
宁夏	7.17	7.89	2.66	6.06	2.70	1.30	－1.39
西藏	3.93	4.71	1.00	1.75	3.93	2.69	－1.24
新疆	2.80	4.78	1.32	4.86	2.12	0.98	－1.14
云南	1.72	4.47	0.63	2.76	2.73	1.62	－1.11
青海	2.58	3.28	1.59	6.30	1.62	0.52	－1.10

专栏8－5　架起通向外界的桥梁
——宁夏回族自治区“远程教育工程”实施情况

根据国家的整体部署，从2003年开始，自治区重点实施了农村中小学现代远程教育工程，同时整合了各种远程教育项目，加快构建遍及全区农村的远程教育网络。在工程实施中，自治区把工程实施作为促进城乡教育均衡发展，推动农村教育改革和发展，提高农村教学质量的一项重要工程来抓，在领导力量、机制创新、政府投入、措施配套、师资培训、应用效益等方面不断加大工作力度，确保了工程建设的顺利进行。截至2006年年底，自治区通过整合各种远程教育项目资源，累计资金总投入1.2亿元，全区农村中小学现代远程教育工程建设任务全面完成，共计建设教学光盘播放点3 568个、卫星教学收视点2 155个和农村初中计算机教室279个，中小学生每百人拥有计算机台数在西部12个省区位居第一，实现全区农村中小学全面覆盖，提前一年完成国家计划，构建了覆盖全区农村远程教育网络，在西部地区名列前茅。目前，我国已把工作重心转向工程“三种模式”应用阶段，着力抓提高农村现代远程教育应用水平。

通过实施农村中小学现代远程教育工程，大大加快推进了宁夏农村教育信息化建设，使宁夏教育信息化发展提前了5年。目前，全区中小学生机比由2002年的42∶1提高到19∶1，中小学生接受信息技术教育的普及率由2002年的不足30%已达到70%以上，有78万名农村中小学生和4万名农村教师正在受益。

摘自：国家西部地区“两基”攻坚领导小组办公室．民生之本　强国之基：西部地区“两基”攻坚报告［M］．北京：人民教育出版社，2008：157－159.

二、绝大多数省份的每百名学生计算机台数的县际差距有较为明显的缩小

（一）各省每百名学生拥有计算机台数增加，县际差距明显缩小

从以下每百名学生计算机台数的县际差异（基尼系数）的散点图可以看出，2002年，散点图集中在贴近Y轴的上方，到了2006年，散点图向右向下移动，这不仅说明小学、初中每百名学生拥有计算机台数逐年增加，而且说明省内县际差距逐步缩小，均衡度提高。

小学每百名学生拥有计算机台数的基尼系数大于0.4的省，2002年有19个，2006年减少到8个，其中云南、河南、广西和江西等4省（自治区），不仅基尼系数较高（高于0.4），而且每百名学生拥有计算机台数水平较低（低于2台）。

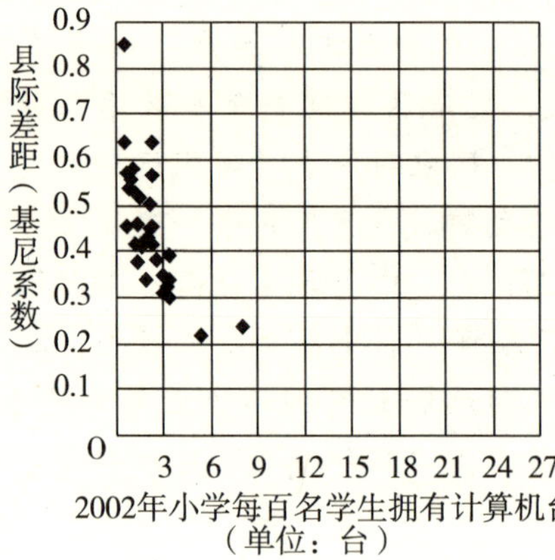

图 8-10　2002 年小学每百名学生拥有计算机台数县际差距（基尼系数）散点图

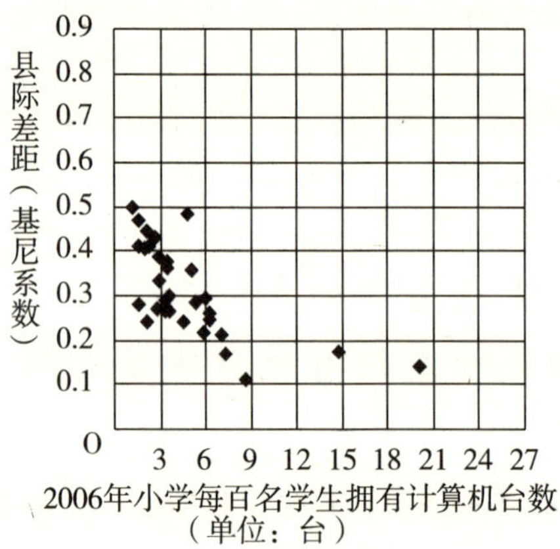

图 8-11　2006 年小学每百名学生拥有计算机台数县际差距（基尼系数）散点图

初中每百名学生拥有计算机台数的基尼系数大于 0.4 的省份，2002 年有 8 个，2006 年减少到 2 个；其中西藏和云南两省（自治区），不仅基尼系数较高（高于 0.4），而且每百名学生拥有计算机台数水平较低（低于 3 台）。

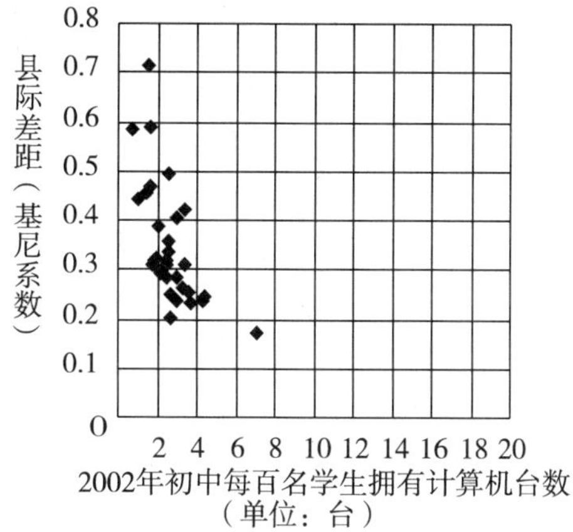

图 8－12　2002 年初中每百名学生拥有计算机台数县际差距（基尼系数）散点图

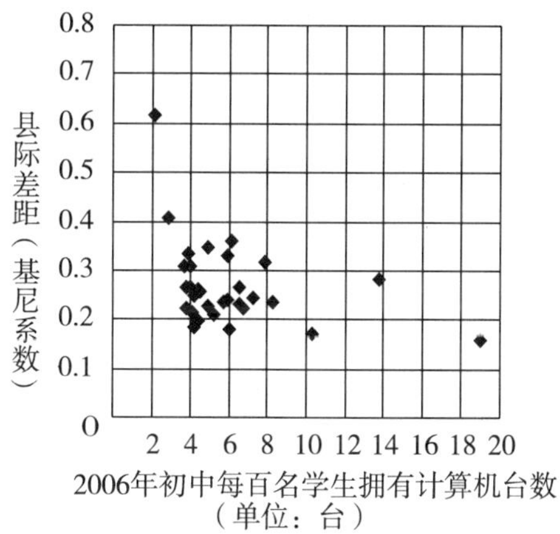

图 8－13　2006 年初中每百名学生拥有计算机台数县际差距（基尼系数）散点图

（二）以 20%倍率衡量，每百名学生拥有计算机台数的县际间极差显著缩小

与 2002 年相比，2006 年全国 29 个省份[①]，每百名学生拥有计算机台数的县际差距（极差）都在缩小，各地 20% 倍率（各省最高 20% 县平均值与最低 20% 县平均值之比）小学平均由 16.90：1 缩小到 6.27：1，初中平均由 10.92：1 缩小到 4.53：1。

① 此处不包括青海和西藏，因其 2002 年数据异常，故计算时予以剔除。

分省而言，甘肃、广东、云南等省，县际极差缩小更为显著，其小学缩小二十分之一倍、初中缩小十分之一以上。如，甘肃 2006 年 20% 倍率小学为 8.92∶1，初中为 8.12∶1，4 年间差距分别缩小四十八分之一和三十六分之一。广东 2006 年 20% 倍率小学为 9.62∶1，初中为 5.44∶1，4 年间差距分别缩小二十四分之一和十一分之一。云南小学和初中的 20% 倍率值则分别缩小二十三分之一和六十三分之一，尽管云南信息化水平取得了很大进步，但其现实的中小学校信息化水平仍然很低，2006 年云南 129 个县中，有 72 个县小学每百名学生拥有计算机台数低于 1 台，占其总县数的 55.81%；有 48 个县初中每百名学生拥有计算机台数低于 2 台，占其总县数的 37.21%。

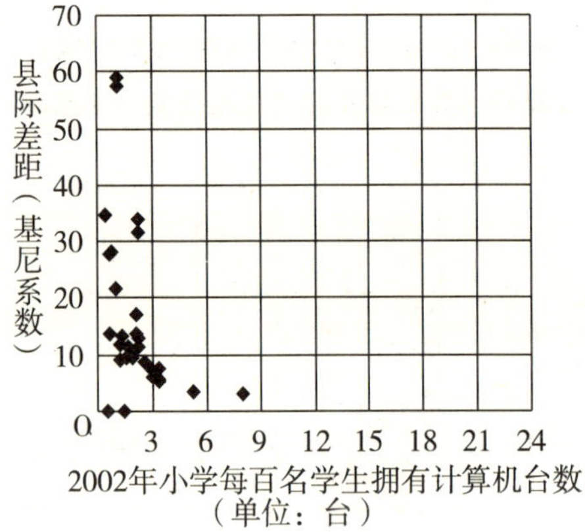

图 8－14　2002 年小学每百名学生拥有计算机台数县际差距（20%倍率）散点图

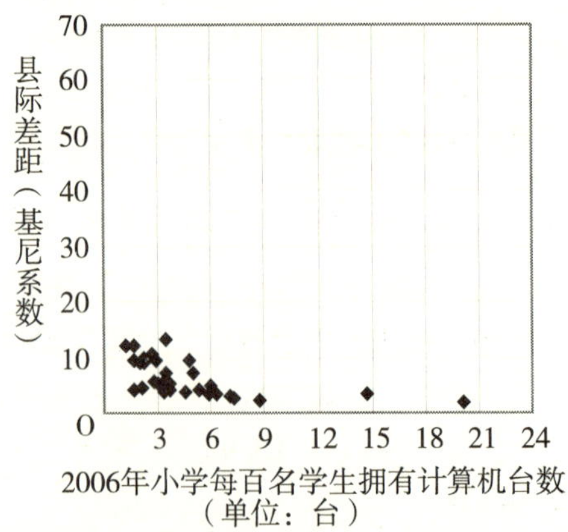

图 8－15　2006 年小学每百名学生拥有计算机台数县际差距（20%倍率）散点图

从小学、初中每百名学生拥有计算机台数县际差异（20%倍率）散点图也可以看出各省份县际差异趋势缩小的明显变化。散点图由贴近Y轴转向贴近X轴，表明2002—2006年间，每百名学生拥有计算机台数数量增加，同时县际之间极差缩小。小学每百名学生拥有计算机台数的县际差异高于10倍的省，2002年有16个，2006年减少到4个；初中高于10倍的省，也从2002年的6个减少到2006年的1个。

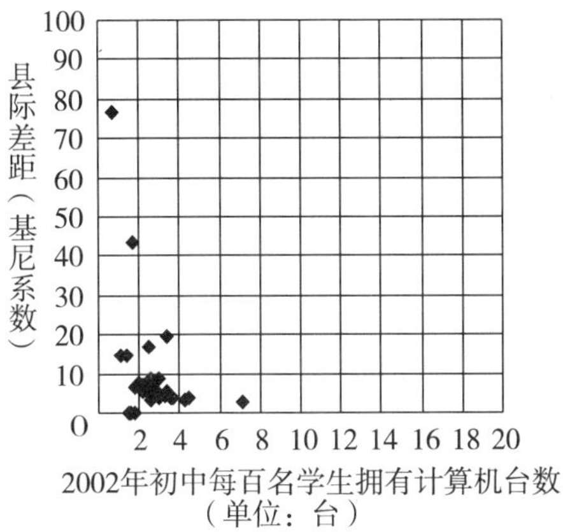

图8-16 2002年初中每百名学生拥有计算机台数县际差距（20%倍率）散点图

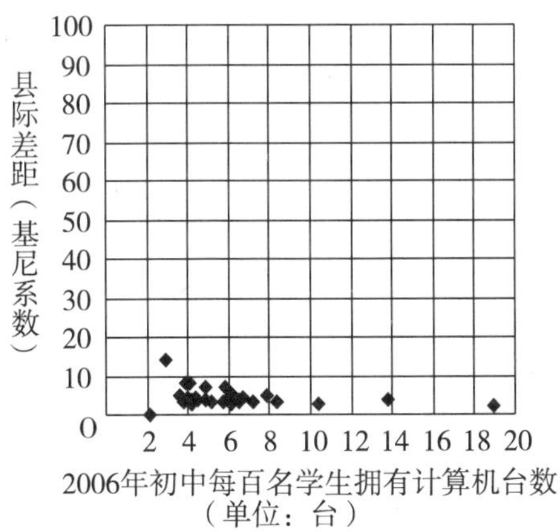

图8-17 2006年初中每百名学生拥有计算机台数县际差距（20%倍率）散点图

（三）初中每百名学生拥有计算机台数与县际差距的地区分布

如果以 2006 年我国初中每百名学生拥有计算机台数和省内县际差异程度地区平均（全国初中每百名学生拥有计算机台数为 5.37 台，省内县际差异地区平均为 4.53：1）为基准，全国 31 个省（市、自治区）可划分为四类地区。

第一类地区为每百名学生拥有计算机台数和县际差异双高型，仅包括青海、广东和山东 3 个省份；第二类地区为低拥有量高差异类型，包括云南、安徽等 5 个省份；第三类地区为拥有量和县际差异双低型，包括海南、河南等 11 个省份；第四类地区为高拥有量低差异类型，包括北京、上海等 11 个省市。

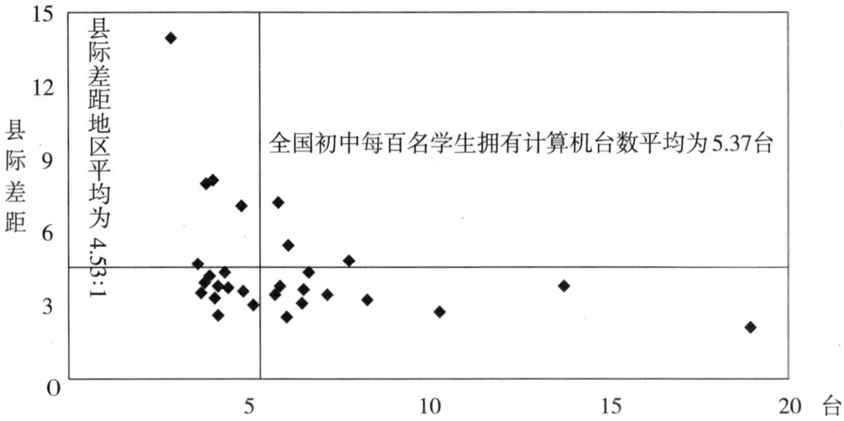

图 8－18　2006 年我国初中每百名学生拥有计算机台数和县际差距地区分布

第二类地区包括云南、安徽、江西、甘肃、新疆 5 个中西部省（自治区），需要引起中央和相应地方政府的高度重视，对这些地区需要加大中央和地方政府的财政转移支付力度，以提高这些地区的办学信息化水平和内部均衡程度。

表 8－5　2006 年初中每百名学生拥有计算机台数和县际差距概况

分　档	低计算机拥有量（<5.37 台）	高计算机拥有量（>5.37 台）
高差异（>4.53）	象限 2： 云南、安徽、江西、甘肃、新疆	象限 1： 青海、广东、山东
低差异（<4.53）	象限 3： 海南、河南、广西、重庆、湖北、贵州、四川、山西、内蒙古、福建、陕西	象限 4： 河北、黑龙江、湖南、宁夏、江苏、天津、吉林、辽宁、浙江、北京、上海

第四节 建网学校比例

2002—2006年间，虽然各省小学、初中建网学校比例有所上升，但是，部分省份农村学校建网比例依然很低，并且城乡差距有加大趋势；县际差距也是逐年拉大，几乎所有省份最高20%县的建网学校都是越来越多，而最低20%县的建网学校增加却很少，部分省份甚至至1所都没有增加，其最低20%县的建网学校比例依然为0。

一、多数省份建网学校比例的城乡差距呈扩大态势

（一）三分之二以上省份小学、初中建网学校比例的城乡差距拉大

2006年，我国小学建网学校比例城市为51.09%，农村为7.61%，城乡差值达到43.48个百分点；而2002年，城乡差值仅为15.46个百分点，城乡差距拉大28个百分点。

全国除上海、北京之外，其余29个省市小学建网学校比例的城乡差距都逐年拉大。不少中西部省份不仅城乡差距较大，而且呈现越来越大的趋势。如，重庆市，2002年，城乡差值仅为6.22个百分点，2006年，迅速增加到56.25个百分点，这说明该市农村小学建网学校比例提高缓慢。青海、湖北、湖南、陕西、广西等省（自治区）城乡差距拉大也超过20个百分点。

部分东部省份城乡差距拉大也很明显，如，辽宁省2002年城乡仅差7.27个百分点，2006年，城乡差高达53.5个百分点，差距拉大了46个百分点。此外，天津、福建、山东、广东等省（市）城乡差距扩大也比较厉害，超过30个百分点，这说明这些东部省份同样存在较大的城乡差距。

初中建网学校比例城乡差距的变化情况与小学类似，但城乡差值没有小学那么大。2002—2006年，北京、上海、浙江、吉林、西藏、江苏和四川等7个省（直辖市、自治区）城乡差距有所缩小，其他省份城乡差距都有所拉大，其中重庆、辽宁、江西、青海等省市较为显著，4年间城乡差距拉大超过20个百分点。

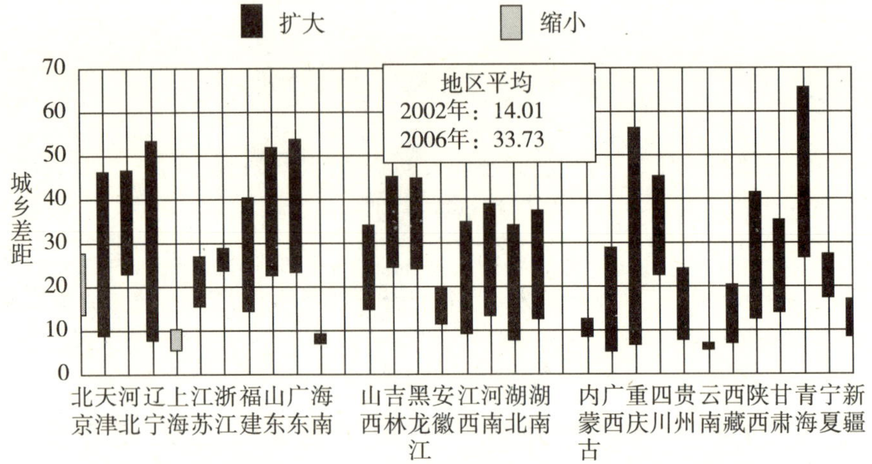

图 8-19　2002—2006 年各地区小学建网学校比例城乡差距（差值）变化

表 8-6　部分地区初中建网学校比例的城乡差距缩小情况（%）

地　区	城　市		农　村		城乡差距（差值）		
	2002	2006	2002	2006	2002	2006	2006 年比 2002 年增减
重庆	19.80	72.13	13.20	42.45	6.60	29.68	23.08
辽宁	17.18	65.32	6.97	32.95	10.21	32.37	22.16
江西	6.56	35.85	4.59	12.84	1.97	23.01	21.04
青海	8.57	42.11	6.03	19.53	2.54	22.58	20.04
河南	22.41	54.80	5.82	18.25	16.59	36.55	19.96
湖南	11.88	45.97	4.27	18.41	7.61	27.56	19.95
宁夏	14.89	48.98	3.01	18.11	11.88	30.87	18.99
新疆	7.05	30.63	3.11	8.84	3.94	21.79	17.85
黑龙江	29.88	63.79	7.62	25.15	22.26	38.64	16.38
天津	15.46	60.80	3.41	33.07	12.05	27.73	15.68

（二）部分省份农村学校建网比例依然很低，城乡差距超过 40 个百分点

2006 年，全国仍有 15 个省份的农村小学建网比例低于 5%，其中云南、内蒙古、安徽、海南和河南 5 省份甚至低于 2%；有 18 个省份的农村初中建网比例低于 30%，其中云南、内蒙古、安徽、海南和新疆低于 10%。

截至2006年，小学建网学校比例城乡差距依然较大的省份有青海、广东、辽宁、山东等，城乡差距超过50个百分点；初中建网学校比例城乡差距较大的有河南、安徽、黑龙江、宁夏等省（自治区），其城乡差距也超过40个百分点。

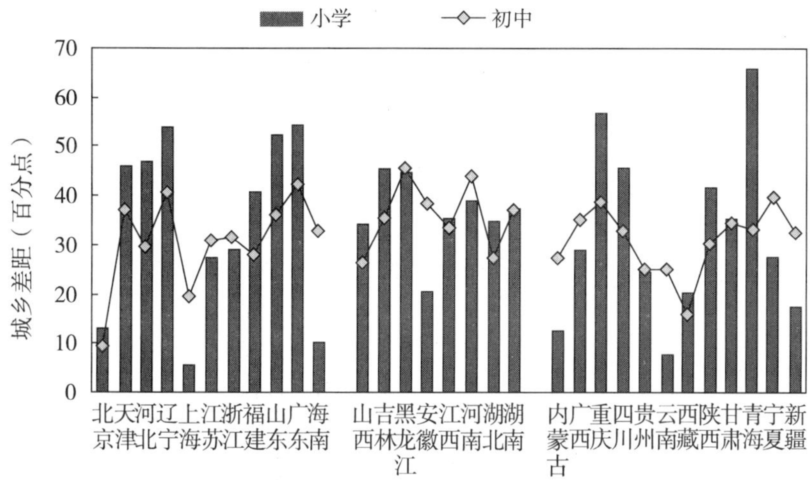

图8-20　2006年各省（市、自治区）小学、初中建网学校比例的城乡差距

二、绝大多数省份建网学校比例的县际差距进一步扩大，低水平地区增速较慢

（一）28个省份小学建网学校比例的县际差距逐年拉大

与2002年相比，2006年，全国31个省（市、自治区），除北京、上海和内蒙古外，其余28个省份的小学建网学校比例的县际差距都在拉大，各地20%差值（各省最高20%县平均值与最低20%县平均值之差）平均由19.54个百分点扩大到40.30个百分点。

辽宁、江苏、山东和天津等省（市），不仅目前县际差距很大，而且从2002年到2006年，差距扩大程度明显，超过40个百分点。如，辽宁4年间差距扩大了62个百分点，2006年，20%差值高达88.35个百分点，而且其中117个县中，仍有31个县小学建网学校比例为0。江苏2006年20%差值达86.25个百分点，比2002年扩大了52个百分点。

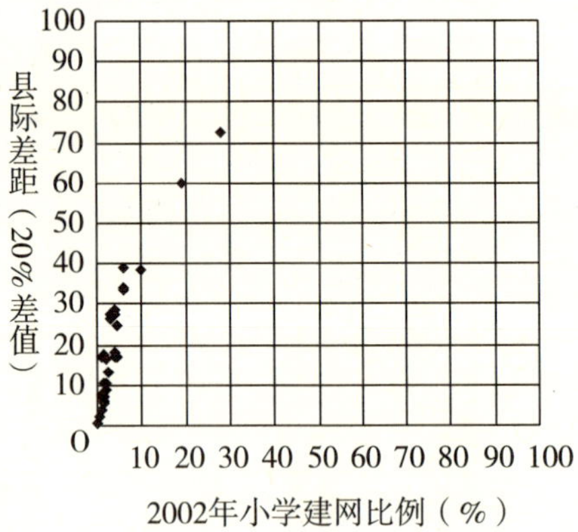

图 8－21　2002 年小学建网学校比例县际差距散点图

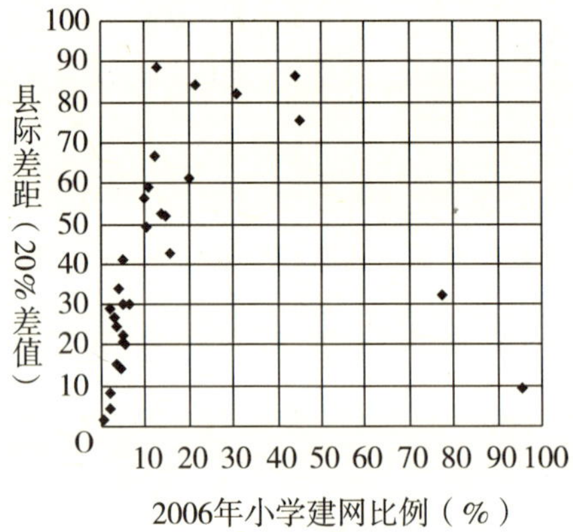

图 8－22　2006 年小学建网学校比例县际差距散点图

从小学建网学校比例县际差异的散点图可以看出，2002 年，散点图集中在原点附近，表明当时建网学校比例较低，县际差异并不十分明显；到了 2006 年，散点图向右向上发散，说明小学建网学校比例逐年提高，但县际差距扩大明显，且不同省份之间的差距也在扩大。2002 年，全国只有 2 个省的小学建网学校比例的县际差异大于 40 个百分点，2006 年，增加到 14 个省份，相应的县际差异小于 20 个百分点的省从 20 个减少到 6 个。

（二）初中建网学校比例的县际差距也逐年拉大

与小学建网学校比例的县际差距变化类似，与 2002 年相比，2006 年，全国 31 个省（市、自治区），除北京、上海和内蒙古外，其余 28 个省份的初中建网学校比例的县际差距都在拉大，各地20%差值（各省最高20%县平均值与最低20%县平均值之差）平均由34.66个百分点扩大到59.46个百分点。其中辽宁、天津、山东、福建、四川、陕西、贵州和广西等省（市、自治区），不仅目前县际差距巨大，而且从2002年到2006年，差距扩大程度明显，超过40个百分点。如，福建2006年20%差值高达84.63个百分点，4年间差距扩大了48个百分点；陕西2006年20%差值达72.83个百分点，比2002年扩大46个百分点。

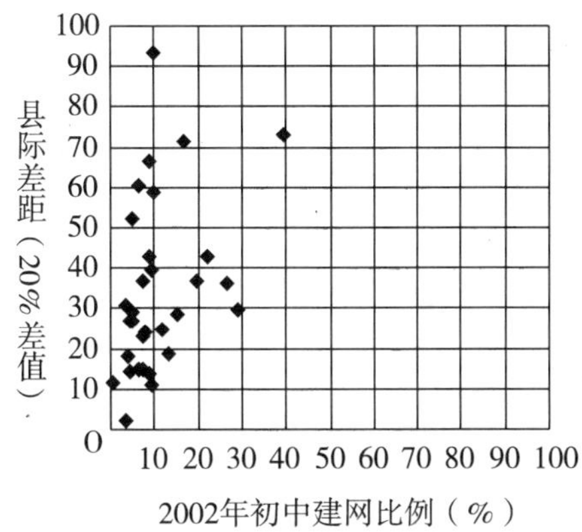

图8－23　2002年初中建网学校比例县际差异散点图

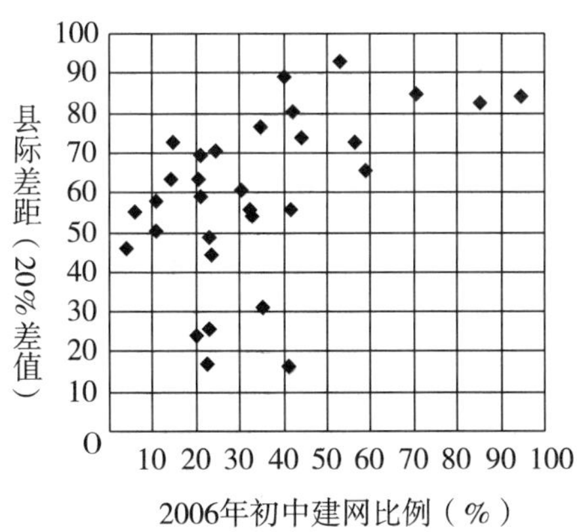

图8－24　2006年初中建网学校比例县际差异散点图

从初中建网学校比例县际差异的散点图可以看出，2002年，散点图集中在图的左边，表明当时不仅建网学校比例较低，而且部分省份县际差异已经十分明显；到了2006年，散点图向右向上发散，说明初中建网学校比例提高较快，但县际差距扩大明显，且不同省份之间的差距也在扩大。2002年，全国有9个省份的初中建网学校比例的县际差异大于40个百分点，2006年增加到26个省份，相应的县际差异小于20个百分点的省份从9个减少到2个。

（三）小学、初中建网学校比例的增速，高水平县快于低水平县

2002—2006年，全国除内蒙古外，其余30个省（市、自治区）的最高20%县的小学、初中建网学校比例都呈增长态势，而最低20%县除北京、上海、浙江、重庆外，其余省份增长缓慢，部分省份甚至零增长，充分体现高者愈高、低者恒低的增长格局。

最高20%县的小学建网比例地区平均2002年为19.86%，2006年就达到46.76%，4年增长26.9个百分点；有13个省份增长速度超过地区平均值，其中天津、江苏、辽宁和浙江增长超过50个百分点。2002年，初中建网学校比例地区平均为35.18%，2006年，为68.88%，4年增长33.7个百分点；有18个省份增长速度超过地区平均值，其中天津和福建增长超过50个百分点。

最低20%县的小学建网比例地区平均2002年为0.32%，2006年为6.45%，4年仅增长6.1个百分点；有26个省份增长速度低于地区平均值，其中云南、贵州、四川、安徽、辽宁等12个省份为零增长，并且2006年该指标值依旧为0。2002年，初中建网学校比例地区平均为0.52%，2006年为9.42%，4年仅增长8.9个百分点；有25个省份增长速度低于地区平均值，其中辽宁、陕西、四川、云南、江西等13个省份不仅为零增长，并且2006年该指标值依旧为0。

（四）建网学校比例与县际差距的地区分布，约三分之一省份属低水平高差异型

如果以2006年我国小学建网学校比例和省内县际差异程度地区平均（小学建网学校比例地区平均为16.04%，省内县际差异地区平均为40.30个百分点）为基准，全国31个省（市、自治区）可划分为四类地区。

第一类地区为建网比例和县际差异双高型，包括浙江、江苏等5个省份；第二类地区为低比例高差异类型，包括重庆、湖北等9个省（市）；第三类地区为比例和县际差异双低型，包括甘肃、湖南等15个省份；第四类地区为高比例低差异类型，仅包括北京、上海两市。

其中，第二类地区的9个省份，有6个中西部省份，3个东部省份，这需

要引起中央和相应地方政府的高度关注，对这些地区需要加大中央和地方政府的财政转移支付力度，以提高这些地区的办学信息化水平和内部均衡程度。

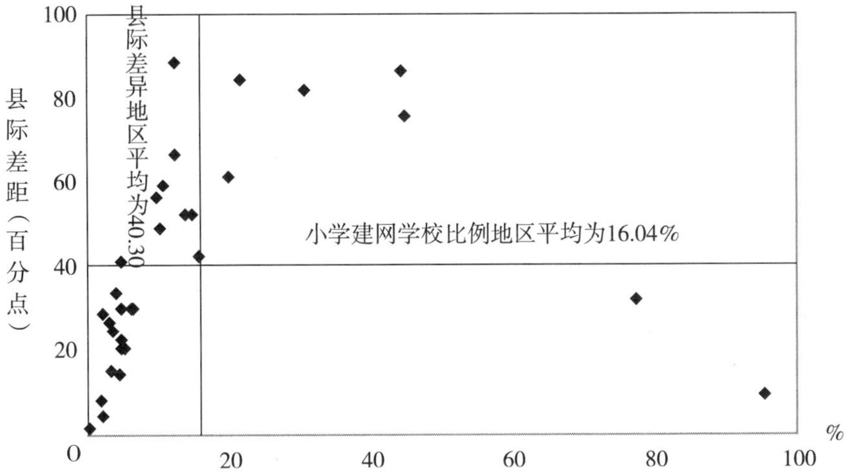

图 8－25　2006 年我国小学建网学校比例和县际差距地区分布

表 8－7　2006 年小学建网学校比例和县际差距概况

分　档	低信息化水平（<16.04%）	高信息化水平（>16.04%）
高差异（>40.30）	象限 2： 重庆、湖北、福建、吉林、广东、黑龙江、辽宁、四川、新疆	象限 1： 浙江、江苏、天津、河北、山东
低差异（<40.30）	象限 3： 甘肃、湖南、海南、山西、江西、河南、青海、陕西、宁夏、西藏、广西、安徽、贵州、云南、内蒙古	象限 4： 北京、上海

第五节　大班额比例

2002—2006 年间，我国小学大班额比例持续升高，初中超大班额比例则呈下降态势，多数省份的大班额、超大班额比例仍然较高，县镇地区，尤其是中部地区县镇大班额、超大班额比例问题最为突出。

大班额对学校教育教学带来的不利影响相当明显。大班额不仅造成安全隐患，而且严重危害学生的身心健康，同时加重了教师的工作负担，难以保证教育质量。造成学校大班额的原因，既有随着城镇化进程的加快，流动人口不断向城区涌入，导致城市学校所承受的压力越来越大、城区学校班额剧增的缘故；也有教育资源分配不公，加之历史、地理等因素的限制，学校发展呈现两极分化的趋势，导致“择校”之风盛行，优良学校班额居高不下的因素；也有教育资源供给严重不足，城区学校的规划建设未与城区发展同步的原因。

一、许多省份的县镇小学大班额比例增幅较大，比例较高

（一）绝大多数省份小学大班额比例逐年升高，其中又以县镇地区升幅最大

2002—2006 年间，全国有 26 个省份小学大班额比例逐年升高，其中又以县镇地区升高幅度最大。2006 年，各地县镇地区小学大班额比例平均为 29.67%，比 2002 年升高 8.52 个百分点，城市地区平均为 29.83%，比 2002 年升高 6.01 个百分点。其中，江西、陕西、重庆、青海和山西的县镇地区小学大班额比例上升较快，4 年升高 15 个百分点以上。

但也有部分省份不仅县镇地区小学大班额比例上升较快，其城市地区的增速甚至还快于县镇地区，如，宁夏城市增长比县镇高 20 个百分点，甘肃、贵州、云南、江苏、山东、湖南等省份城市小学大班额比例的增幅也高于其农村地区。

表 8－8　2006 年我国部分省份小学大班额比例变化情况（%）

地　区	2006 年			2006 年比 2002 年增减		
	城　市	县　镇	农　村	城　市	县　镇	农　村
四川	44.75	53.05	13.25	4.35	10.05	3.33
湖北	27.65	51.95	13.63	4.59	2.32	-2.32
江西	52.88	50.73	8.95	17.51	34.22	2.32
陕西	40.43	47.33	4.15	13.99	22.35	0.96
重庆	15.59	47.02	13.40	4.92	22.31	1.94
河南	40.74	46.89	11.98	6.01	11.62	1.29
湖南	48.88	44.42	8.12	13.44	9.77	0.73
贵州	42.92	44.22	13.34	14.96	14.34	1.07
宁夏	52.38	41.05	5.17	28.40	8.30	1.92

从图 8－26（2006 年各地区小学大班额比例城镇比较）也可以看出，贵州、江西、湖南、宁夏、甘肃、青海等中西部省（自治区），其城市地区小学大班额现象也很严重，比例均达到 40% 以上，而且比例超过了其县镇地区。如，江西城市小学大班额比例高达 52.88%，比其县镇的 50.73% 还高 2.15 个百分点；青海城市为 57.64%，比县镇高 28 个百分点。

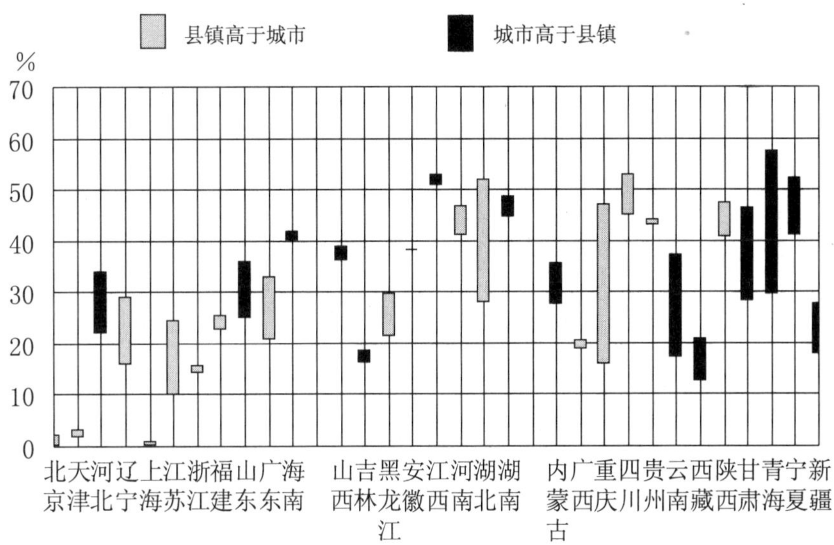

图 8－26　2006 年各地区小学大班额比例城镇比较

（二）部分省份的部分县市小学大班额比例较高

2006 年，在全国 3 063 个县中，有 325 个县的小学大班额比例超过 30%，占总县数的比例达到 10.61%。这 325 个县有 249 个分布在中西部地区，占 77%。其中四川、河南、广东、湖南、安徽、江西等省小学大班额比例高于 30% 的县数最多，如，四川有 56 个县，占其总县数的 28.87%；河南有 28 个县，占其总县数的 17.61%；广东也有 27 个，占其总县数的 19.42%。

重庆、湖南、安徽、青海、内蒙古、江西、宁夏、湖北、辽宁和贵州等省（市、自治区），其小学大班额比例高于 30% 的县数占该省总县数的比例也较高，超过 11%。

另外，从 2002—2006 年各省小学大班额比例最高 20% 县平均值的变化来看，该值持续升高。2002 年，各省平均为 22.32%，2006 年，升高到

27.17%，增加了4.8个百分点。从各省情况看，仅有河北、北京、天津、上海和安徽5省市该比例是减小的，其余26个省（市、自治区）均有不同程度的增加，其中宁夏、内蒙古、重庆、陕西、江西、四川等省（市、自治区）增加超过了10个百分点。2006年，小学大班额比例最高20%县的平均值最高的是广东，达到43.08%，其次是青海和四川，都超过了40%；宁夏、重庆、内蒙古、江西、湖南、河南、湖北、安徽等省（市、自治区）也都超过了35%。数据表明这些省份的这部分县市，大班额比例现象严重，教育资源紧张。

表8－9 2002年、2006年部分地区小学大班额比例的变化情况（%）

地　区	最高20%县的平均值			省平均值		
	2002年	2006年	增　减	2002年	2006年	增　减
广东	34.77	43.08	8.30	14.07	18.71	4.64
青海	35.43	42.65	7.20	6.91	11.54	4.63
四川	29.44	40.27	10.80	16.50	25.60	9.10
宁夏	20.28	38.07	17.80	8.26	15.96	7.70
重庆	25.30	37.31	12.00	15.22	23.34	8.12
内蒙古	24.32	37.11	12.80	6.22	14.08	7.86
江西	25.40	36.47	11.10	11.91	17.50	5.59
湖南	27.18	36.38	9.20	13.61	17.99	4.38
河南	32.25	36.08	3.80	14.52	17.83	3.31
湖北	35.55	35.53	0.00	20.43	20.08	－0.35
安徽	42.86	35.01	－7.90	18.58	17.16	－1.42
贵州	25.89	34.16	8.30	14.49	19.49	5.00
辽宁	30.99	31.79	0.80	6.00	7.47	1.47

二、半数省份的初中超大班额比例下降，部分地区比例仍较高

（一）半数省份初中超大班额比例下降，其中城市初中降幅最大，县镇初中降幅最小

2002—2006年间，我国初中超大班额比例有所下降，但下降比例很小，

2006 年为 21.13%，仅比 2002 年下降 2.25 个百分点。其中城市地区下降幅度较大，2006 年比 2002 年下降 3.93 个百分点；县镇地区下降幅度最小，4 年仅下降 1.25 个百分点。

同比 2002 年，2006 年，全国有 10 个省份初中超大班额比例升高，其中海南升幅最高达 11.42 个百分点，其次是广西、重庆和甘肃，升幅也超过 5 个百分点。

就城乡而言，有 13 个省份的县镇地区初中超大班额比例上升，其中海南升高最快达 17.27 个百分点，其 2006 年县镇初中超大班额比例高达 50.24%；其次是陕西，升高 13.65 个百分点，以致其 2006 年县镇初中超大班额比例达 45.59%；广东升幅也较高，达 9.81 个百分点，其 2006 年县镇初中超大班额比例为 28.08%。

表 8-10　2002 年、2006 年我国部分省份初中超大班额比例变化（%）

地　区	2006 年			2006 年比 2002 年增减		
	城　市	县　镇	农村	城　市	县　镇	农　村
海南	17.57	50.24	18.88	-0.94	17.27	7.77
陕西	15.99	45.59	26.45	2.34	13.65	-1.72
广东	8.02	28.08	27.67	-2.62	9.81	4.89
广西	7.74	38.78	18.36	1.49	7.83	1.45
安徽	20.67	44.52	36.8	-0.20	4.00	-6.69
甘肃	20.31	34.2	21.05	-0.46	6.03	4.33
四川	17.14	32.7	19.7	1.37	4.39	2.28

2006 年，多数省份县镇和农村地区初中超大班额比例依然较高，而城市地区该比例相对较低。从下图（2006 年各地区初中超大班额比例城镇比较）中可以看出，湖北、河南、安徽、陕西等中西部省份，其县镇地区初中超大班额现象严重，比例均达到 40% 以上。如湖北高达 58.67%，河南高达 49.52% 等。但是值得注意的是，部分西部省（自治区），如，青海、宁夏，其城市地区初中超大班额比例较高，城市教育资源明显紧张。

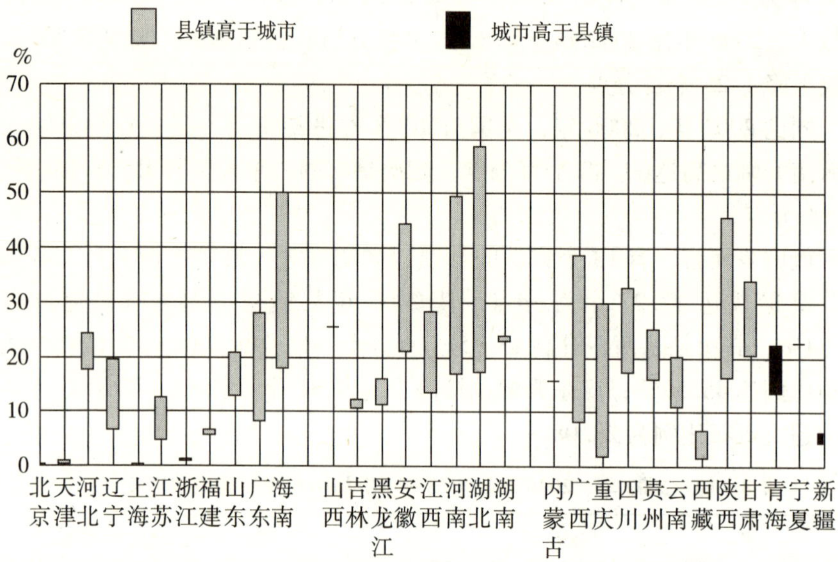

图 8－27　2006 年各地区初中超大班额比例城镇比较

（二）部分省份的部分县市初中超大班额比例较高

2006 年，全国 3 061 个县中，有 674 个县的初中超大班额比例超过 35%，占总县数的比例达到 22%。这 674 个县中有 509 个分布在中西部地区，占 76%。其中江西、安徽、广东、贵州和四川等省份，其初中超大班额比例高于 35% 的县数都大于 40 个，如江西有 54 个县，占其总县数的 43.91%；贵州有 50 个县，占其总县数的 56.18%；安徽有 43 个，占其总县数的 39.45%。陕西、宁夏、甘肃、广东、广西、西藏和江苏等省（自治区），也分别有四分之一以上的县初中超大班额比例高于 35%。

表 8－11　2002 年、2006 年部分地区初中超大班额比例的变化情况（%）

地　区	最高 20% 县的平均值			省平均值		
	2002 年	2006 年	增　减	2002 年	2006 年	增　减
湖北	77.74	77.4	－0.34	47.05	46.32	－0.73
河南	80.55	75.82	－4.73	45.85	40.42	－5.43
海南	46.80	64.45	17.65	25.10	36.52	11.42
安徽	63.96	60.24	－3.72	39.51	36.44	－3.07

续表

地区	最高20%县的平均值			省平均值		
	2002年	2006年	增减	2002年	2006年	增减
广西	48.48	59.53	11.05	23.76	30.82	7.06
陕西	55.69	59.43	3.74	27.01	28.36	1.35
广东	47.81	59.15	11.34	18.78	23.45	4.67
重庆	48.90	57.30	8.40	18.42	25.21	6.79
甘肃	39.64	52.44	12.80	19.72	25.26	5.54
四川	41.48	50.65	9.17	21.70	26.49	4.79

从2002—2006年各省份初中超大班额比例最高20%县的平均值的变化来看，有12个省该值升高。其中海南、西藏、甘肃、广东、云南和广西6省（自治区）该比例增加超过10个百分点。2006年，初中超大班额比例最高20%县的平均值最高的是湖北，高达77.4%，其次是河南，高达74.82%；海南和安徽，都超过了60%；广西、陕西、广东、重庆、甘肃和四川等省（市、自治区）也都超过了50%。数据表明这些省份的这部分县市，初中超大班额比例现象极其严重，教育资源紧张。

专栏8-6 “大班”上课 基础教育之痛

一间不足70平方米的教室里硬生生塞下126名学生、50套课桌椅；一名语文教师每星期要批改作文200多篇；45分钟一节课，教师用于维持课堂秩序的时间竟达五六分钟……这个场面听上去似乎有些荒诞，但它的确出现了，就在海南省东方市民族中学初一（3）班。

据悉，今年秋季东方市民族中学初中一年级共设14个班，招收学生1 400人左右，除了两个班人数在80人左右以外，其余12个班人数均在100人以上。事实上，“大班”现象并非只存在于东方市民族中学一所学校，也绝不仅限于东方市一个地区。记者在走访中发现，东方市第五小学、海口市第三十四小学以及海口市琼山区第一小学等，都存在一个班有80～100名学生的“大班”现象。而在记者走访的临高、儋州、琼中等市县，中小学校实行“大班”上课的例子可谓比比皆是。大量学生拥挤在狭小的空间内，空气流通不畅，课间交流不便、教学效果不佳，虽然教师、学生、家长对这种情况十分反感，但却又无可奈何。

“大班”上课加大了教师的教学任务，不利于教学质量的提高。东方市民族中学一名符姓的老师说，最让他头痛的是维持课堂秩序、批改学生作文等问题，另外，仅仅认识完200多名学生就要占去很多时间，就更不用说要对学生因材施教了。坐在教室最后一排的初一（1）班学生阿福说，上课好热，好挤，好辛苦，经常听不到老师讲什么，由于空间太狭小，写起字来也很不方便。

摘自：刘华，王英诚．人满为患VS门可罗雀：中小学教育资源失衡之痛［EB/OL］．（2005-09-26）［2009-11-24］．http：//news. xinhuanet. com/focus/2005—09/26/content_ 3543761_ 1. htm.

第九章

各地义务教育教师队伍基本状况

近年来，教师问题已成为全社会关心的重大问题，也是各级政府推进教育均衡发展、促进教育公平必须解决的重大问题之一。中央和地方政府采取了一系列有效的政策措施，如，实施教师教育体制改革、教师教育培训计划、远程教育工程等，推动了中小学教师队伍的建设发展，使我国中小学教师的素质和能力有了明显的提高。尤其是全国各地有针对性地普遍启动了骨干教师成长计划、农村教师专业发展计划、中小学教师学历学位提升计划等重大工程和计划，有效推动了各地区中小学中高素质师资队伍的建设。

随着各地区义务教育阶段教师水平的快速提升，教师队伍内部的城乡、区域差距明显缩小，义务教育师资队伍的均衡发展程度进一步提高。从城乡差距看，全国各地区尤其是中西部地区的农村中小学教师学历合格率提升较快，城乡差距明显缩小，小学教师合格率城乡差距已经较小，全国22个省在1个百分点之内，初中有13个省城乡差距在2.5个百分点以内，并且全国多数省份小学高一层学历教师比例和中高级职称教师比例城乡差距呈现缩小态势。从区域差距看，全国各省份中小学教师学历合格率的区域差距均有缩小，西部地区省份的缩小幅度尤为明显；绝大多数省份中小学的高一层学历教师比例和中高级职称教师比例的整体区域差距都呈现缩小态势，且多数东部地区的省份整体区域差距相对较小。

但是，我们也需要清醒地认识到，各地区内部教师队伍实际情况都存在一定程度的城乡、县际差距，并且许多省份的情况还比较突出。就城乡差距而言，多数省份初中高一层学历教师的比例城乡差距呈扩大趋势，全国一半省份的城乡差距高于31个百分点，多数西部地区省份的初中中高级职称教师比例城乡差距还比较突出。同时，农村大量存在代课教师，尤其是西部、中部地区的部分省份贫困地区农村集中了全国绝大部分的代课教师，城乡差距依然明显。从区域差距看，全国25个省份尤其是西部和中部地区省份最高和最低20%县的初中高一层学历教师比例的县际差距呈扩大态势，绝大多数省份的中小学中高级职称教师比例最高和最低20%县的县际差距依然较大，中西部地区许多省份存在大量代课教师比例高于10%的县。

针对这种情况，需要将教育公平作为改善民生的重点，不断加大工作力度，采取有效措施，切实推进城乡、县际教师水平的均衡发展，为构建和谐社会作出新的贡献。

第一节 教师学历合格率

近几年来，中央政府把农村教育摆在教育工作重中之重的位置。尤其是农村教育工作会议以来，国家高度重视农村义务教育，决定将新增的教育经费主要用于农村并实施了一系列重大工程与计划，包括西部“两基”攻坚计划等。在不断加大对农村教育的扶持力度基础上，国家和各省把促进各级各类学校提高教师水平作为重要工作，积极开展农村中小学教师的培训，推动建设一支合格水平的农村教师队伍。这些措施和政策安排的实施推动农村师资水平的较快提升。2002—2006 年，随着不发达地区教师队伍较快的发展，各省份中小学教师学历合格率的城乡差距、县际差距进一步缩小，尤其是西部地区的部分省份的县际差距缩小更为明显。同时，从 2006 年实际水平看，各地区尤其是西部地区省份的初中教师合格率的城乡差距、县际差距问题还相对突出。

一、西部地区省份的教师合格率的城乡差距缩小更为明显

随着农村贫困地区教师合格率的加快提高，就教师合格率而言，全国各省份义务教育教师合格率的城乡差距明显缩小，2006 年，全国有 22 个省份的小学教师合格率的城乡差值低于 1 个百分点，2002—2006 年，全国有 18 个省份的初中教师合格率的城乡差值缩小幅度超过 4 个百分点，有 13 个省份的初中教师合格率 2006 年的城乡差值已经在 2. 5 个百分点以内。

（一）各地区小学教师学历合格率城乡差距不断缩小，西部地区的省份缩小较为明显，22 个省份城乡差值已在 1 个百分点以内

2002—2006 年，各省小学教师合格率城乡差值平均由 1. 97 个百分点缩小为 0. 96 个百分点，缩小了 1. 01 个百分点。小学教师合格率城乡差值缩小幅度高于地区平均缩小幅度（1. 01 个百分点）的有 13 个省份，其中，东部 2 个省份，中部 2 个省份，西部 9 个省份。在这 13 个省份中，缩小幅度高于 1. 5 个百分点的有 10 个省份，分别是东部地区的上海（1. 56 个百分点）、浙江（1. 51 个百分点），西部地区的西藏（2. 65 个百分点）、贵州（2. 46 个百分点）、甘肃（2. 1 个百分点）、云南（2. 09 个百分点）、陕西（1. 95

个百分点）、内蒙古（1.71 个百分点）、青海（1.61 个百分点）和广西（1.52 个百分点）。可见，我国小学教师合格率城乡差值缩小幅度较大的地区主要是在西部地区的省份。

表 9－1　2002—2006 年小学教师合格率城乡差值缩小幅度的地区分类

（百分点）

地　区	>2.01	2.01～1.52	1.51～1.01	1.0～0.51	<0.51
东部地区		上海、浙江	江苏	辽宁、福建、海南、北京	山东、广东、河北、天津
中部地区			黑龙江、江西	湖南、湖北、安徽	山西、河南、吉林
西部地区	西藏、贵州、甘肃、云南	陕西、内蒙古、青海、广西	四川	重庆、新疆	宁夏

同时，从 2006 年我国小学教师合格率城乡差值来看，2006 年，我国小学教师合格率城乡差值地区平均水平为 0.96 个百分点，全国低于该水平的共有 22 个省份，其中，东部地区有 11 个省份，中部地区有 6 个省份，西部地区有 5 个省份。在这 22 个省份中，2006 年，小学教师合格率城乡差值低于 0.55 个百分点的共有 9 个省份，分别是东部地区的广东（0.53 个百分点）、上海（0.38 个百分点）、天津（0.34 个百分点）、江苏（0.31 个百分点）、山东（0.31 个百分点）、北京（0.23 个百分点）和河北（0.17 个百分点），中部地区的黑龙江（0.53 个百分点）和安徽（0.28 个百分点）。可见，2006 年，小学教师合格率城乡差值较小的地区主要是东部地区的省份。

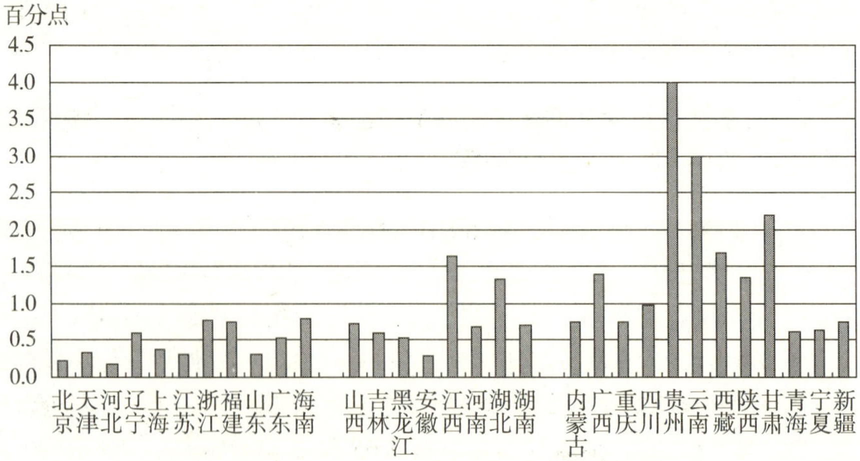

图 9－1　2006 年各省份小学教师合格率城乡差值情况

2006年，我国小学教师合格率城乡差值低于地区平均水平（0.96个百分点）的22个省份中，有4个省份的小学教师合格率城乡差值在2002—2006年缩小幅度高于1.5个百分点，分别是东部地区的上海、浙江，西部地区的青海、内蒙古。

（二）各地区初中教师合格率城乡差距缩小明显，西部地区的省份缩小幅度尤为突出，13个省份城乡差值已在2.5个百分点以内

2002—2006年，各地区初中教师合格率城乡差值平均由7.29个百分点缩小为2.53个百分点，缩小了4.76个百分点。初中教师合格率城乡差值缩小幅度高于地区平均缩小幅度（4.76个百分点）的有12个省份，其中，东部2个省份，中部2个省份，西部8个省份。在这12个省份中，缩小幅度高于7个百分点的有7个省份，分别是东部地区的天津（10.73个百分点），中部地区的山西（7.06个百分点），西部地区的陕西（12.17个百分点）、贵州（8.99个百分点）、内蒙古（8.43个百分点）、甘肃（8.29个百分点）、青海（7.55个百分点）。可见，各省初中教师合格率城乡差值缩小幅度较大的地区主要是在西部地区的省份。

表9－2　2002—2006年初中教师合格率城乡差值缩小幅度的地区分类

（百分点）

地　区	>9.1	6～9	4.2～5.9	2～4.1	<1.9
东部地区	天津		河北、山东、广东	江苏、辽宁、海南、浙江、北京	上海、福建
中部地区		山西	河南、黑龙江、湖南	江西、安徽、湖北	吉林
西部地区	陕西	贵州、内蒙古、甘肃、青海、四川、广西	西藏、云南、新疆	宁夏	重庆

同时，从2006年我国初中教师合格率城乡差值来看，2006年，我国初中教师合格率城乡差值地区平均水平为2.53个百分点，全国低于该水平的共有13个省份，其中，东部地区有7个省份，中部地区有1个省份，西部地区有5个省份。在这13个省份中，2006年初中教师合格率城乡差值低于1.5个百分点的共有7个省份，分别是东部地区的江苏（1.34个百分点）、浙江（0.88个百分点）、上海（0.40个百分点）、北京（－0.06个百分点），中部地区的吉林（1.12个百分点），西部地区的青海（0.70个百分

点)、西藏(-1.37个百分点)。可见,2006年,初中教师合格率城乡差值较小的地区主要是东部地区的省份。2006年,我国初中教师合格率城乡差值低于地区平均水平(2.53个百分点)的13个省份中,有3个省份的初中教师合格率城乡差值在2002—2006年缩小幅度高于5个百分点,分别是东部地区的河北,西部地区的西藏、青海。

专栏9-1 浙江、湖北省实施"农村中小学教师素质提升工程"

2005年,浙江省启动实施了"农村中小学教师素质提升工程"。省级财政设立专项资金6 000万元,以3年为一个周期,对全省21万农村中学和小学教师进行全员培训。每个教师在一个周期内完成144学时的培训,其中全日制培训不少于60学时(两周),校本培训84学时。"工程"的实施取得了明显成效,农村教师队伍整体素质和课堂教学能力得到有力提升。湖北省从2005年起启动实施"农村教师素质提高工程",每年安排2 000万元专款,组织2万名农村乡镇中小学教师、校长到公开招标选择确定的高校接受免费集中培训,5年培训10万人,共计投入1亿元。

摘自:教育部2008年3月总结的报告材料"中国中小学教师发展报告"。

尽管2002年以来全国各省份中小学教师合格率的城乡差距均有不同程度的缩小,但从2006年各省份的初中教师合格率的实际情况来看,城乡差距仍然较大,并且,中西部地区的有些省份还非常突出。从各省份初中教师合格率的城乡差值情况来看,2006年,城乡差值高于地区平均水平(2.53个百分点)的有18个省份,其中,超过4.5个百分点以上的有4个省份,均为中西部地区的省份。

表9-3 2006年初中教师合格率城乡差值的地区分类 (百分点)

地 区	>4.53	3.53~4.53	2.53~3.52	1.53~2.52	<1.53
东部地区		天津、辽宁、海南	广东	山东、河北、福建	上海、浙江、北京、江苏
中部地区	湖北、山西	河南、江西、湖南	安徽、黑龙江		吉林
西部地区	甘肃、陕西		四川、云南、广西、内蒙古、贵州	重庆、新疆	西藏、宁夏、青海

二、多数省份尤其是西部省份教师学历合格率的县际差距有较大幅度的缩小，初中县际差距仍较大

2002—2006 年，我国义务教育教师合格率最高和最低 20% 县的差值平均表现出缩小态势。从全国层面来看，教师合格率最高和最低 20% 县的差值小学平均由 5.41 个百分点降低为 2.79 个百分点，缩小了 2.61 个百分点，初中平均由 15.86 个百分点降低为 6.63 个百分点，缩小了 9.23 个百分点。

（一）各地区小学教师学历合格率的区域差距明显缩小，西部地区的 8 个省份缩小幅度较为明显

从各省份小学教师合格率实际情况来分析，2002—2006 年，全国各省份的小学教师合格率最高和最低 20% 县的差值平均缩小幅度超过 2.9 个百分点（地区平均为 2.6 个百分点）的有 12 个省份，其中，东部地区有 1 个省份，中部地区有 2 个省份，西部地区有 9 个省份。在这 12 个省份中缩小幅度超过 4 个百分点的有 7 个省份，分别是东部地区的浙江（4.14 个百分点），西部地区的西藏（8.07 个百分点）、贵州（6.11 个百分点）、甘肃（4.61 个百分点）、青海（4.45 个百分点）、内蒙古（4.40 个百分点）和陕西（4.01 个百分点）。

表 9-4　2002—2006 年小学教师合格率 20% 县差值缩小幅度的地区分类

（百分点）

地　区	>4.62	3.62 ~ 4.62	2.62 ~ 3.61	1.62 ~ 2.61	<1.62
东部地区		浙江	上海	江苏、福建、辽宁、山东	天津、北京、广东、海南、河北
中部地区			湖北、江西	黑龙江、湖南	山西、安徽、河南、吉林
西部地区	西藏、贵州	内蒙古、陕西、云南、甘肃、青海	四川、广西、重庆、新疆	宁夏	

2006 年，小学教师合格率 20% 差值较小并低于地区平均水平（2.79 个百分点）的有 22 个省份，其中，东部地区有 11 个省份，中部地区有 6 个省份，

西部地区有5个省份。在这22个省份中，2006年小学教师合格率20%差值低于1.5个百分点的有8个省份，也主要集中在东部地区，它们分别是东部地区的江苏（1.22个百分点）、山东（1.19个百分点）、河北（1.15个百分点）、天津（1.1个百分点）、北京（0.78个百分点）和上海（0.64个百分点），中部地区的吉林（1.33个百分点）、安徽（1.11个百分点）。上海也是2006年小学教师合格率最高和最低20%县的差值平均最低的地区。

综合各省份小学教师合格率的县际差距缩小情况，在2006年小学教师合格率20%差值低于地区平均水平（2.79个百分点）的22个省份中，2002—2006年20%差值缩小幅度高于2.7个百分点的有5个省（市、自治区），分别是东部地区的浙江（4.14个百分点）、上海（2.74个百分点），西部地区的青海（4.45个百分点）、内蒙古（4.40个百分点）、重庆（2.88个百分点）。

（二）有19个省份的初中教师学历合格率区域差距缩小超过8个百分点，西部地区5个省份缩小幅度更为明显

从各省份初中教师合格率实际情况来分析，2002—2006年，全国各省份的初中教师合格率最高和最低20%县的差值平均缩小幅度超过10个百分点（地区平均为9.22个百分点）的有12个省份，其中，东部地区有2个省份，中部地区有1个省份，西部地区有9个省份。在这12个省份中缩小幅度超过13个百分点的有7个省份，分别是东部地区的天津（16.13个百分点），中部地区的山西（13.05个百分点），西部地区的贵州（19.41个百分点）、陕西（17.46个百分点）、甘肃（15.2个百分点）、云南（13.61个百分点）、内蒙古（13.35个百分点）。

表9-5　2002—2006年初中教师合格率20%县差值缩小幅度的地区分类

（百分点）

地区	>14	10.5~14	8~10.4	5~7.9	<5
东部地区	天津	广东	河北	江苏、山东、浙江、辽宁	北京、上海、福建、海南
中部地区		山西	江西、黑龙江、河南、安徽	湖南、湖北	吉林
西部地区	贵州、陕西、甘肃	云南、内蒙古、青海、西藏、新疆、广西	四川、重庆	宁夏	

2006年，初中教师合格率20%差值较小且低于地区平均水平（6.63个百分点）的有16个省份，其中，东部地区有8个省份，中部地区有3个省份，西部地区5个省份。在这16个省份中，2006年，初中教师合格率20%差值低于4个百分点的有6个省市，也主要集中在东部地区，它们分别是东部地区的上海（1.06个百分点）、北京（1.53个百分点）、浙江（2.67个百分点）、福建（3.75个百分点），中部地区的吉林（3.39个百分点），西部地区的重庆（3.54个百分点）。

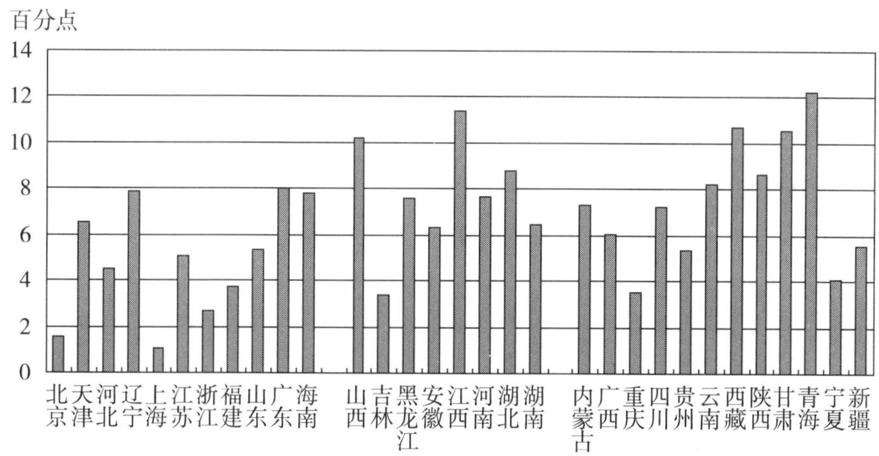

图9-2 2006年各省份初中教师合格率最高和最低20%县的差值情况

对比各省份初中教师合格率的县际差距缩小情况，在2006年初中教师合格率20%差值低于地区平均水平的16个省份中，2002—2006年，20%差值缩小幅度高于10个百分点的有4个省（市、自治区），分别是东部地区的天津，西部地区的贵州、新疆、广西。

全国各省份教师合格率的县际差距不断缩小，是由于各省份立足自身实际情况，通过采取学历培训等针对性措施提高本省尤其是落后地区的教师学历合格率，推动本省教师基本水平的县际差距进一步缩小而取得的良好的效果。

专栏9-2 抓教师学历培训，提高教师学历水平，缩小了县际差距

由于湖南省各地都重视教师队伍建设，组织教师参加各种学历培训，目前湖南中小学教师的学历基本达标，高一层学历的教师比例也不断提高。2006年年底，全省共有中小学教师50.36万人，其中小学和初中教师分别为24.76万人

和18.38万人。全省小学和初中专任教师学历合格率达到99.2%和95.9%。

吉首市位于湖南省西部，是全省唯一的少数民族县级市，尽管其经济发展水平在全国处于后列，但由于党委和政府把教育摆在优先发展的战略地位，抓实抓牢教师队伍建设。中小学教师队伍学历都达到甚至超过了全省平均水平。2006年，吉首市有小学专任教师1 419人，初中专任教师787人。小学和初中专任教师学历合格率达到99.7%和99.1%。

山东省济阳县目前有高中专任教师629人，本科学历603人，合格率达95.9%，初中专任教师1 030人，大专以上学历989人，合格率96.02%，小学专任教师1 710人，中专以上学历1 693人，合格率99%。而邹平县全县小学和初中专任教师学历合格率达到了100%，高中达到93.2%，分别比2000年提高1.7、7.6、11.4个百分点，专科学历以上的小学教师、本科学历的初中教师比例分别达到72%和33%，比2000年提高34和23个百分点。

摘自：教育部2008年3月总结报告材料《中国中小学教师发展报告》。

尽管2002年以来，全国各省份初中教师合格率的县际差距均有不同程度的缩小，但从2006年各省份的初中教师合格率的实际情况来看，县际差距仍然较大，有些中西部地区的省份还是非常显著的。从各省份初中教师合格率最高和最低20%县的差值情况来看，2006年，20%差值高于地区平均水平（6.63个百分点）的有15个省份，其中，超过8个百分点的有9个省份，分别是东部地区的广东（8.03个百分点），中部地区的江西（11.42个百分点）、山西（10.23个百分点）和湖北（8.82个百分点），西部地区的青海（12.24个百分点）、西藏（10.7个百分点）、甘肃（10.55个百分点）、陕西（8.65个百分点）和云南（8.26个百分点）。可见，中西部地区的省份初中教师合格率的县际差距比较明显。

表9－6　2006年初中教师合格率最高和最低20%县差值的地区分类

（百分点）

地　区	>10	6.63～10	4.63～6.62	2.63～4.62	<2.63
东部地区		广东、辽宁、海南	天津、山东、江苏	河北、福建、浙江	北京、上海
中部地区	江西、山西	湖北、河南、黑龙江	湖南、安徽	吉林	
西部地区	青海、西藏、甘肃	陕西、云南、内蒙古、四川	广西、新疆、贵州	重庆、宁夏	

第二节 高一层学历教师比例

教师学历层次构成，是反映教师素质的基础性指标。国家和一些地区采取多种措施，如教育部实施农村学校教育硕士师资培养计划、开展中小学教师全员培训计划、地方政府采取定向措施为农村培养高素质农村教师，通过这些措施提高了教师尤其是农村教师高一层学历教师的比例，各省份中小学教师高层次教师学历比例有了不同程度的提高。

2006 年，小学专任教师中有近三分之二的教师达到专科及以上学历，比 2002 年提高了 29 个百分点，最低的西部农村地区也有一半以上的小学教师达到了专科及以上学历。西部地区小学专科及以上学历的教师比例提高最快，从 2002 年的 26.8% 提高到 2006 年的 59.6%，上升了 32.8 个百分点。在落后地区和农村中小学教师学历水平不断提高的基础上，各省份高一层学历教师的城乡、县际差距发生了明显的变化。

一、多数省份小学高一层学历教师比例的城乡差距呈缩小态势，初中呈扩大态势

2002—2006 年，就中小学教师高一层学历教师所占比例的城乡差距变化情况来看，多数省份小学的城乡差距在逐步缩小，多数省份初中的城乡差距有不同程度的扩大。

（一）绝大多数地区小学高一层学历教师比例的城乡差距呈现缩小的态势，但多数省份的城乡差距依然较大

1. 多数省份小学高一层学历教师比例的城乡差距呈现缩小的态势，尤其是西部、东部地区的省份较为明显

2002—2006 年，小学高一层学历教师比例城乡差值各省份平均由 25.19% 降低为 20.51%，缩小了 4.68 个百分点，除少数省份外，绝大多数省份城乡差距在缩小。

从各省份小学高一层学历教师比例城乡差值实际缩小情况来看，2002—2006 年，各省份小学高一层学历教师比例城乡差值缩小幅度高于地区平均缩小幅度（4.68 个百分点）的有 14 个省份，其中，东部 6 个省份，中部 1

个省份，西部7个省份。在这14个省份中，小学高一层学历教师比例城乡差值缩小幅度高于10.2个百分点的有5个省份，分别是东部地区的广东（11.43个百分点），中部地区的黑龙江（10.38个百分点），西部地区的青海（13.22个百分点）、陕西（10.46个百分点）、内蒙古（10.2个百分点）。

表9-7 2002—2006年小学高一层学历教师比例城乡差值缩小幅度的地区分类

（百分点）

地 区	>9	6.69~9	4.68~6.68	2.68~4.67	<2.68
东部地区	广东、海南、河北、天津、北京、浙江			江苏	辽宁、山东
中部地区	黑龙江			山西、湖南、吉林	安徽、河南
西部地区	青海、陕西、内蒙古、云南	四川	宁夏、广西	贵州、西藏、新疆	

注：本表不含小学专科及以上学历教师比例城乡差值扩大的省份。

从2006年小学高一层学历教师比例城乡差值实际情况看，各省份小学高一层学历教师比例城乡差值低于地区平均水平（20.51个百分点）的有14个省份，其中，东部地区有7个省份，中部地区有2个省份，西部地区有5个省份。在这14个省份中，2006年，小学高一层学历教师比例城乡差值低于8个百分点的有4个省份，分别是东部地区的天津（7.02个百分点）、北京（5.76个百分点）、上海（3.34个百分点），西部地区的青海（3.43个百分点）。

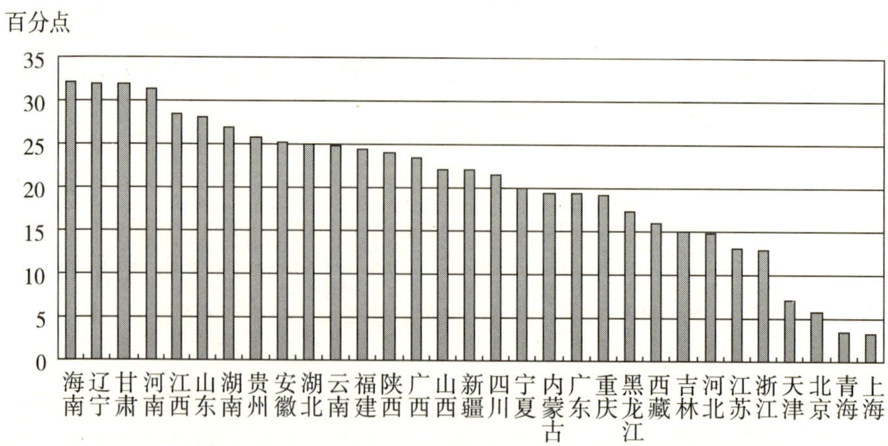

图9-3 2006年各省份小学高一层学历教师比例的城乡差值高低排序情况

2002—2006年，各省份小学高一层学历教师比例城乡差值缩小幅度高于9个百分点的11个省份中，其中2006年农村小学高一层学历教师比例高于65%（各地区农村平均水平为58.5%）的有7个省份，其中，东部地区有北京（83.94%）、天津（71.22%）、浙江（71.11%）、河北（68.93%）、广东（67.98%），中部地区有黑龙江（65.87%），西部地区有青海（75.37%）。

多数省份小学高一层学历教师比例的城乡差距出现了较大幅度的缩小，与中央和地方各级政府积极采取各种有效举措，开展特殊农村教师培养项目、定向培养等重大计划，不断提高农村教师素质和水平，不断输送大批高素质教师到农村任教，具有密切的关系。这些举措和计划安排必将在未来缩小城乡教师水平差距、促进城乡教育均衡发展方面发挥进一步的作用。

专栏9－3 湖南省实施农村小学教师定向培养专项计划

为了解决一些农村地区教师紧缺问题，地方政府也发挥政府的调控作用，采取定向招生、定向培养、定向分配等办法，为农村学校输送高素质教师。

2005年，湖南省人民政府办公厅决定，从2006年起，实施农村小学教师定向培养专项计划。每年由高师院校面向全省招收一定数量的优秀初中毕业生，为农村特别是民族贫困县市农村乡镇以下小学定向培养五年制大专层次的教师。计划5年内在全省招收10 000人。在省本级教育经费预算中设立专项资金，对培养对象适当减免学杂费并给予一定的生活补贴。学生毕业后，由县市区教育局按照协议安排到乡镇以下小学任教，享受资助的学生任教时间应在5年以上。据统计，全省小学专任教师中大专及以上教师比例超过56.7%，初中本科及以上教师学历比例达到35.5%。

摘自：教育部2008年3月总结报告材料《中国中小学教师发展报告》。

2. 许多省份小学高一层学历教师比例的城乡差距依然较大

对数据深入分析后，还发现小学高一层学历教师比例城乡差距依然较大，有个别省份差距扩大。2006年，各省份小学高一层学历教师比例城乡差值高于23个百分点（地区平均为20.5个百分点）的有14个省份，其中，东部地区有4个省份，中部地区有5个省份，西部地区有5个省份。在这14个省份中，小学高一层学历教师比例城乡差值高于25个百分点的有10个省份，分别是东部地区的海南（32.1个百分点）、辽宁（32.0个百分点）、山东（28.0个百分点），中部地区的河南（31.2个百分点）、江西（28.5个百分点）、湖南（26.9个百分点）、安徽（25.2个百分点）、湖北（25.0个百分点），西部地区的甘肃（31.9个百分点）、贵州（25.8个百分点）。

同时，在这10个省份中，甘肃、安徽、贵州、江西4个省份的农村小学高一层学历教师的比例也均低于49%（地区平均水平为58.5%），是全国农村小学高一层学历教师比例最低的省份。在这10个省份中，江西、湖北的小学高一层学历教师比例的城乡差值在2002—2006年期间呈现扩大态势，分别扩大了3.05个和4.55个百分点，是全国5个扩大省份中唯一的两个中部的省份。

（二）多数省份初中高一层学历教师比例城乡差距呈扩大趋势，全国一半省份的城乡差值高于31个百分点

从各省份平均情况看，2002—2006年，初中高一层学历教师比例城乡差值地区平均由25.84个百分点增加为27.76个百分点，扩大了1.93个百分点，中西部地区的扩大极为明显，城乡差值扩大均在3个百分点以上。

全国共有18个省份的差值在扩大，扩大幅度高于2.6个百分点的有16个省份，其中，东部地区有4个省份，中部地区有5个省份，西部地区有7个省份。在这16个省份中，初中高一层学历教师比例城乡差值扩大幅度高于10个百分点的有5个省份，分别是中部地区的河南（10.52个百分点）、湖北（11.49个百分点），西部地区的广西（10.44个百分点）、甘肃（12.88个百分点）、重庆（15.19个百分点）。

从2006年各省份初中高一层学历教师比例城乡差值情况看，各省份初中高一层学历教师比例城乡差值高于31个百分点（地区平均为27.76个百分点）的有15个省份，其中，东部地区有4个省份，中部地区有4个省份，西部地区有7个省份。在这15个省份中，初中高一层学历教师比例城乡差值高于38个百分点的有7个省份，分别是东部地区的海南（43.01个百分点）、辽宁（41.13个百分点）、广东（39.76个百分点），中部地区的河南（38.09个百分点），西部地区的陕西（42.9个百分点）、云南（38.46个百分点）、贵州（38.09个百分点）。

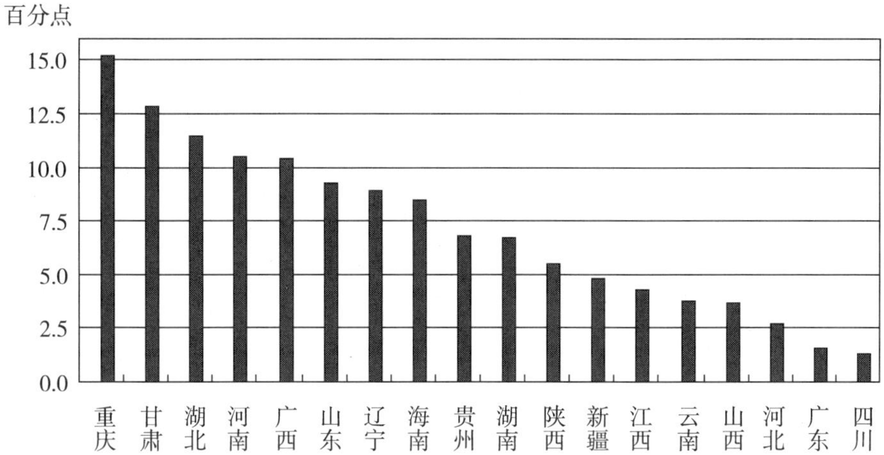

图 9－4　2002—2006 年全国 18 省份初中高一层学历教师城乡差值扩大情况

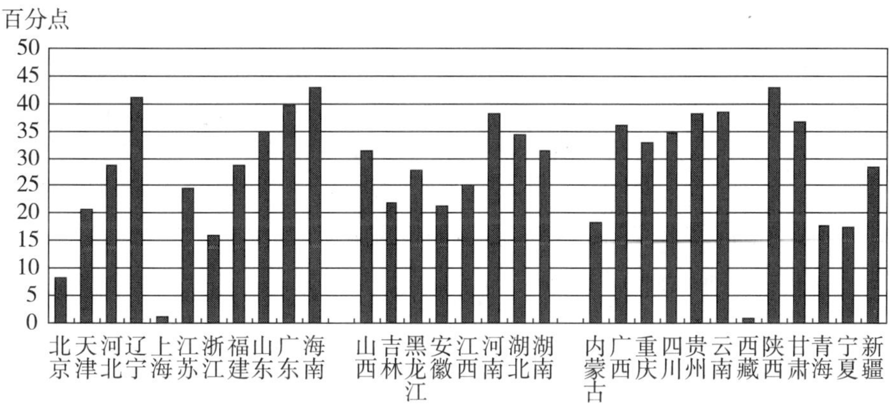

图 9－5　2006 年各省份初中高一层学历城乡差值情况

在 2006 年初中高一层学历教师比例城乡差值高于 36 个百分点的 9 个省份中，其初中高一层学历教师比例城乡差值在 2002—2006 年均呈扩大趋势，其中有 5 个省（自治区）扩大幅度超过 8 个百分点，分别是东部地区的海南、辽宁，中部地区的河南，西部地区的甘肃、广西。

二、各省份高一层学历教师比例的县际差距较大，多数省份初中县际差距进一步扩大

分析数据的变化情况后发现，从各省份中小学高一层学历教师比例的县

际差距变化情况来看，各省份中小学基尼系数值均有不同程度的降低，各省份中小学县际差距呈现缩小态势。2002—2006 年，各省份小学高一层学历教师比例的基尼系数值小学平均由 0.496 8 降低为 0.247 6，缩小了一半，全国有 17 个省份的小学高一层学历教师比例的基尼系数值缩小幅度超过 0.2，东部和西部地区省份的小学高一层学历的基尼系数值的缩小尤为突出。但从 2006 年的情况看，中西部地区省份的小学高一层学历教师比例最高和最低 20% 县的差值仍较大，东部地区省份的初中高一层学历教师比例 20% 县的差值较大，各省份初中高一层学历教师比例 20% 差值平均为 42.53 个百分点，比 2002 年扩大了 7.1 个百分点，有 25 个省份的初中高一层学历教师比例 20% 差值呈现扩大态势。

（一）各地区小学高一层学历教师比例整体区域差距有所缩小，但中、西部地区多数省份的最高和最低 20% 县的县际差距仍较突出

1. 绝大多数省份小学高一层学历教师比例的总体区域差距均有所缩小

2002—2006 年，小学高一层学历教师比例的基尼系数值缩小幅度高于地区平均缩小幅度（0.249 2）的有 10 个省份，其中，东部 3 个省份，中部 2 个省份，西部 5 个省份。在这 10 个省份中，小学高一层学历教师比例基尼系数值缩小幅度高于 0.28 的有 5 个省（自治区），分别是东部地区的海南（0.287 1），西部地区的西藏（0.838 8）、云南（0.456 1）、贵州（0.346 7）、广西（0.327 6）。

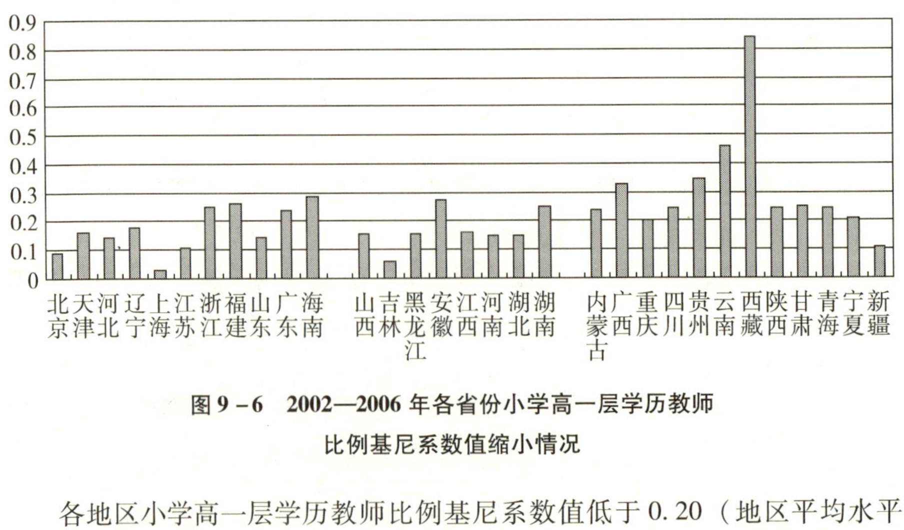

图 9-6　2002—2006 年各省份小学高一层学历教师比例基尼系数值缩小情况

各地区小学高一层学历教师比例基尼系数值低于 0.20（地区平均水平

为0.247 6）的有16个省份，其中，东部地区有8个省份，中部地区有1个省份，西部地区有7个省份。在这16个省份中，2006年，小学高一层学历教师比例基尼系数值低于0.12的有6个省（市），分别是东部地区的浙江（0.108 8）、天津（0.095 9）、北京（0.073 6）、上海（0.039 3），中部地区的吉林（0.109 6），西部地区的青海（0.100 7）。

小学高一层学历教师比例基尼系数值低于0.20的16个省份中，其基尼系数值2002—2006年期间缩小幅度高于0.24的省（自治区）有7个，分别是东部地区的广东、海南、浙江，西部地区的四川、广西、陕西和青海。

2. 中、西部地区省份的小学高一层学历教师比例的最高和最低20%县的县际差距仍比较明显

各地区高一层学历教师比例最高和最低20%县的差值超过35.2个百分点（地区平均为34.7个百分点）的有17个省份，其中东部地区有4个省份，中部地区有7个省份，西部地区有6个省份。研究发现，在这17个省份中，小学高一层学历教师比例20%差值高于41.8个百分点的有7个省（自治区），分别是东部地区的辽宁（47.05个百分点），中部地区的山西（42.9个百分点）、河南（41.88个百分点），西部地区的新疆（48.88个百分点）、西藏（48.84个百分点）、贵州（47.22个百分点）、甘肃（46.21个百分点）。可见，小学高一层学历教师比例20%差值较高的省份主要是中西部地区的省份。

表9－8 2006年小学高一层学历教师比例20%差值的地区分类 （百分点）

地 区	>46	37～46	30～37	21～29	<21
东部地区	辽宁	山东、广东	福建、河北	江苏、海南、浙江、天津	北京、上海
中部地区		山西、河南、黑龙江、湖北、湖南、江西	安徽	吉林	
西部地区	新疆、西藏、贵州、甘肃	云南	四川、内蒙古、陕西、宁夏、广西、重庆	青海	

（二）多数东部地区省份最高和最低 20%县的初中高一层学历教师比例的县际差距较大，全国 25 个省份的尤其是西部和中部省份呈现扩大态势

各地区高一层学历教师比例最高和最低 20% 县的差值超过 45 个百分点（地区平均为 42.5 个百分点）的有 15 个省份，其中东部地区有 6 个省份，中部地区有 4 个省份，西部地区有 4 个省份。研究发现，在这 15 个省份中，初中高一层学历教师比例 20% 差值高于 50 个百分点的有 5 个省份，分别是东部地区的辽宁（64 个百分点）、广东（63.17 个百分点）、海南（56.99 个百分点）、山东（50.3 个百分点），中部地区的湖北（51.91 个百分点）。可见，初中高一层学历教师比例 20% 差值较高的省份主要是东部地区的省份。

表 9－9　2006 年初中高一层学历教师比例 20%差值的地区分类　（百分点）

地　区	>48	45～48	37～44	33～36	<33
东部地区	辽宁、广东、海南、山东	福建、江苏、河北		天津、浙江	北京、上海
中部地区	湖北、山西	黑龙江、河南	湖南、吉林、江西	安徽	
西部地区	四川	云南、广西、重庆	新疆、甘肃、陕西、西藏、青海	内蒙古、宁夏、贵州	

2002—2006 年期间，我国初中高一层学历教师比例最高和最低 20% 县的差值呈现扩大态势的共有 25 个省份，在扩大幅度超过 8 个百分点的 19 个省份中，东部地区有 4 个省份，中部地区有 5 个省份，西部地区有 10 个省份。其中，扩大幅度高于 14 个百分点的有 8 个省（自治区），分别是东部地区的山东（17.66 个百分点）、辽宁（15.18 个百分点），中部地区的山西（15.54 个百分点），西部地区的甘肃（22.16 个百分点）、云南（17.43 个百分点）、四川（17.24 个百分点）、广西（16.82 个百分点）、西藏（14.1 个百分点）。研究还发现，在 2002—2006 年期间初中高一层学历教师比例 20% 差值扩大幅度高于 12 个百分点的 10 个省份中，其 2006 年小学高一层学历教师比例 20% 差值高于 48 个百分点的有 5 个省份，分别是东部地区的山东、辽宁、河南，中部地区的山西，西部地区的四川。

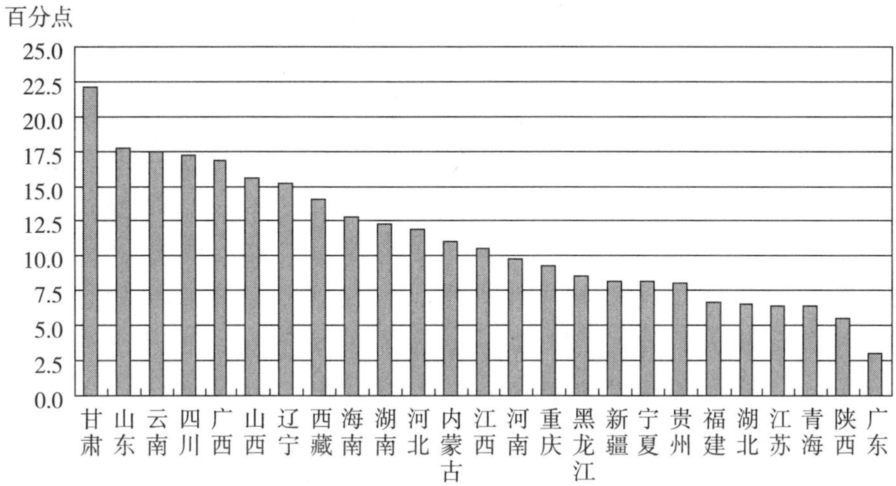

图 9－7 2002—2006 年全国 25 省初中高一层学历教师比例 20%差值扩大情况

第三节 中高级职称教师比例

教师专业技术职称是教师教学水平和能力的一个重要标准，中级及以上专业技术职称专任教师比例（小学高级及以上、初中一级及以上）一定程度上反映了一个地区高水平教师资源的充足程度和合理的配置结构。从历史变化的分析看，我国多数省份中小学高水平教师配置的城乡、县际差距呈现明显的缩小态势，但从 2006 年情况来看，城乡、县际差距依然较大。

一、多数省份中高级职称教师比例的城乡差距有所缩小，西部地区缩小明显，但差距依旧更突出

2002—2006 年，我国小学中高级职称教师比例的城乡差值由 5. 94 个百分点降低为 2. 08 个百分点，缩小幅度达 3. 86 个百分点。多数省份小学中高级职称教师比例的城乡差距均在缩小，东、西部地区省份更为明显。多数省份的初中中高级职称教师比例的城乡差距在缩小，中西部地区的省份较为明显。

（一）各地区尤其是东、西部地区省份的小学中高级职称教师比例的城乡差距进一步缩小，有12个省份农村高于城市

多数省份小学中高级职称教师比例城乡差值进一步缩小，东部、西部地区的省份缩小幅度较明显

2002—2006年，各省份小学中高级职称教师比例城乡差值缩小幅度高于4个百分点的（地区平均缩小幅度为3.85个百分点）的有13个省份，其中，东部5个省份，中部1个省份，西部7个省份。在这13个省份中，小学中高级职称教师比例城乡差值缩小幅度高于6个百分点的有7个省份，分别是东部地区的福建（11.41个百分点）、广东（8.49个百分点）、海南（7.74个百分点）、浙江（6.36个百分点）、河北（6.06个百分点），西部地区的云南（19.52个百分点）、四川（6.7个百分点）。

表9－10　2002—2006年小学中高级职称教师比例城乡差值缩小幅度的地区分类①

（百分点）

地　区	>11	5～11	3.5～4.9	2～3.4	<2
东部地区	福建	广东、海南、浙江、河北		天津、山东、江苏、北京	辽宁
中部地区			河南	黑龙江、湖南、安徽、江西	湖北、山西、吉林
西部地区	云南	四川、青海、贵州、广西	新疆、宁夏、西藏		重庆、内蒙古

分析研究后还发现，在2002—2006年各省份小学中高级职称教师比例城乡差值缩小幅度高于4个百分点的13个省份中，其2006年农村小学中高级职称教师比例高于全国平均水平（44.55%）的有3个省（自治区），即：东部地区的广东（47.73%），西部地区的青海（45.3%）、宁夏（44.88%）。

同时，从2006年小学中高级职称教师比例城乡差值来看，全国有12个省份的农村小学中高级职称教师比例高于城市，其中，东部地区有7个省份，中部地区有4个省份，西部地区有3个省份。可见，农村小学中高级职称教师比例高于城市的省份主要集中在东部地区。

① 本表不含小学中高级职称教师比例城乡差值扩大的省份。

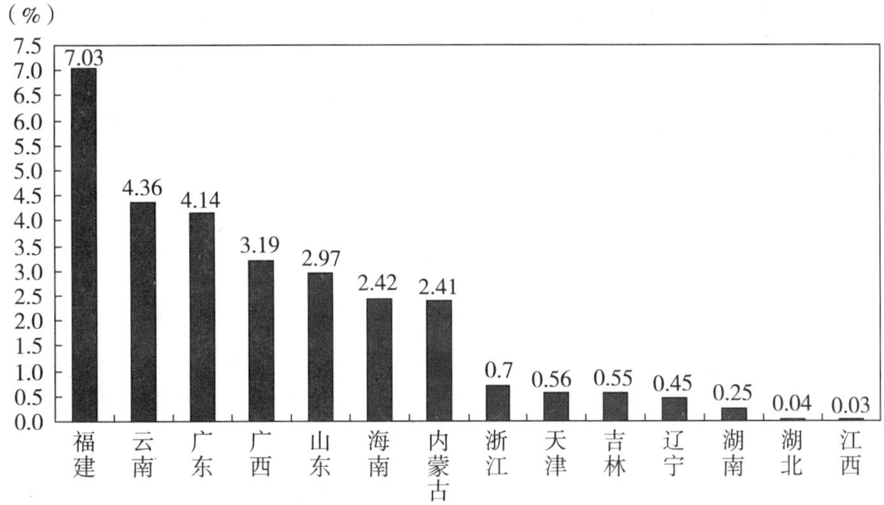

图 9-8 2006 年部分省份农村小学中高级职称教师比例高于城市情况

另外，仍有部分省份的小学教师中高级职称教师比例的城乡差值依然较大，如西藏、甘肃、陕西城乡差值分别达到 28.53 个、15.08 个和 13.34 个百分点。

（二）多数省份的初中中高级职称教师比例的城乡差距均有缩小，中、西部地区的省份缩小幅度更为明显，但其城乡差距也更为突出

1. 多数省份的初中中高级职称教师比例城乡差值进一步缩小，中部、西部地区的省份缩小较明显

2002—2006 年，各省份初中中高级职称教师比例城乡差值缩小幅度高于 7 个百分点（地区平均缩小幅度为 4.39 个百分点）的有 10 个省（市、自治区），分别是东部地区的天津（14.25 个百分点）、福建（8.95 个百分点），中部地区的吉林（10.28 个百分点）、安徽（8.99 个百分点）、黑龙江（7.96 个百分点）、湖南（7.22 个百分点），西部地区的青海（13.93 个百分点）、内蒙古（9.35 个百分点）、四川（7.18 个百分点）和云南（7.11 个百分点）。

2002—2006 年，各省份初中中高级职称教师比例城乡差值缩小幅度高于 7 个百分点的 10 个省份中，其 2006 年农村小学中高级职称教师比例高于 48%（全国平均水平为 43.03%）的有 6 个省（市、自治区），分别是东部地区的天津（61.23%），中部地区的吉林（59%）、黑龙江（56.09%）、湖

南（48.72%），西部地区的青海（50.26%）、内蒙古（48.95%）。

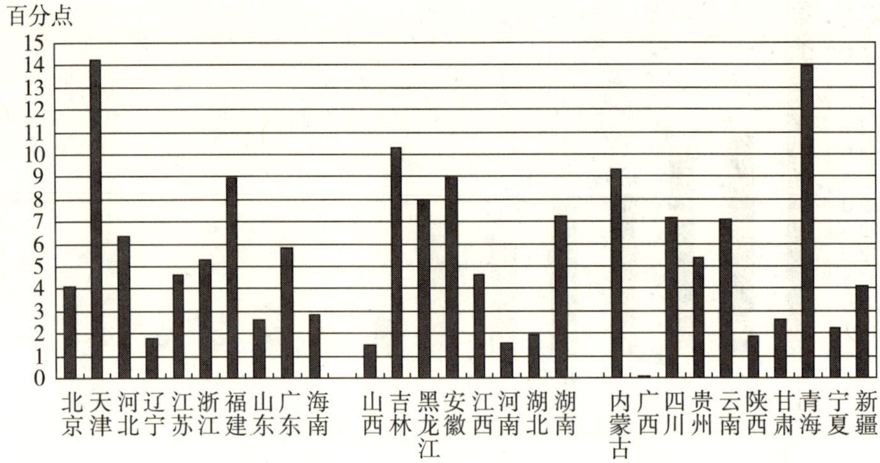

图9－9　2002—2006年各省份初中中高级职称教师比例城乡差值缩小情况[①]

2. 各地区中高级职称教师比例的城乡差距依然较大，中、西部地区的省份更为突出

分析数据可以看出，尽管多数省份中高级职称教师比例的城乡差值有了不同程度的缩小，但2006年各省份中高级职称教师比例的城乡差距仍旧较大，西部地区省份的差距情况最为明显。

2006年，各省份初中中高级职称教师比例城乡差值平均为16.93个百分点，全国有17个省份的初中中高级职称教师比例城乡差值高于地区平均水平。从2006年各省份初中中高级职称教师比例城乡差值情况看，各省份初中中高级职称教师比例城乡差值高于20个百分点的有13个省份，其中，东部地区有1个省份，中部地区有3个省份，西部地区有9个省份。在这13个省份中，初中中高级职称教师比例城乡差值高于22个百分点的有7个省（自治区），均为西部的省份，分别是甘肃（29.25个百分点）、贵州（28.74个百分点）、陕西（27.53个百分点）、西藏（27.1个百分点）、宁夏（26.38个百分点）、云南（22.52个百分点）、新疆（22.36个百分点）。另外，上海、重庆、西藏3市（自治区）的初中中高级职称教师比例城乡差值在2002—2006年间呈现扩大态势，分别扩大了7.35个、6.86个和4.19个百分点。

① 本图不含初中中高级职称教师比例城乡差值扩大的省份。

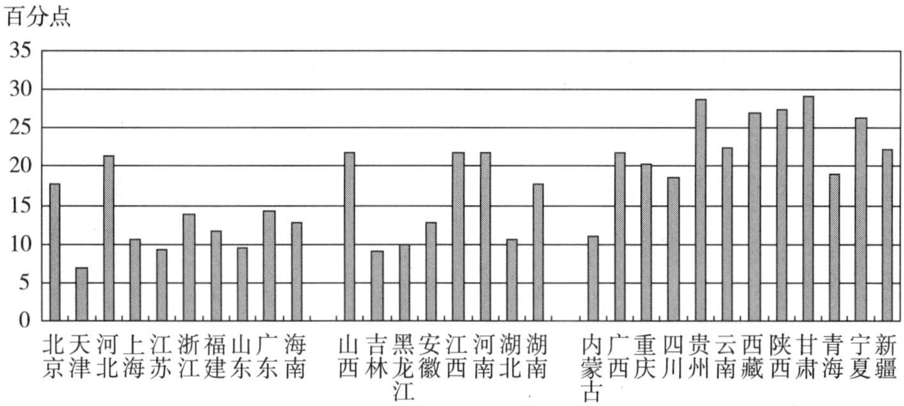

图 9－10　2006 年各省份初中中高级职称教师比例的城乡差值情况[①]

2006 年，初中中高级职称教师比例城乡差值高于 22 个百分点的 7 个省份中，有 5 个省（自治区）同期农村初中中高级职称教师比例低于 35%（全国为 43.02%），分别是新疆（33.73%）、陕西（26.32%）、甘肃（26.0%）、贵州（24.54%）、西藏（10.69%）。

二、多数省份中高级职称教师比例的县际差距缩小明显，西部地区省份差距较大

2002—2006 年，各省份小学中高级职称教师比例的基尼系数值小学平均由 0.233 0 降低为 0.189 2，缩小了 0.043 8；初中平均由 0.230 1 降低为 0.180 5，缩小了 0.049 6。绝大多数省份中小学高一层学历的基尼系数值均呈现出缩小态势，整体上东部和西部地区省份尤为突出。但从 2006 年的情况看，西部地区省份的中小学中高级职称教师比例最高和最低 20% 县的区域差距仍然较大。

（一）各地区小学中高级职称教师比例的县际差距进一步缩小，东部多数省份县际差距较小，但西部地区省份的县际差距依然较大

1. 各地区小学中高级职称教师比例基尼系数值出现不同程度的缩小，东、中部地区省份的缩小较为明显

从各地区小学中高级职称教师比例基尼系数值的缩小情况来看，

① 本图不含辽宁（城乡差值为 －2.76 个百分点）。

2002—2006年，小学中高级职称教师比例的基尼系数值缩小幅度高于地区平均缩小幅度（0.249 2）的有10个省份，其中，东部地区有3个省份，中部地区有2个省份，西部地区有5个省份。在这10个省份中，小学中高级职称教师比例基尼系数值缩小幅度高于0.066的有6个省（自治区），分别是东部地区的河北（0.071 2）、山东（0.066 3），中部地区的吉林（0.130 8）、安徽（0.088 3），西部地区的青海（0.109 2）、内蒙古（0.088 5）。

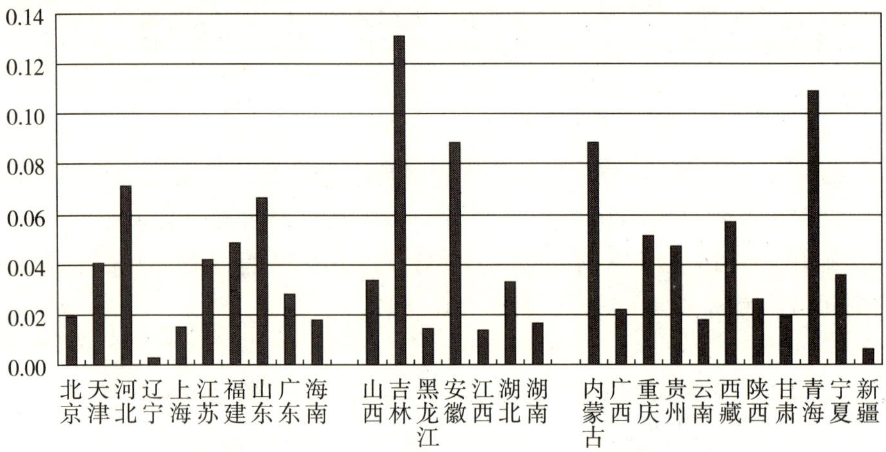

图9－11　2002—2006年各省份小学中高级职称教师比例基尼系数值缩小情况[①]

各地区小学高一层学历教师比例基尼系数值低于0.12（地区平均水平为0.189 2）的有14个省份，其中，东部地区有7个省份，中部地区有5个省份，西部地区有2个省份。在这14个省份中，2006年小学中高级职称教师比例基尼系数值低于0.09的有7个省（市、自治区），分别是东部地区的天津（0.041 3）、北京（0.064）、上海（0.070 4）、辽宁（0.079 3）、海南（0.079 5）、江苏（0.085 5），西部地区的宁夏（0.086）。

小学中高级职称教师比例基尼系数值低于0.12的14个省份中，其基尼系数值2002—2006年期间缩小幅度高于0.088的省份有2个，分别是中部地区的安徽，西部地区的内蒙古。

① 本图不含小学中高级职称教师比例基尼系数值扩大的省份。

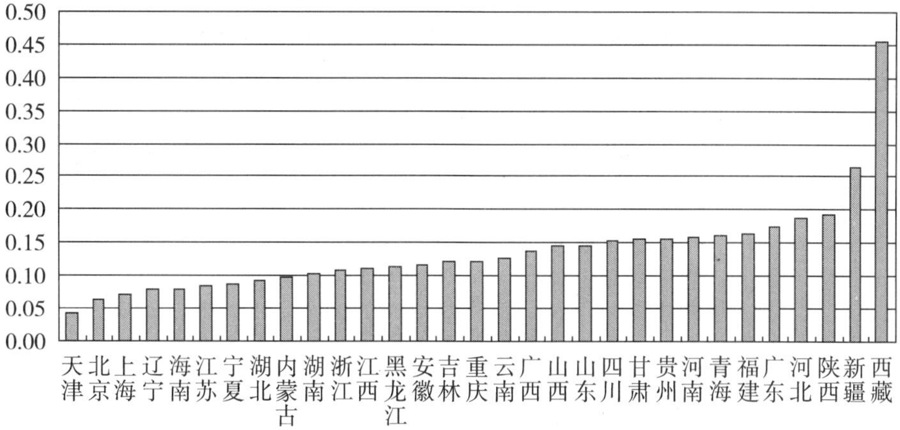

图 9－12　2006 年各省份小学中高级职称教师比例基尼系数值情况

2. 西部地区多数省份小学中高级职称教师比例最高和最低 20% 县的差距仍比较突出

各地区小学中高级职称教师比例最高和最低 20% 县的差值超过 21 个百分点（地区平均为 20.4 个百分点）的有 10 个省份，其中东部地区有 1 个省份，中部地区有 1 个省份，西部地区有 8 个省份。在这 10 个省份中，小学中高级职称教师比例 20% 差值高于 28 个百分点的有 7 个省（自治区），分别是东部地区的广东（28.99 个百分点），西部地区的西藏（65.58 个百分点）、新疆（42.68 个百分点）、青海（41.13 个百分点）、陕西（35.08 个百分点）、贵州（31.18 个百分点）、甘肃（30.46 个百分点）。可见，小学中高级职称教师比例 20% 差值较高的省份主要是西部地区的省份。

表 9－11　2006 年小学中高级职称教师 20% 差值的地区分类　（百分点）

地　区	>30	20～29	14～19	10～13	<10
东部地区		广东、海南	河北、浙江、福建、江苏	山东、辽宁	上海、北京、天津
中部地区		山西、江西	河南	湖北、黑龙江、安徽、吉林、湖南	
西部地区	西藏、新疆、青海、陕西、贵州、甘肃	广西、四川、云南、重庆	内蒙古	宁夏	

（二）绝大多数地区的初中中高级职称教师比例的县际差距均有缩小，但西部地区省份的县际差距依然较大

1. 各省份初中中高级职称教师比例基尼系数值均呈现缩小态势，尤其是东部和西部地区省份幅度较高

从各省份初中中高级职称教师比例基尼系数值缩小情况来看，2002—2006 年，初中中高级职称教师比例的基尼系数值缩小幅度高于地区平均缩小幅度（0.049 6）的有 13 个省份，其中，东部地区有 6 个省份，中部地区有 2 个省份，西部地区有 5 个省份。在这 13 个省份中，初中中高级职称教师比例基尼系数值缩小幅度高于 0.072 的有 6 个省（市、自治区），分别是东部地区的河北（0.099 4）、福建（0.089 6）、天津（0.087 4），西部地区的青海（0.150 0）、内蒙古（0.104 8）、贵州（0.072 8）。

表 9－12　2002—2006 年初中中高级职称教师基尼系数值缩小幅度的地区分类①

地　区	>0.1	0.07～0.1	0.04～0.069	0.022～0.039	<0.022
东部地区		河北、福建、天津	山东、广东、北京	浙江、海南、江苏	辽宁
中部地区			吉林、黑龙江	山西、湖北、江西、安徽、河南	湖南
西部地区	青海、内蒙古	贵州	重庆、陕西	西藏、云南、四川	广西、新疆、宁夏、甘肃

从 2006 年初中中高级职称教师比例的实际情况看，各省份初中高一层学历教师比例基尼系数值低于 0.131（地区平均水平为 0.180 5）的有 15 个省份，其中，东部地区有 7 个省份，中部地区有 5 个省份，西部地区有 3 个省份。在这 15 个省份中，2006 年，初中中高级职称教师比例基尼系数值低于 0.095 的有 6 个省（市），分别是东部地区的天津（0.044 1）、辽宁（0.061 4）、上海（0.061 5）、海南（0.091 6）、浙江（0.094），中部地区的湖北（0.089 1）。

在初中中高级职称教师比例基尼系数值低于 0.131 的 15 个省份中，其基尼系数值从 2002—2006 年期间缩小幅度高于 0.050 4 的省（市、自治区）有 4 个，分别是东部地区的天津、中部地区的吉林、黑龙江，西部地区的内蒙古。

① 本表不含小学中高级职称教师比例基尼系数扩大的省份。

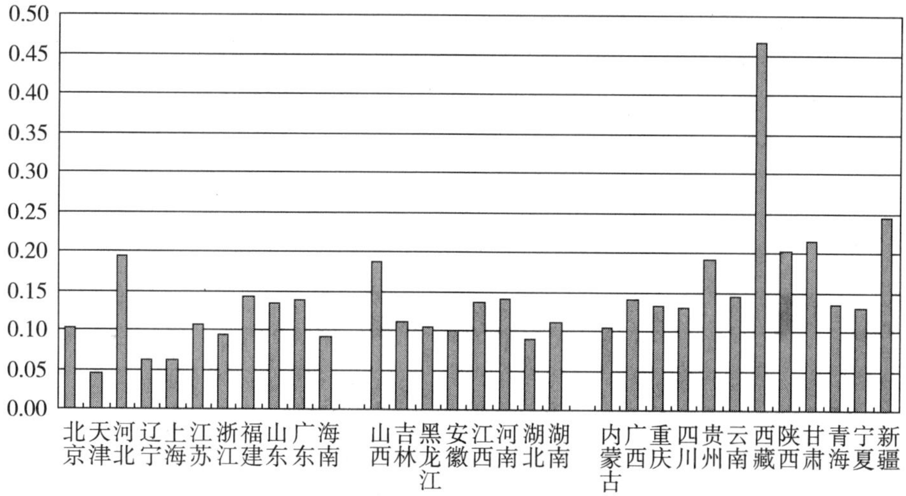

图 9－13　2006 年各省份初中中高级职称教师比例基尼系数值情况

2. 中、西部地区省份初中中高级职称教师比例最高和最低 20% 县的差距更为明显

各地区初中中高级职称教师比例最高和最低 20% 县的差值超过 31 个百分点（地区平均为 29.98 个百分点）的有 14 个省份，其中东部地区有 3 个省份，中部地区有 5 个省份，西部地区有 6 个省份。研究发现，在这 14 个省份中，初中中高级职称教师比例 20% 差值高于 34 个百分点的有 6 个省（自治区），分别是东部地区的河北（44.51 个百分点），中部地区的江西（35.04 个百分点）、吉林（34.62 个百分点），西部地区的新疆（45.93 个百分点）、甘肃（35.66 个百分点）、宁夏（34.58 个百分点）。可见，初中中高级职称教师比例 20% 差值较高的省份主要是中西部地区的省份。

表 9－13　2006 年初中中高级职称教师 20% 差值的地区分类　（百分点）

地　区	>44	32～44	27～31	22～26	<22
东部地区	河北	广东、山东	福建	辽宁、上海、浙江、江苏、北京	天津、海南
中部地区		山西、吉林、江西	湖南、河南、湖北、黑龙江	安徽	
西部地区	新疆	青海、广西、宁夏、甘肃	贵州、云南、四川、陕西、西藏	重庆、内蒙古	

2006年，在初中中高级职称教师比例最高和最低20%县的差值超过32个百分点的11个省份中，有8个省份的20%差值表现出扩大态势，其中西部地区省份居多。这8个省（自治区）分别是东部地区的山东（3.9个百分点）、河北（5.01个百分点），中部地区的山西（0.1个百分点）、江西（0.37个百分点），西部地区的广西（5.31个百分点）、宁夏（4.59个百分点）、甘肃（5.84个百分点）、新疆（3.89个百分点）。

第四节　代课教师情况

由于全国各省份采取措施努力减少代课教师比例，各省份代课教师比例的城乡和县际差距均有不同程度的缩小。但从目前的实际情况来看，全国还有40多万中小学代课教师，主要集中在西部地区省份的农村地区，这一情况的县际和城乡差距仍然比较突出。

一、中西部省份的代课教师城乡差距较为突出

（一）农村大量存在代课教师，尤其是中西部地区部分省份的代课教师城乡差距非常突出

2006年，在农村中小学的代课教师数量远远超过城市，全国各省份代课教师比例农村和城市差值平均高于2.4个百分点，全国有21个省份代课教师的比例农村高于城市，且多数中西部地区的省份代课教师比例农村与城市的差值较大。

从各省份代课教师比例农村高于城市的情况来看，共有10个省份农村与城市代课教师比例的差值高于3个百分点，其中，中部地区有3个省份，西部地区有7个省份。在这10个省份中，农村与城市代课教师比例的差值高于4.3个百分点的有7个省（市、自治区），分别是中部地区的湖北（4.37个百分点），西部地区的广西（13.68个百分点）、甘肃（11.57个百分点）、西藏（10.82个百分点）、云南（9.17个百分点）、贵州（5.8个百分点）、重庆（5.21个百分点）。

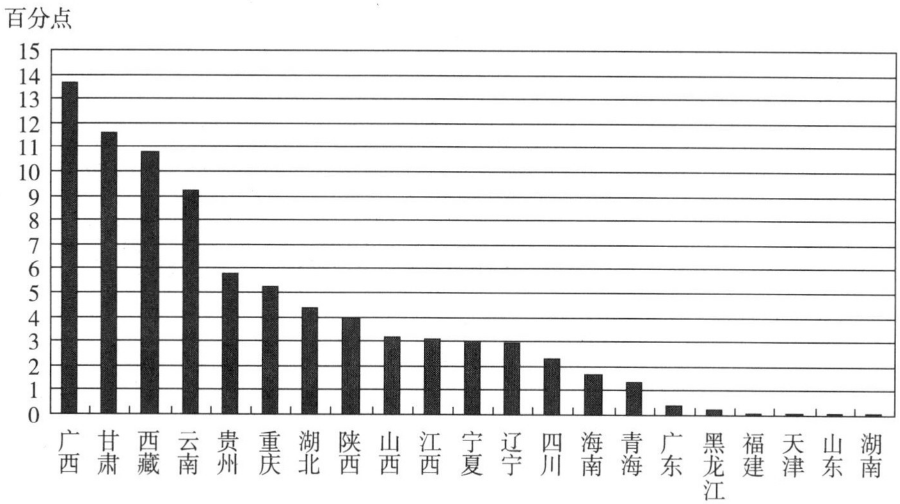

图9－14　2006年部分省份代课教师比例农村高于城市情况

2006年，小学代课教师比例农村与城市差值高于13个百分点的10个省份中，有8个省（自治区）的农村小学代课教师比例高于8%，分别是中部地区的山西（9.38%）、湖北（8.37%），西部地区的广西（17.37%）、甘肃（13.19%）、西藏（11.06%）、云南（9.71%）、陕西（8.38%）、贵州（8.08%）。

（二）教师编制问题是造成农村存在大批代课教师的重要成因

有关实地调研①发现，农村中小学校布点比较分散、学校和教学点平均规模小，难以体现规模效应，仍然需要核定一定数量的教师编制维持基本的教学。按现行编制标准配备教师，很难满足教学需要，为了开齐教学科目，教师必须兼课，偏远地区只能采取包班教学。有的地区因为教师不足，不得不聘用代课教师，教育教学质量难以保证。而城市情况完全不同，导致代课教师的城乡差距比较明显，这些都给推进教育均衡、促进教育公平带来了很大的阻力。

如，广西凭祥市共有教学点30个，在校生670人，教师93人，生师比7.2∶1，按国家标准已经超编。但教学点规模小，点均只有23名学生，6

① 2007年6月教育部组织开展对山东、云南、新疆、湖南、河南、甘肃、广西等省、自治区调研，了解中小学教师基本状况。

个教学点学生不足5名，有13个教学点只有一名教师，这些教师只能包班上课，教师工作负担重，教学质量也难以保证。再如，新疆阿图什市，全市中小学教师存在总体超编（超编338人），结构性缺编现象（尤其是汉语教师缺编）严重。汉语授课教师严重短缺，根据中小学班级、课程设置要求，“双语”教师学前班缺100名，小学缺345名，初中缺82名，高中缺45名。[①]

专栏9-4　义务教育阶段教师缺编状况严重

由于农村地区教师编制紧张，造成农村教师队伍中出现了各种各样的问题。如山东省受到编制、经费等多方面的影响，教师的补充步伐比较慢，多数县近几年补充教师与办学规模相比，有较大缺口，有的县甚至连续几年没有补充教师。

乌鲁木齐县教职工核定编制数为1 178人，现在实有教职工数为1 129人，专任教师整体缺编88人。自2002年开始，该县由于财政困难，有教师退休而没有补充新任教师。

二、中西部省份的代课教师比例较高，县际差距较明显

2006年，各省份小学代课教师所占比例的县际差距依然较大，中西部地区的省份尤为突出。2006年，各省份最高20%县的小学代课教师所占比例仍然高达17.38%，且比例较高的省份主要集中在西部地区，代课教师所占比例高于10%的县主要集中在中西部地区的省份。

（一）多数省份最高20%县的小学代课教师所占比例依然较高，西部地区的省份更为明显

2006年，各省份最高20%县的小学代课教师比例高于17.54%（全国水平为17.38%）的有11个省份，其中，东部地区有1个省份，中部地区有2个省份，西部地区有8个省份。在这11个省份中，最高20%县的小学代课教师比例高于20%的有8个省（自治区），分别是东部地区的广东（21.05%），中部地区的湖北（21.94%），西部地区的广西（32.48%）、甘

① 资料来自2007年6月教育部组织研究的关于广西壮族自治区中小学教师基本情况调研报告。

肃（29.75%）、陕西（22.79%）、西藏（21.56%）、云南（21.19%）和四川（20.12%）。可见，最高20%县的小学代课教师比例较高的省份主要是西部、中部地区的省份。

表9－14 2006年各省份最高20%县的小学代课教师比例的地区分类（%）

地　区	>22	19~22	10.5~18	5.4~10.4	<5.4
东部地区		广东	河北	辽宁、海南、江苏、福建、山东	上海、天津、北京、浙江
中部地区		湖北、山西	安徽、江西	河南、湖南、吉林	黑龙江
西部地区	广西、甘肃、陕西	西藏、云南、四川、青海	重庆、新疆、贵州、宁夏、内蒙古		

在2006年最高20%的小学代课教师比例高于20%的8个省份中，有6个省份且绝大多数是西部地区的省份，其2006年小学代课教师占岗位教师比例超过7.9%（全国平均水平为5.29%），分别是东部地区的广东（10.36%），西部地区的广西（16.38%）、甘肃（12.14%）、西藏（10.03%）、云南（9.23%）、陕西（7.92%）。尤其是广西和甘肃不仅是2006年各省份中最高20%县的小学代课教师比例最高的省份，也是同年小学代课教师比例最高的省份。

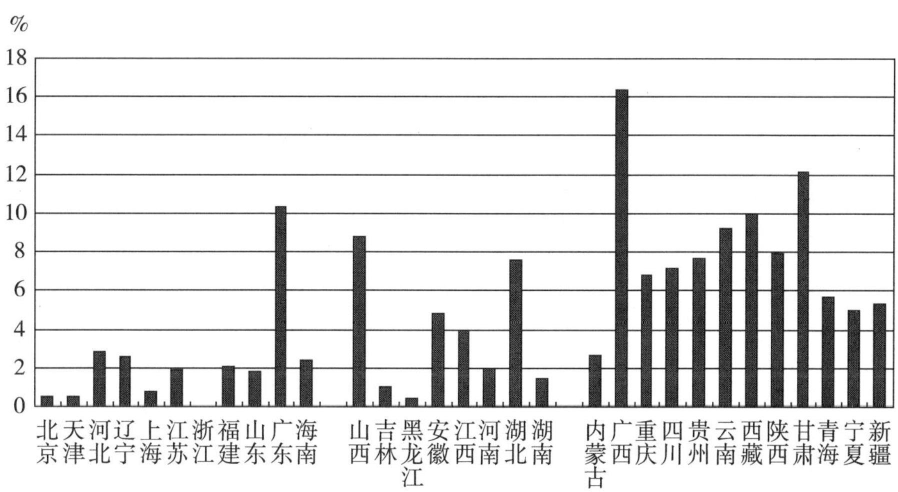

图9－15 2006年各省份小学代课教师占岗位教师比例情况

（二）代课教师比例较高的县主要集中在中西部地区的省份

从代课教师所占比例高于10%的县来看，2006年，全国各省份小学代课教师比例高于10%的县共有495个，其中，东部地区61个，中部地区92个，西部地区342个，可见小学代课教师比例高于10%的县主要分布在西部地区。从各省份看，小学代课教师比例超过10%的县高于19个的共有11个省份，其中，东部地区有1个省份，中部地区有2个省份，西部地区有8个省份。在这11个省份中，小学代课教师比例高于10%的县数超过35个的有6个省（自治区），均为西部地区的省份，分别是四川（51个）、广西（49个）、云南（49个）、西藏（39个）、陕西（39个）、甘肃（36个）。

表9－15　2006年各省份小学代课教师比例高于10%县的数量的地区分布（个）

地　区	>33	19～31	10～18	2～9	<2
东部地区		广东	河北	辽宁、江苏、山东	上海、天津、北京、海南、福建、浙江
中部地区	山西	湖北	安徽、江西	河南、吉林	湖南、黑龙江
西部地区	四川、广西、云南、西藏、陕西、甘肃、	新疆、贵州	青海	内蒙古、重庆、宁夏	

第十章

推进我国义务教育公平发展的构想与建议

围绕推进义务教育公平，党和政府坚持执政为民的理念，以实施“新机制”等一批国家大工程大项目为动力，注重发挥地方的创造性，在缩小区域、城乡适龄儿童入学及资源配置差距等方面，取得了显著的进展与成效，体现了党和政府关注落后地区、不利人群受教育的权利和努力办好让人民群众满意教育的巨大努力。然而，面对新时期新阶段出现的新矛盾、新需求和新挑战，我们必须从实际出发，通过科学规划、合理决策、有效执行和公开监督，推进我国义务教育公平的不断发展。当务之急，一是要从当前义务教育发展面临的主要任务出发，客观分析推进义务教育公平任务的艰巨性和长远性，对我国推进义务教育公平发展面临的实际问题与困难保持清醒的认识，在制定规划、目标和政策时充分体现基本国情和教育发展实际；二是要从义务教育的国际发展趋势和我国义务教育发展的阶段性特点出发，树立从教育起点、过程和结果多个侧面统筹推进义务教育公平发展的观念和推进目标。兼顾国家发展战略目标要求、经济社会发展需求、所有孩子个性化特色化发展需求以及促进人和社会全面和谐发展的宗旨，深入研究和确定不同阶段我国及各省份教育公平发展的目标和对策建议。

第一节 推进义务教育公平发展的战略思路、目标与重点

推进义务教育公平是推进教育现代化乃至推进国家现代化的基础工程，是新时期国家及各省份进一步促进义务教育巩固、提高的标志性工程。从我国国情和义务教育发展阶段性特点出发，推进义务教育公平应该把握教育公平行动框架设计、确立政府主体地位、实施专项工程驱动以及努力形成有效的监督机制等几项原则和重点。在国家全面建设小康社会、基本实现现代化目标的框架下，按照教育事业发展“十一五”规划纲要确定的阶段性发展目标，围绕缩小国家和各省份义务教育公平发展中存在的差距，围绕有效提高义务教育机会均等水平以及努力实现教育资源的均衡配置，合理研究设计我国不同时期义务教育公平发展的目标，为各级政府制定行动框架提供指导与依据。

一、把推进教育公平纳入到国家教育现代化体系建设行动框架中

我国义务教育发展进入到了新的历史阶段，推进义务教育公平也被赋予了新的内涵与使命。近年来，国家实施一系列义务教育发展重大工程，并已对促进义务教育快速发展发挥了应有的全局性、战略性作用。义务教育发展的新形势、新任务呼唤新的全局性工程及其导向作用。换句话说，目前已到了树立推进义务教育公平大旗的时候了！推进义务教育公平发展应该也能够成为从根本上推动和谐社会和人力资源强国建设的基础性工程，从而引领各级政府继续发挥公共职能重点发展义务教育，统领城乡义务教育均衡发展，将义务教育发展重点转向内涵发展和提高质量，办好让人民群众满意的教育。

长期以来尤其是新世纪以来，国家加大力度不断巩固、提高“两基”成果，将农村教育摆到重中之重的战略地位，中央出台了新增教育经费主要用于农村的重大决策，集中更多的精力和财力实施了一系列重大工程项目，如，“普九”工程、“两基”攻坚、“新机制”等，在推进义务教育普及和巩固提高中发挥了历史性的重要推动作用。进入新的发展阶段，客观上也要求提出一个新的具有全局性、统领性的科学发展框架和战略目标，并使各级

政府和全社会围绕推进这一目标达成共识，从而形成推进义务教育新一轮发展的起点。

推进义务教育公平既是一种长期的追求，需要从战略上科学规划，即，将推进义务教育公平纳入到我国和各省份推进教育现代化的框架之中，使之成为教育现代化以及国家2020年全面建设小康社会和2050年基本实现现代化的宏伟目标的重要指标。同时，推进义务教育公平也需要政府和全社会共同努力，能够与义务教育的新一轮发展互相融合，可被社会和广大人民群众所感知。因此，推进义务教育公平应该也能够成为实实在在的政策和工作，成为推进教育现代化和国家现代化发展的重要推动力量。

建立科学的行动框架是国家和各地推进义务教育公平的前提。在我国教育现代化框架下，合理统筹谋划各地义务教育公平发展，使行动有方向、政策举措有案可依。推进义务教育公平发展应与国家及各地经济社会综合发展规划、与相应的教育发展规划有机结合起来，用推进义务教育公平统领新时期义务教育的巩固与提高。推进义务教育公平应被列为各地政府在新时期落实法定统筹义务教育发展、管理责任的重要工作内容，从而真正为推进义务教育公平各项工作的开展取得实效形成制度上、组织上、法规上的可靠保障。重要的是，目前各地需要形成可操作的义务教育公平发展行动框架。各地方政府要从当地经济社会发展需要和满足人民群众的需要出发，深入调研和分析比较，合理设计当地推进义务教育公平的思路、目标、保障条件以及相关的政策举措，确保辖区内分阶段分步骤实实在在地推进义务教育的公平发展。此外，还要通过义务教育的公平发展，带动和实现教育的公平发展以及全社会的公平化进程。

二、科学设定推进教育公平分步走的战略目标

（一）确定推进教育公平目标的参照系

本研究认为：研究确定推进我国义务教育公平的目标，需要立足国情、促进义务教育实现新的发展，并在下面5个方面努力体现相互协调、相互适应与相互推进：

——与国家现代化建设的战略目标要求相符合；

——与国家教育事业发展“十一五”规划纲要提出的义务教育发展目标相衔接；

——与政府职能转变及其公共资源保障能力相匹配；
——与义务教育公平发展的突出问题以及面临的新需求相适应；
——与国际上推进义务教育公平的取向相对照。

我国国家现代化建设和全面建设小康社会的蓝图已经绘就：2020 年，实现全面建成小康社会的奋斗目标，2050 年，基本实现现代化的目标。到 2020 年，现代国民教育体系更加完善，终身教育体系基本形成，全民受教育程度和创新人才培养水平明显提高。教育公平是社会公平的基础，设计推进义务教育公平的发展目标需要考虑符合国家现代化发展的目标要求。

国务院批转的教育部国家教育事业发展“十一五”规划纲要提出的 2010 年发展目标包括：全面普及和巩固九年义务教育，小学净入学率保持在 99% 以上，初中毛入学率达到 98% 以上，初中三年保留率达到 95%；城乡、区域教育更加协调，义务教育趋于均衡。义务教育公共资源均衡配置取得重要进展，所有学校的办学条件和教学质量均达到基本标准，基本实现区域内义务教育的均衡发展。推进义务教育公平的发展目标必须与既定的教育事业发展目标相衔接，并以此为基点进一步设计下一阶段的教育公平发展目标。

党的十六届六中全会通过《中共中央关于构建社会主义和谐社会若干重大问题的决定》指出，坚持教育优先发展，促进教育公平。保证财政性教育经费增长幅度明显高于财政经常性收入增长幅度，逐步使财政性教育经费占国内生产总值的比例达到 4%。但从目前教育经费和保障水平的实际情况看，部分地区尤其是农村学校的教育经费仍处于较低水平，均衡配置教育资源和实现均衡发展的任务仍然艰巨。推进义务教育公平目标必须与政府的资源投入能力相匹配，唯其如此，政府财政才能为实现义务教育公平目标提供坚强的支撑。

在党和政府的努力下，我国义务教育普及水平不断提高，处于 9 个发展中人口大国的前列。为数以亿计的少年儿童提供接受教育的机会和保障基本的受教育条件，是政府推进教育公平的重大成果。然而，受经济、社会、自然环境等多种因素影响，目前，我国区域、城乡、学校和人群间的教育差距问题依然很突出，接受更高质量教育的强烈需求，给政府办好让人民满意教育的庄严承诺提出了新的要求与挑战。推进义务教育公平需要充分考虑义务教育发展中的突出问题及重点需求，通过解决问题、促进发展，推进义务教育公平的不断进展。

世界不同国家的义务教育因所处的发展阶段不同而有不同的发展战略和

工作重点，但由政府主导推进公平发展则是共同的做法与趋势。借鉴发达国家的成功经验，从一些国家的失误中吸取教训，是后发国家的优势，同时也是我国各地区合理确定义务教育公平发展目标和针对特殊问题积极采取有针对性行动的重要参考。

（二）不同阶段推进教育公平的目标

在系统研究和综合分析国家发展战略目标要求、教育发展宏观目标要求、政府教育政策和资源保障能力、义务教育公平发展中亟须解决的突出问题以及国际上义务教育公平的共同趋势的基础上，本书按照到21世纪中叶我国基本实现现代化和进入中等收入国家行列的总体战略目标，设计、提出了推进我国义务教育公平的不同阶段的发展目标：

第一阶段：2010年，达到区县内部初步实现义务教育公平的目标

2010年是我国践行科学发展观、加速构建社会主义和谐社会和全面建设小康社会的关键时期。到2012年，我国将迎来政府换届，经过“十一五”最后两年的努力，我国经济社会发展将实现稳定持续发展、国家财政收入继续增长的态势，这将为落实国家推进教育公平的执政理念和推进义务教育均衡发展的政策提供坚实的基础。届时，我国义务教育公平推进状况应在教育机会方面进一步均等、落后地区及薄弱学校教育资源及师资配置水平进一步提高、区域内城乡及学校之间的差距明显缩小的基础上，达成在区县辖域内初步实现义务教育就学机会、资源配置公平的目标。

到2010年，所有适龄少年儿童接受义务教育的机会和权利得到一定的保障，除个别西部交通不便山区县以外，全国各县级单位基本实现完整的九年义务教育，使九年义务教育完成率从2006年的84.1%提高到90%以上的水平，使目前完成率水平相对较低的西部地区12省（自治区、直辖市）的九年义务教育完成率平均水平达到85%左右。到2012年，我国九年义务教育完成率力争达到93%。

到2010年，在所有区县内部分别实现小学、初中生均经费统一拨款标准。在加大专项经费服务农村学校、城镇薄弱学校的基础上，加快改善和大幅度提高农村学校、城镇薄弱学校办学条件水平，使区县内部小学、初中生均公用经费全部达到国家最低保障标准；县域内小学、初中生均教学仪器设备值的学校基尼系数分别由目前的0.55、0.50均缩小到0.4以下。

到2010年，在所有区县内部大力推进农村学校、城镇薄弱学校队伍建设，努力改善教师工作、学习、生活条件和福利待遇，积极推动优秀、骨干

教师及中小学校长的有序流动，使区县内部小学、初中中高级职称教师20%高低组的学校差值分别由目前的65.3和40.5个百分点缩小到20和15个百分点以内。

在我国所有区县内部初步实现义务教育公平的基础上，各省加大推进义务教育公平的力度，努力缩小省域内部区县、城乡义务教育资源配置差距，各省内区县小学、初中生均公用经费基尼系数的地区平均值分别由目前的0.31和0.29分别控制在0.25左右。

第二阶段：2015年，实现区县内部由初步实现义务教育公平向基本实现义务教育公平的转折

2015年是国家完成“十二五”规划、向全面完成建设小康社会目标阔步迈进的关键时期。这一时期，我国的现代国民教育体系和终身教育体系逐步发展完善，全民受教育程度和创新人才培养能力不断提升，义务教育的巩固、提高将获得极大推进。在推进义务教育公平发展方面，将凸显出区县内由初步实现义务教育公平向基本实现教育公平的明显转折。

到2015年，所有的少年儿童接受义务教育的机会和权利都得到基本保障，全国九年义务教育完成率进一步提高到95%左右，使目前义务教育完成率水平相对较低的西部12省（自治区、直辖市）的义务教育完成率平均水平达到90%以上。

到2015年，进一步缩小在所有区县内部小学及初中生均经费、生均办学条件、教师专业技术职称等软硬件配置方面的差距，使得小学与初中生均公用经费、生均教学仪器设备值倍率的差异明显缩小，中高级职称教师的比例等指标、20%高低组的学校差值缩小到10个百分点以内，努力消除区县内的择校现象。

到2015年，各省域内区县小学与初中生均公用经费、生均教学仪器设备值等的基尼系数均控制在0.2左右。城乡小学、初中中高级职称教师的比例大致相当。

在进一步推进义务教育公平的过程中，进入到2015年以后，全国各省份的义务教育公平将在区县内部由义务教育初步公平向基本公平转化的过程中，出现一部分省份的率先发展，即，沿海以及东部发达地区省（市）如北京、上海、天津、江苏、浙江等地，将超前于其他省份率先推进基本的义务教育公平。

第三阶段：2020年，达到区县内部基本实现义务教育公平的目标

党的十七大提出了全面建设小康社会的奋斗目标，到2020年，我国人

均国内生产总值将在2002年的基础上实现翻两番的目标，从而进入到中等发达国家的行列。届时，我国的现代国民教育体系将更加完善，终身教育体系基本形成，全民受教育程度和创新人才培养水平明显提高。在推进义务教育公平发展方面，将达成省域内初步实现义务教育公平、区县内基本实现义务教育公平的目标。

到2020年，所有的少年儿童接受义务教育的机会和权利都将得到充分保障，我国九年义务教育完成率进一步提高到98%的水平，使目前完成率水平相对较低的西部地区12省（自治区、直辖市）的九年义务教育完成率平均水平达到95%左右。

到2020年，进一步缩小在所有区县内部小学及初中生均经费、生均办学条件、教师专业技术职称等软硬件配置方面的差距，使得小学与初中生均公用经费、生均教学仪器设备值倍率的差异明显缩小，中高级职称教师的比例等指标、20%高低组的学校差值缩小到5个百分点以内，基本消除区县内的择校现象。

到2020年，各省域内区县小学与初中生均公用经费、生均教学仪器设备值等的基尼系数均控制在0.15以内。城乡小学、初中中高级职称教师均衡配置。

在进一步推进义务教育公平的过程中，进入到2020年以后，我国义务教育阶段全面推进素质教育、减小学生学习压力、注重和积极实现学生的个性化全面发展，将成为进一步推进教育公平的重要内涵和目标。

由于省际经济社会发展水平和财政支撑能力长期存在差距，到2020年，沿海以及东部发达地区省（市）如北京、上海、天津、江苏、浙江等地，将超前于其他省份率先实现程度更高的义务教育公平。

按照国家现代化发展“三步走”的战略目标，我国将在2050年达到基本实现现代化的宏伟目标，而在未来2020—2050年的发展中，我国将在全面实现建设小康社会目标的基础上继续奋斗30年时间。期间，从教育的前瞻性、基础性、全局性战略地位出发，从落实政府发展教育的公共服务职能出发，我国教育应该率先于经济社会发展实现现代化。同样，推进义务教育公平发展将有更高的要求和新的内涵，在各省内部基本实现义务教育的公平发展，促进所有的孩子都能获得发展并为今后实现进一步的发展奠定基础。这也将成为教育现代化发展的重要内涵，成为义务教育发展的客观需求和重要导向。为此，这段时间，我国将推动义务教育学生的个性化发展使其普遍受到重视，充分落实以人为本的教育理念，在义务教育阶段形成学校特色、课程多样、教育教学模式创新、评价标准多元化以及提供适合少年儿童个体发展等方面的新面貌。要让全国各区县内部城乡居民，尤其是家长对于教育资源、办学条件以及师资配置等方面的公平状况产生较高的满意度。教育公平在促进社会公平发展以及达成国家推进实现现代化目标中发挥出明显的基础性推动作用。作为人口大国，我国义务教育的公平状况，将在全世界得到广泛肯定。

三、进一步明确推进义务教育公平发展的重点与难点

推进我国的义务教育公平，首先要坚持科学发展的原则，满足全面建设小康社会的目标要求，适应我国国情和义务教育发展的阶段性特点；其次在科学总结我国推进义务教育快速发展的历史经验和深刻教训的基础上，把握和明确现阶段推进义务教育公平的工作重点，努力缩小区域、城乡、学校之间的差距。基于此，本研究认为我国现阶段推进义务教育公平发展的工作重点和难点应主要包括：一是要明确并落实到位各级政府的投入主体责任，保证公平的资源条件；二是通过实施专项工程驱动义务教育公平发展进程，破解制度机制难题；三是要积极培育专业化非政府机构并努力形成广泛透明的有效监督机制。

（一）落实政府投入主体地位

义务教育公平是无差别的基本公共服务的重要组成部分，明确和落实政府的投入主体地位是推进义务教育公平的重点和关键。党的十七大报告中已作为重大民生工程明确提出了推进教育公平的大政方针，各级政府应按照这一要求进一步确立推进辖域内义务教育公平发展的主体地位，尤其是中央和省级政府应将推进义务教育公平纳入到政府职能框架之中，通过完善由下至上的推进义务教育公平转移支付制度，解决各省份内部经济困难县级政府以及西部经济发展落后地区财政能力弱的实际困难，体现公共财政及其公益性事业的服务效能。事实上，根据国内外流行的经济学、管理学、社会学、教育学等领域学者的观点，无论何种政治体制国家，也无论这个国家的主流价值导向如何，各国政府对义务教育阶段增加公共投入，都比投入其他阶段的教育能够持续获得更高的投入回报率。当前，国家和各省份都应加快建立满足义务教育公平发展的最低经费投入标准。这一标准包括两个方面内涵：一是不同区域内部初中小学都要设立日常经费拨款标准，这一标准在一个区县

内部相对于小学或初中应该是统一的标准；二是要完善和规范上级政府的转移支付制度，在确定是否需要转移支付、转移支付力度多大的过程中，要首先确定下级政府投入教育经费占总财政支出的比例达到某一规定标准。与此同时，还要通过制度建设保障教育资源在区域内部均衡配置。

（二）以专项工程有效驱动解决资源配置的制度不全、机制不活的难点

采用专项工程是解决推进义务教育公平全局性重大难题和“做长短板”的有效途径。针对目前区域、城乡、学校以及人群之间存在的教育机会差距、教育资源配置差距以及推进义务教育公平发展中存在的制度不全、机制不活的突出问题与困难，充分发挥中央和省级政府义务教育宏观管理和统筹职能效益，继续通过实施国家义务教育专项工程，重点推进各区域内部城乡、学校之间受教育机会的均等以及各类义务教育资源的均衡配置，尤其是教师队伍的交流与培养。因此，在深化、改革和继续推进现有农村义务教育经费保障新机制、农村义务教育阶段学校教师特设岗位计划、师范院校招收免费师范生、初中学校建设工程、现代远程教育工程、贫困家庭学生援助等一系列重大项目的同时，设立和启动一部分指向落后地区、薄弱学校和困难人群并能够尽快改变学校教育教学软硬环境的重大专项工程。尽快解决进城务工人员子女同城待遇及就学难题。围绕强化农村学校教师队伍建设和教师区县内部统筹配置，研究和启动确保农村教师尤其是边远山区教师安心从教以及支持农村学校教师开展校本培训的国家项目，努力缩小义务教育公办学校之间各类教育资源尤其是教师配置方面的差距。

（三）形成广泛、透明的监督机制

建立公开透明、科学有效的监督机制是推进义务教育公平的重要保障和工作重点。随着改革开放的深入推进，在国家和地方重大事件、公民社会生活中，公共监督的作用越来越重要、越来越突出。在汶川大地震及其整个抢险救灾过程中所表现出来的信息公开及公共监督，充分体现了公共监督的有效性，同时也反映了我国民主法治建设、政治文明和公民精神的不断成长壮大。推进义务教育公平涉及千家万户，关乎百姓的根本利益，同样也是公民基本权利和社会稳定之所系。在推进义务教育公平过程中，在各级政府主动接受同级人大法律监督和政协民主监督的基础上，进一步引入社会的公共监督机制，对于督促政府履行职能和达成目标，对于保障有关政策落实的公平、公正与公开性，无疑都具有基础性保障作用。显然，推进义务教育公平

既涉及宏观、微观的发展水平以及进步程度的评价，也涉及各级政府的努力程度判断等大量专业化的数据信息。在充分保障社会和广大人民群众知情权、表达权、参与权、监督权的基础上，努力培育非政府组织和发展专业化机构，并通过建立信息平台和提供不断滚动更新的相关数据信息，就成为实现公共监督客观性、有效性的基本保障。在政府的支持下，加快建立和形成义务教育公平监督的技术支持体系和信息发布机制，对于形成保障义务教育公平发展的外部环境，同样具有理论创新和指导实践的重要意义。

第二节　加快法规及标准化建设

一、通过标准化、规范化建设，加快落后地区发展和改善薄弱学校办学条件

（一）研究起草并推行国家《义务教育学校标准化建设规定》

义务教育阶段学校办学差距过大已经成为制约我国教育均衡发展的重要因素。这种局面导致的直接后果是中小学办学两极分化，一些学校超豪华建设，造成了巨大的资源浪费；另一些地区和学校则由于基本的教学设施达不到基本标准，从而严重影响教育教学质量。尤其是部分中、西部地区农村以及城镇薄弱学校，不仅校舍不足、学生超大班上课，而且教学仪器陈旧落后，甚至连一般的教学实验都无法开设。推行义务教育阶段学校标准化建设，实施规范化办学是合理配置教育资源、推进教育均衡发展的有效措施，这既是从整体上提升我国基础教育水平的一项重要的基础性工程，也是从源头上解决我国义务教育阶段学校办学差别的一个重要举措。为此，国家应尽快起草并推行《义务教育学校标准化建设规定》。

根据我国的实际，《义务教育标准化学校建设规定》应包括以下内容：义务教育阶段教职工编制标准以及工资标准；义务教育学校基本建设标准（场地、校舍、建筑物、教学仪器设备、图书资料等具体标准）；保持学校正常运转的生均公用经费标准。义务教育学校标准化建设标准及其适用范围，必须由教育、财政、建设等多个部门，进行深入细致的研究和测算，经过审议后，以法规的形式颁布实施。

起草并推行《义务教育学校标准化建设规定》，可以约束政府行为，从而合理分配教育资源，使每一所义务教育学校都能按照法定的标准，拥有大体均等的物质条件和师资队伍条件，从而有一个公平竞争的舞台。具体来说，一方面可以通过这一规范化标准促使政府加强薄弱学校建设，帮助薄弱学校尽快达到法定标准；另一方面，也可从制度上遏制目前少数学校在办学设施上高投资、超豪华建设的现象和盲目攀比之风，制止追求“奢华”的不良风气。

（二）各地从实际出发积极推动义务教育学校标准化建设进程

省级政府要根据国家义务教育学校标准化建设的有关规定，起草符合当地实际的义务教育阶段学校办学条件标准。尤其是要关注教学仪器设备的配备情况，如，数学自然实验仪器、音体美器械的配备等，并建立相应的制度，严格检查，力促落实，努力提高办学水平，逐步实现义务教育学校的整体均衡发展。

县（市、区）要按照省级标准，建立办学条件核查制度，着力解决好义务教育学校尤其是农村学校和城镇薄弱学校办学条件的改善。各区县（市）根据省级关于义务教育阶段小学和初中办学标准的规定，确定区域内所有学校达标的时间和工作进程。对本地区办学条件低于基本要求的薄弱学校，制订出限期改造计划，集中力量加快薄弱学校的改造，尽快使辖区内薄弱学校逐步减少，尽快缩小校际间办学条件的差距，提高义务教育阶段的整体办学水平，推进义务教育均衡发展。此外，还需确立优先安排原则，对边远农村地区和城市的薄弱学校实施优先安排，从而使全区域普及义务教育的标准和质量不断提高，基本适应当地经济社会发展的现状与可持续发展需要，基本满足人民群众的义务教育需求。

（三）满足农村边远地区义务教育实际教学需要，适当提高教师配置标准及数量

随着经济社会的不断变化和教育的不断发展，2001 年颁布的《关于制定中小学教职工编制标准的意见》中规定的按生师比配备教师的编制标准，已不能完全适应农村边远地区的实际情况。中央编制部门应尽快会同教育部门、财政部门调整现行中小学编制标准，并根据农村中小学教育教学实际需要，提高农村教职工编制标准，与此同时，还要建立起根据经济社会发展和教育发展适时调整编制标准的有效机制。在核定教师编制时，要向农村学校

倾斜，新增教师要优先满足农村学校、城镇薄弱学校的需求。

建议有关部门针对农村地区，尤其是边远山区学校、教学点存在的“生源少、班额小”的特殊情况，科学确定适应农村边远地区的教师配置标准，对于寄宿制学校，也应适当增加教师配置标准。此外，对于农村边远山区、海岛、牧区等特殊地理位置地区，应研究制定学校最低教师编制配置标准，保障这些学校正常的教育、教学工作。

同时，各地教育行政部门应督促学校，严格按照国家颁布的教师配备标准配置教师，坚决杜绝部分地区存在的“有编不补”的现象。

（四）提高农村教师津补贴标准，明确标准并足额发放农村边远地区特殊津补贴

当前，我国农村与城市中小学教师工资待遇不统一，农村中小学教师实际工资待遇远远低于城市中小学教师。其结果是，阻碍城乡义务教育的均衡发展，不利于教育公平。2009 年，国务院、教育部下发相关文件，要求 2009 年起义务教育学校实施绩效工资制度，确保义务教育教师平均工资水平不低于当地公务员平均工资水平。为此，各地要在多劳多得、优绩优酬的原则下，严格执行《关于做好义务教育学校教师绩效考核工作的指导意见》，充分调动广大教师积极性的改革。这一切落实到位后，定将促进我国教育事业更好地发展。

当前，我国城乡教师工资的差距主要在津补贴这一块儿。部分现行教师津贴制度还沿用了 20 世纪 80 年代的低标准，不能起到稳定教师队伍的作用，亟须制定新的津贴标准，增加教师收入。此外，还应通过设立农村边远山区、库区、湖区的“艰苦地区教师津贴”等特殊政策，对在农村艰苦地区从教的教师，给予特殊的津补贴。对于边远山区可以按照较边远、边远、最边远三个地区层次，分设三个档次，逐步提高津贴标准，使艰苦地区教师的收入等于甚至高于城镇教师的收入标准，从而促进人才的合理流动，合理配置教师，打通青年教师面向农村、服务农村中小学（包括教学点）的渠道。

二、完善义务教育中小学预算制度，制定区域内统一的生均经费标准

（一）建立义务教育中小学预算制度，保证经费规范使用

中小学预算是指中小学根据教育事业发展计划和任务编制的年度财务收

支计划。从法律层面保障义务教育的支出，必须以严格制定中小学预算制度为前提。只有建立义务教育中小学预算制度，通过预算的编制，将学校的一切收支行为纳入预算管理，进入法制化的轨道，才能保证义务教育经费真正到位，保证义务教育经费不被挤占、挪用和截留，保证义务教育经费得到恰当的使用。我国实行一级政府一级预算，农村中小学预算是单位预算，它是县一级（县级市）政府的教育部门预算的组成部分。为此，必须以学校为基本预算单位建立义务教育中小学预算制度。

由于预算的法制性，通过中小学预算的编制，就是以法律的形式明确各级政府保障义务教育投入的责任，尤其是明确各级政府所应承担的义务教育经费数额；再加上预算管理整个过程所具有的公开、透明性，使得各政府部门在预算管理过程中的责、权、利为社会所了解，处于社会公众的监督之下。所以，义务教育中小学编制预算，可以规范政府行为，完善公共财政体制，保证义务教育经费的来源。

通过农村中小学编制预算，还可以规范教育行政部门的管理行为，规范学校内部的管理行为，提高教育经费的使用效益。编制农村中小学预算，要按部门预算的要求做到细编预算，因此，县级教育行政部门就必须下大力气彻底摸清学校的家底，加强部门基础资料的管理；同时，由于预算要落实到具体项目，明确具体项目的投入金额和资金的安排时间，这样教育行政部门就必须重视教育事业发展规划和项目的研究论证，将最急迫、最重要、可行性最强的项目排在前面，进而提高财政资金的使用效益。由于预算管理的过程具有公开、透明的特点，在预算审议通过后，学校的一切收支都必须按照预算执行，按预算规定的金额和规定的时间收钱和用钱，这样，就增强了农村中小学管理与经费开支的计划性和透明度，杜绝了经费收支的随意性和“暗箱”操作，没有列入预算的那些乱收费项目就失去了收取的依据。

（二）把握城乡经济社会统筹发展的契机，制定并执行地区内统一的生均经费标准

义务教育中小学在编制预算时，必须有一定的基准（合理的支出标准和定额）作为参考，这个基准就是生均经费标准。为此，应把握统筹城乡经济社会发展的契机，制定地区内的一个标准，实现“一碗水端平”，即，用统筹城乡事业发展的一元标准，去破解二元结构的城乡教育发展难题。义务教育生均经费在同一区域内、城乡之间、学校之间实现一视同仁，并由国家和省级财政予以保底。

第一，根据我国的国情和实际，建立分类指导的国家教育基准。根据《中华人民共和国义务教育法》《中华人民共和国教师法》和义务教育国家课程标准，通过调查研究和办学成本核算，制定全国小学生均事业费、初中生均事业费拨款和生均公用经费拨款的基本标准。同时，根据不同地区经济水平，测算达到基本教育质量的义务教育生均经费标准，作为经费需求和分担财政责任的依据。

第二，各地根据国家指导性标准，本着实事求是的原则，根据本地区经济社会发展水平和维持学校正常运转的基本支出需要，制定中小学生均公用经费基本标准、杂费标准以及预算内生均公用经费拨款标准，确保政府拨款、专项经费到位，保障辖区内学校尤其是农村每一所学校都达到这一标准。

义务教育中小学在编制预算时，需要参照其所处地区的生均经费标准，并根据自身的实际情况，做适当地上下浮动。如，在需要取暖的北方地区中小学，他们编制预算时就会增加取暖费用这一项支出，这就需要提高生均经费标准。

（三）加强预算编制管理，主动接受公开的监督

在以后的工作中，必须加强义务教育中小学编制预算的管理，督促各级政府做好中小学的预算工作。中小学预算是单位预算，是县一级（县级市）政府的教育部门预算的组成部分。义务教育中小学必须遵守《中华人民共和国预算法》和《中华人民共和国义务教育法》《中华人民共和国会计法》，严格编制农村中小学预算。每一所中小学校的预算必须包括七个部分，即，预算编制、预算审查、预算批准、预算执行、预算调整、决算、监督评价，对每一个方面都必须进行详细的列支，做到环环相扣、依次推进。在预算编制过程中，人员经费就要核算到个人，杜绝“吃空头”的现象；公用经费要按学生人数核定，学校开支要实现透明化；项目支出要经多方论证，以提高项目预算的科学性和准确性。同时，农村中小学预算草案提交县级人民代表大会审议，审议通过后就必须严格执行。这样，在法律的框架下，通过预算编制，做到依法理财、民主理财和规范理财。只有这样，才能说明所用的每一分钱的来源与去向，把纳税人的每一分钱都用得明明白白、清清楚楚。

只有做好详细的中小学预算，才能更好地接受社会的监督。因为对于监督部门来说，比如说，人大、审计部门、教师代表、新闻媒体，等等，要对义务教育经费的实施情况和实施效果进行监督和评价，要看应该到学校的钱

到位没有，有没有挤占、挪用义务教育经费，要看校长有没有乱用钱，评价的标准就是预算。

在对农村中小学预算进行评估确定以后，还要对当地政府现有能力进行评估，本地能解决的经费尽量由当地政府统筹解决，不能完全解决的，超出本地政府支付能力范围的，需中央转移支付的，应把当地农村中小学的预算情况和本地政府的支付能力情况一起报国家教育管理部门备案，由中央统筹进行转移支付。

三、完善和有效落实校长及教师轮换调整、职务晋升制度

（一）确立校长及骨干教师轮换调整的规章制度，实现政府对义务教育均衡发展的有效调控

统筹配置区域教育资源，重点和难点是推动校长和教师的定期交流。在新进师资配备标准统一的前提下，促进优秀校长、教师在区域内学校间的交流，是解决区域内师资质量分布不均问题的根本所在。当前，我国有些地方已实施城乡教师对口支援、相互交流等政策措施，并取得了显著成果，保证了义务教育教师较为均衡的配置。国家教育行政部门应在充分总结各地实践经验的基础上，进一步加大发达地区全面支持不发达地区的支教力度，通过政策杠杆，确定校长、教师的轮换调整制度，并写进相关法规，切实缩小地区、校际的师资差异，保证各中小学师资力量、教育管理和教学水平的相对均衡。具体来说，校长、教师的轮换调整制度，应包括如下几方面。

1. 改革教师的管理，实行按照一定的比例和年限相互轮岗的制度，对骨干教师进行统筹调配。积极研究探索对教师人才资源实行“无校籍管理”的办法，变教师“校管校用”为“县（区）管校用”，促进教师在各校的均衡配置。

2. 建立教师交流制度，建立城镇中小学教师到农村任教服务期制度。探索定期安排新教师和名优教师在薄弱学校执教，并使之逐步制度化。组织由名特优教师组成的专家团走向农村地区和城镇薄弱学校，发挥骨干辐射作用。派遣优秀的师范院校毕业生和选调优秀教师到农村地区和薄弱学校任教，或优秀骨干教师定期、轮流到农村和薄弱学校示教、挂职等，以帮助落后地区尽快提高水平。在农村和城市薄弱学校选派有发展前途的青年教师走进名校去见习锻炼，促使优秀青年教师自身的发展提高。

3. 修订《中小学教师继续教育规定》，创造条件，为农村地区和城市薄弱校教师提供更多培训提高的机会。进一步加强教师特别是农村教师培训工作，提高教师教书育人能力。加强中西部农村和边疆地区骨干教师远程培训，强化中小学班主任和校长培训，真正从内涵发展上提高农村教师队伍的整体素质。

（二）将区域内教师均衡配置与教师晋升职称职务、评选名特优教师工作有机结合在一起

改革义务教育的人事管理制度，使教师的交流制度与教师职称职务晋升挂钩，把城镇中小学教师在农村学校任教的经历作为其职称、职务晋升评聘的必备条件。凡评聘高级教师职称的，原则上都要有一年以上在薄弱学校或农村学校全职支教的经历。没有支教经历的城镇中小学教师将不能晋升高级教师职称。兼职支教不计算支教年限。

城镇教师在支教期间，支教教师的人事关系仍挂在原学校，支教期间只转临时组织关系，并享受原学校工资、奖金、福利和社会保险等待遇，其中到区域外的全职支教教师其支教期间的生活补贴按省市有关规定执行。支教期满后仍回原学校工作。支教教师学年度考核由受援学校考核，并占受援学校考核等级比例，受援学校要在考核结束后及时将考核情况反馈给原学校和区县教育局。支教期间考核基本合格或不合格的，不计算支教年限。

对到农村支教时间长的教师，还需实施职称评聘倾斜政策。如，对从城镇到农村学校轮岗两年以上的教师，在同等条件下优先评聘教师职务；轮岗时间在两年以上并在教育教学工作中表现优秀的，可以破格评聘高一级教师职称。

四、创新思路，进一步落实完善贫困学生援助制度

（一）作好调查研究，科学计算贫困生数量，建立贫困生档案

界定贫困生是比较困难的，我国很多地方是采取根据最低生活保障线来界定。各地民政部门可在城镇居民最低生活保障线的基础上进一步划出当地农村的最低生活保障线，教育部门可由此测算出绝对贫困的学生人数，并以此作为贫困生救助预算决算的依据。同时，教育部门应抽调有关人员，到学校开展蹲点调研，对本地中小学贫困生进行一次“拉网式”的调查摸底工

作，并做到逐一登记、逐一核实，准确掌握各学校贫困生人数，建立贫困生档案库。

（二）完善工作机制，形成助学工作规范化，加强贫困生救助工作的管理

各地应出台贫困生救助的章程，明确助学工作资助的范围、对象、名额、金额、资助申请及审批程序、申请时间、资助金发放时间，形成贫困生救助工作体系，健全贫困生救助工作制度，使助学工作更加规范化。教育行政部门应设置专人负责贫困生救助工作，以明确责任人。各学校要及时提供贫困生相关资料，对贫困生的管理应定时、定期加以整理调整，提高管理效率，及时全面掌握情况动向。此外，要规范各级扶贫助学资金的管理、使用。增加扶贫助学资金运用的针对性、透明度，强化资金的运作，使资金发挥更有效的作用。

（三）在救助资金的发放上，应以凭证形式代替现金的流通

由于救助资金旨在提高贫困学生的支付能力，而不是用于平衡各地财政能力，如果专项救助资金委托学校或乡镇政府代理实施，很难保证该项补助不用于其他方面。为保证救助资金切实用于贫困学生的救助，县级政府在发放救助金时应该采取凭证形式（如，教育券）发给贫困生，使资金不直接到学校或乡镇机关，也不到学生家长手中。资金不在救助过程中直接流通，可以避免救助资金被截留、克扣、挪用。

（四）创新思路，关注贫困学生的精神扶助

目前的政策，主要关注物质方面的援助，现在来审视还是不全面的。有条件的地区还应创新思路，使贫困生援助工作上一个新高度，在物质补助的同时，增加文化和心理援助。韩国的研究表明，贫困对于儿童的发展有负面影响，而单纯对贫困学生进行物质扶贫并不能对他们的情感发展有帮助。为此，对贫困生的援助还应包括精神援助。他们认为纯粹依靠学校的力量解决贫困生的问题是不够的，还必须发动社区文化福利机构的力量，共同解决。在我国，对于城镇的贫困生，应动员社区、福利机构的力量，与学校一起形成一个网络，对贫困生进行全面的帮扶，在进行物质帮助的同时，关注其情感、交往等需要。对于农村义务教育阶段的贫困生，由于农村社区建设尚不完善，还需要依靠教师的帮助，所以，建议应对农村义务教育教师的培训加入心理课程，使教师能够承担起对学生心理援助的作用。

（五）拓宽助学渠道，完善扶贫的长效机制

要真正有效解决贫困生问题，应建立以政府扶贫为主、社会资助为辅、学校自筹为助的长效机制。一方面，政府增加投入，建立扶贫帮困的主要保障。当地各级政府应严格按照上级文件建立救助贫困学生的基金。另一方面，教育系统内部积极开展扶贫助学募捐活动，形成自助工程。鼓励广大师生积极参与救助贫困生活动，统一收缴上教育行政部门，用所得资金建立专户，通盘规划，专款专用，建立稳定的保障资金筹措体系。最后，就是要充分利用各地优势，扩大地区外救助资金的来源。我国经济欠发达地区很多地方都是有特色的，如，风景名胜区、革命老区等。欠发达各地区应充分利用自己的优势，做好对外宣传工作，通过各种有效途径吸收地区外救助资金。

五、加快教育立法工作进程，以保障义务教育公平作为研制《学校法》《考试法》《教育督导条例》的基本政策取向

为保障义务教育公平，必须把教育公平与教育立法工作相结合，以教育立法促教育公平。2008年，教育部已把“加快起草、修订《学校法》、制定《教育督导条例》和《考试法》”作为工作要点之一。2009年，教育工作要点又提出要“配合国务院法制办，继续做好《考试法》的修订”。在研制《学校法》《教育督导条例》《考试法》等法规的过程，需以促进义务教育公平作为基本的价值取向，理顺各种义务教育关系，明确义务教育各方的权利义务，建立规范的义务教育制度。同时，要进一步注重体现义务教育的内部规律和义务教育发展内在需要，更为深刻地反映义务教育教学规划，更为深刻地反映人的全面发展、人的身心健康成长、人的个性发展、人的创造性能力的培养等教育教学内部规律。加快教育立法工作进程，推进科学立法、民主立法，切实保障义务教育均衡发展。

各地也要抓紧研究制定和完善《学校法》《教育督导条例》《考试法》相关法规和规章制度，使义务教育公平工作有法可依、有章可循。做到依法普及义务教育，满足人民群众不断增长的教育需求，依法重视和保护弱势群体的受教育权，依法保障进城务工人员子女和留守儿童少年接受义务教育的权利。通过体系建设和制度创新，在公益性的主导下，调动社会组织、家庭和个人多个方面支持义务教育、发展义务教育的积极性，在全社会形成支持

义务教育的体制和制度。

六、强化依法行政和依法治校的意识，形成推进义务教育公平认识上的保障

推进依法行政、依法治教，是当前教育系统法制建设的重要任务，也是推动教育改革和发展的重要举措。大力推进依法行政，必须按照国务院《全面推进依法行政实施纲要》的要求，结合实际，制定具体办法和配套措施，确定不同阶段的重点，做到五年有规划、年度有安排，将《全面推进依法行政实施纲要》和本实施意见的规定落到实处。

推进依法治校是教育系统的一项长期任务。必须以依法治校为重点，进一步推进依法治教。加大对依法治教工作的宣传，通过广泛向社会宣传、向基层宣传、向学校宣传，使全国与各省教育系统，特别是各级各类学校，真正从思想上提高对依法治校工作的认识，行动上要将依法治校工作摆上位置，狠抓落实。首先必须加强对依法治校工作必要性和重要性的认识，抓好依法治校，深入推进学校的教育教学改革，为学校的教育教学秩序提供可靠的保障，稳步提高教育教学质量。通过提高认识将依法治校工作，变成各级各类学校必须的和自觉的行动。其次，加强对这项工作的长期性和连续性的认识。依法治校工作不是一蹴而就的，必须一直坚持抓，使之伴随教育教学改革的全过程，为此，还需要建立起依法治校工作的长效机制。

第三节　完善义务教育经费保障新机制，加快教育信息化

一、进一步完善和落实义务教育经费保障新机制

（一）巩固和完善农村中小学教师工资保障机制

改善农村教师待遇是此次农村义务教育经费保障机制改革的重要内容之一。从2001年起，由中央财政转移支付解决的只是中小学教职工的国家标准工资，虽然各地基本保证了教师的国标工资按时足额发放，但这不包括一些地方性政策津贴、基本医疗保险、课时费、班主任津贴等。

教师津补贴问题总是备受关注，因为它牵动的是全国数百万农村教师的直接利益。按《中华人民共和国教师法》的有关规定，教师的津贴和补贴是对教师在特殊劳动条件下付出的劳动消耗和生活费支出所给予的适当补偿，是工资的一种补充形式。如，教龄津贴、班主任津贴、特殊教育教师津贴等，都是对教师多付出劳动的一种报酬补偿。教师的地区性补贴，也是鼓励教师到边远地区、经济文化落后地区工作的报酬。原来一些政府允许学校以从杂费中列支的方式解决教师津补贴支出问题。但农村义务教育经费机制改革实施后，取消了向学生收取杂费项目，而下拨的公用经费又不能用于教师津补贴发放，部分农村教师的津补贴“没了着落”，直接导致教师收入的下降。

为此，各地区要严格按照当地教师津补贴的规范性文件，足额发放教师津补贴。按照义保新机制规定的“明确各级责任，中央地方分担，经费省级统筹，管理以县为主”的原则，教师津补贴部分也由中央根据各地方经济社会发展及财力状况，对西、中、东部地区实行不同的分担比例予以保证，以保障教师津补贴的来源。同时，国家把对教师津补贴发放作为当地领导每年政绩考核的重要内容，对发放较好的地区给予一定的奖励，对于没有落实的地方，追究当地有关领导的责任。

（二）考虑山区等地区的特殊困难，制定特别的保障措施

在农村边远地区，中小学教师短缺，尤其是外语、音乐、美术、体育、劳技老师极其短缺。据统计，2006 年，全国有 508 个县每县平均 5 所小学不足一名外语教师；西部山区农村小学平均 10 所才有一名音乐教师；中西部山区（贫困地区、少数民族地区）农村初中音乐、美术、信息技术三门学科教师平均每校都不足一人。教师的短缺致使部分学校无法开齐国家规定课程，直接影响到这些学科的教学质量和学生的全面发展。为此，在这些地区，让紧缺科目的教师开展走教，即一个教师同时服务多个学校的做法，是符合当前我国义务教育发展的实际情况的。

为此，各省应由省、市、县三级政府共同出资，设立走教教师交通住宿的专项资金，主要用于四个方面。

一是给山区的走教教师发放交通补贴。可以根据离居住地远近的情况，给予不同的补贴标准。如，可分为 10 公里以内、10 公里 ~20 公里、20 公里以上三个档次，依次提高交通补贴标准。

二是为走教的教师，尤其是学校所在地区无公共交通工具到达地区的走教教师，提供交通工具。具体配备什么样的交通工具，要根据当地的地形地

貌进行选择，如，摩托车、自行车、三轮车等。

三是为走教教师提供住宿条件。对于往返于不同学校之间的走教教师，如果不能保证当日返回，必须为他们提供临时住房，解决教师因路远而走教难的问题。

四是为需走教的教师购买交通保险。由于走教教师每天都行驶在各种路况的交通道上，有崎岖的山路、有坎坷的丘陵，还有的教师要翻山越岭，如果碰到风雨雾雪等天气，加之路况差等客观原因，交通安全事故发生的几率也很高。为此，还必须为需要走教的教师购买交通保险，防患于未然。

要改变农村教育落后的现状，必须稳定农村教师队伍，让山里的孩子与城市的孩子一样享受到公平的教育机会。为边远农村教师解决实际困难，想他们所想，解他们所难，用政府的温暖留人，让扎根农村山区的教师得实惠、受敬重，这也是社会公平正义的体现。

二、加强教育信息化建设，推动优质教育资源均衡配置

（一）建议尽快实施农村中小学现代远程教育二期工程，农村初中由“校校通”实现“班班通”

学校教育的核心环节是课堂教学，所以，中小学教育信息化的核心应该是课堂教学信息化。要实现中小学课堂教学信息化，实现信息技术与学科课程教学整合的突破，必须实现从“校校通”走到“班班通”。为此，在农村中小学现代远程教育工程完成之后，应尽快组织实施农村中小学现代远程教育二期工程，建立覆盖所有中小学的信息化网络，不断提高我国中小学的信息化建设水平，力争2020年让全国所有的教室都有现代化电教设备，让每一个孩子都能应用现代信息技术，让城市和农村学生同在一片蓝天下，共享优质教育资源。尤其是农村初中，应尽快由“校校通”实现“班班通”，为每间教室配备计算机，接入互联网。

（二）整合优质资源，开发符合各地教育实际的教育资源库

通过整合国内外各级各类学校的优质教育资源，开发符合各地教育实际的教育资源库，使边远农村教师能及时掌握教育教学前沿信息，接受新的教学理念、思路和方法，提高了对教材的分析和驾驭能力，也满足了农村学生享受优质教育资源的愿望。

在教材和软件开发方面，可以采取面向社会招标的方式，充分利用市场机制，动员整合全社会的科研力量，共同为教材和软件开发献计献策，找到最符合当地远程教育需要的教材。对教材和软件开发设计申报的单位经项目招标评审委员会评估通过后，由当地教育行政部门予以资助并监督。教材和软件开发的中标单位，在完成项目后，还应做好推广工作，积极引导农村学校广泛使用，提高远程教育设备使用效率，帮助实现城乡师生同步备课、同步教学、同步作业、同步考试。

（三）各级政府切实落实中小学，特别是农村中小学远程教育运转维护经费，提高设备的使用率

从 2003 年开始，由教育部、国家发改委、财政部共同实施的农村中小学现代远程教育工程，在广大的农村地区基本实现了远程教育的全覆盖。但当前的问题是，在部分地区远程教育工程是建的多用的少，应用的成效还只是初步得到了发挥。这样就不能充分发挥远程教育低成本、大面积、快速度普及的作用。之所以使用效率低下，一个重要原因在于农村中小学支付不起远程教育的电费和设备的运转维护费用，尤其是对于国家扶贫开发工作重点县来讲，这确实是一个很现实，也很重要的问题，为此，必须把切实落实政府责任作为主要途径加以解决。

以落实政府责任作为主要途径，具体来说，一是政府需要核定中小学远程教育运转维护经费的标准，设立专项资金；二是增加生均公用经费，使学校有能力支付电费和维修维护费用的问题。只有这样，才能切实解决农村学校不敢用、舍不得用、用不起等困难，做到“堂堂用”，才能够真正用出效益来。

（四）在县级政府建立中小学现代远程教育工程的技术支持保障体系，加强应用的指导

建立中小学现代远程教育工程的技术支持保障体系，也是提高中小学现代远程教育工具使用效率的一个重要方面。必须通过建立县一级政府的中小学现代远程教育工程的技术支持保障体系，并健全各项规章制度，才能有效解决运转过程中的实际困难和问题。所以，当前工作的重点在于师资队伍建设和建立技术支持保障体系两个方面。

一是要进一步加强教师培训。要为每一个工程的布点学校培训两名以上的会操作的教师，并通过校本培训使尽可能多的教师学会使用，提高广大中小学教师熟练运用现代教育技术手段开展教育教学工作的能力，使边远农村

教师能及时掌握教育教学前沿信息，接受新的教学理念、思路和方法。二是要建立支持服务的保障体系，有一支专业的力量来解决使用中出现的各种问题。各地已经在这些方面进行了很好的探索，积累了许多经验。例如，在设备的保修期，中标厂商提供及时的支持服务；在县一级，建立支持服务的专业队伍和响应机制等。

三、加大投入、加强资金使用监管，做好中西部农村初中校舍改造工程

（一）建立鼓励地方加大投入的拨款导向机制

中西部农村初中校舍改造工程，按照国家《农村普通中小学校建设标准》核算，到2010年，学生宿舍、食堂和厕所共缺额约2 700万平方米，匡算需要投资154亿元。[①]“工程”建设资金由中央专项资金和省级政府配套投入共同组成。“十一五”期间，国家发展改革委计划安排100亿元。为鼓励地方加大投入，国家发展改革委和教育部应从100亿元中央专项资金中预留部分额度（建议为20%），在“工程”执行中后期，依据项目省政府配套资金落实情况和工程实施管理实效，对切实重视教育、努力增加投入的省考虑给予奖励性支持。这样在充分考虑地方政府及相关企业先期投入的基础上，中央予以奖励，可以引导地方政府加大投入，也可以保证中西部农村初中校舍改造工程有较高的起点。

（二）加强资金使用的监管，实现资金使用公开化、透明化，保证资金切实用到农村初中的改造上去

为保证中西部农村初中校舍改造工程资金，切实用到了该用的地方，必须加强资金使用的监管，实现资金使用公开化、透明化。强化约束力和社会监督力，从根本上杜绝在预算执行中的克扣、截留、挪用资金的现象，从源头上堵住政府中西部农村初中校舍改造工程资金使用的行政干预和腐败现象。

首先，必须实现预算资金流转的透明化。通过制定国家的信息公开法，特别是制定预算资金分配使用公开法，向社会公众公布预算内资金和预算外

① 国家发改委、教育部关于印发《中西部农村初中校舍改造工程的总体方案》的通知［EB/OL］.（2007－04－18）［2007－02－25］. http：www. moe. gov. cn/publicfiles/business/htmlfiles/moe/moe－2761/200905/47743. html.

资金的分配使用情况，将监督权赋予公众，并且通过新闻媒体及时跟踪检查预算内和预算外资金的使用情况，防止预算执行单位挪用或者窃取预算资金。其次，必须建立预算资金使用的问责制。要明确规定如果违法使用预算资金，必须追究有关负责人的责任。只有做到以上几点，才能切实保证资金用到农村初中的改造上去。

第四节　以改革创新形成推进教育公平的强大动力

一、确立多元发展的教育公平观，鼓励学校办出特色

（一）确立多元的义务教育公平观

教育公平是社会公平价值在教育领域的延伸和体现，包括教育权利平等和教育机会均等这样两个基本方面。教育公平之所以成为教育现代化的基本价值，成为世界各国教育政策的基本出发点，除了接受教育已经成为现代社会公民的基本人权，由于教育能够显著地改善人的生存状态，增进社会公平，是构建文明和谐社会的基石，教育被视为是实现社会平等“最伟大的工具”。教育公平是一个世界难题，是各个国家普遍关注和研究的问题。教育公平成为评价一个国家与地区教育改革与发展成就和水平的一个基本标准。

同时，公平也是一个相对的历史概念。在一定的历史阶段，公平只能与当时社会经济发展水平和社会价值体系相适应。为此，关于公平的概念不仅是因时因地而变，甚至也因人而异。我国义务教育的目的是保证每个人平等地接受有一定质量的“基本教育”。为此，不能以经济发展的差异、社会地位的差异、个体才能、禀赋的差异等为借口而违背教育机会公平的原则。但需要指出的是，义务教育的公平是着眼于发展的公平，而不是整齐划一的公平，也就是说义务教育公平观不是静止的，而是多元的、发展的。为此，迫切需要加快研究义务教育公平与中小学发展的关系，使各地的义务教育办学宗旨、办学水平、办学条件等切实满足当地学生的需求。

（二）鼓励学校按照地方实际需要办出特色，增强每一所学校的竞争力和吸引力

城市义务教育阶段择校问题是社会反映强烈的民生问题，区域内校际差

距过大特别是薄弱学校的存在是造成择校问题的根本原因。各级政府要大力改造薄弱学校，统一区域内办学标准，办好每一所学校，推进义务教育均衡发展，做到建设有标准，发展有特色。政府要为义务教育提供基本平等的办学条件，要把办学条件的规范化与办学特色的个性化相结合，作为保障和促进教育均衡发展的有效途径。当代教育倡导学校的个性化和多元化。为此，义务教育公平在关注切实为各地学生提供基本办学条件的前提下，也必须关注各地学校在教育公平的指导下，在比较公平的竞争环境中，培育自己的个性和特色空间，激发办学的活力，实现教育的多样化，以满足不同学生对教育的不同需求，给学生全面发展留有足够的空间。因此，在落实义务教育均衡发展总体要求的同时，坚持实事求是、因地制宜，鼓励学校根据实际情况办出特色。一方面鼓励发展快的学校向更高目标前进，同时要用更有力的措施扶持薄弱学校，使之更快发展，最终达到取消低水平办学，不断扩大优质教育资源，形成你追我赶、互帮互助的既竞争又和谐的双赢局面，以更好地满足人民群众对优质教育资源日益增长的需求。此外，还要推行学校发展性评价，将进步幅度作为评价学校工作的重要依据，引导社会、家长用正确的标准评价学校的办学水平，关心和支持学校工作。

二、以人为本，促进学生素质全面发展

（一）面向学生全体，给每个学生获得平等的受教育机会，体现教育公平

学校的根本职责和使命是育人，为此必须面向全体学生，视学生的发展为学校、课程发展的前提，充分发挥学生的主体性，培养其创新意识，要根据学生的气质、性格、兴趣、爱好、特长等设计他们的未来。以人为本，在学校最重要的就是以学生为中心，坚持育人为本。要面向全体学生，实施素质教育，帮助学生树立正确的世界观、人生观、价值观，牢固树立社会主义荣辱观，培养学生的社会责任感、创新精神和实践能力，把他们培养和造就成为中国特色社会主义事业的合格建设者和可靠接班人。

（二）尊重个性，因材施教，促进学生全面发展

只有当每个学生的个性都得到充分尊重和发展时，才能真正实现教育目标，真正突出素质教育的重点——培养学生的创造精神和实践能力。为此，教育必须尊重每个学生的个性，因材施教。我们的教育必须让每一个学生都

能抬起头来走路，让每一个学生的个性都能得到充分的发展。教师要积极营造一种有利于学生成长的“教育生态环境”，使课堂真正成为一个学生淋漓尽致展现个体、突出个体特色的大舞台，促进学生素质的全面发展。

三、鼓励地方政府结合自己实际确定不同的义务教育公平推进模式

现在我国的东西部差距还相当大，城乡差距也很大。要在整个国家范围内实现义务教育均衡发展、实行教育公平，还是一个比较长远的目标。但在一个区域范围内，如，一个中心城市、一个县（区），实现义务教育均衡发展不仅是非常现实的，而且也是可能的。缩小中西部与东部的教育差距也是促进区域经济社会协调发展的内在要求。当前我国应在不断采取有力措施逐步缩小地区、城乡之间差距的同时，重点推进一定区域内的义务教育的均衡发展。也就是说，我国的义务教育公平，首先要从每个地区做起，先是保证地区义务教育的均衡发展，然后是整个基础教育的均衡发展。

在目前的条件下，通过借鉴我国一些地区在促进义务教育均衡发展的经验，可以在一个区域范围内实现义务教育的均衡发展。目前，在我国比较成功的经验主要有：实行名校集团化办学的“杭州模式”、强力推进义务教育均衡发展的“深圳模式”、实行优质教育资源共享的“寿光模式”、实行优化教育结构的“铜陵模式”、捆绑式发展的“武侯模式”、四个满覆盖的“青羊模式”。这些模式虽然有地域性，但也确实蕴涵着值得在全国推广的因子。虽然推进义务教育公平的模式不是单一的，也不具有普遍的适用性，但各地可以根据实际情况，在借鉴其他地区成功经验的基础上，因地制宜、积极探索，创造出符合当地实际的有效做法和经验。

在教育比较发达的地区，可以借鉴杭州名校集团化的办学模式——以名校为龙头，整合资源，走“电梯式”发展模式，让弱校、新校、民校搭乘上名校这部“电梯”，走一条成本最低、风险最小、成效最大的、实现教育公平的有效途径。但需要引起注意的是，实施名校集团化办学必须树立科学的发展观，坚持以人为本、全面协调和可持续发展，需要遵循教育规律和优质教育资源扩张的内在规律进行，千万不可盲目急躁，一哄而上，否则，其结果不仅不能推进教育均衡发展，还可能阻碍教育的均衡发展。名校集团化办学，特别是义务教育阶段的名校集团化办学，是一种政府行为，而不是市场化行为，必须在政府指导下进行。政府对区域内的名校集团化，应根据当

地社会经济发展以及义务教育发展的需求，整体部署名校集团化办学发展，制定相关的扶持、优惠政策，有步骤地引导和鼓励名校集团化办学。

在经济比较发达的地区，可以借鉴深圳办好每一所学校的模式。通过各级财政加大教育投入，实施中小学标准化建设工程，逐步消除薄弱学校；同时，通过制定规划、完善立法、加大投入、深化改革等措施，加快教育强镇、强区、强市建设步伐，有效促进义务教育在一个较高的标准上均衡发展。但需要注意的是，这种模式的关键是要做好教育预算，可以先由各义务教育学校做好各项预算，然后报当地教育行政部门备案，经论证确定后，作为拨款的依据。只有能准确把握教育投入的规模，才能做到把资金投入到应该投入的地方，最大限度保障教育公平，促进教育均衡发展。

在城乡差距大的地区，可以借鉴成都武侯区的“捆绑式发展”模式，通过学校统一归口管理的方式，消除农村薄弱学校。将属辖内的所有村小，与城区学校一一结对，进行两个法人单位、一个法定代表人、一套领导班子、独立核算、独立核编的统一管理，从制度设计上保证帮助弱势学校发展的长期性和有效性，促进捆绑学校之间逐步从互助交流走向文化融合，实现城乡学校管理一体化、师资交流经常化、教育教学活动联体化的运行机制。但需要注意的是，这种统一的管理模式必须以高度透明的财政管理为前提，否则统一的管理，就会演变为统一的混乱，不仅不能促进弱势学校的发展，还会给优势的学校背上沉重的包袱。

四、大力推进中考、中招制度改革，保障学校生源的均衡分布

（一）坚定不移地在义务教育阶段执行“划片招生，就近入学”和不得举办或变相举办重点学校或重点班的规定

各学校应坚定不移地执行“划片招生，就近入学”，切实规范义务教育阶段学校的招生秩序。各学校要严格按照教育行政部门根据本地区公办义务教育学校的资源配置状况、义务教育适龄学生的分布和需求状况，合理规划和确定本地区义务教育阶段公办学校招生入学范围和招生人数，为每一位适龄儿童、少年提供“就近”入学的义务教育。

重点学校或示范学校政策和转制学校政策等效率取向的教育改革扩大了公共教育资源配置的不公平，是义务教育机会不公平的重要政策原因。为

此，应严格规范办学，严禁任何学校举行或变相举行与入学挂钩的选拔考试或者测试。在义务教育阶段还必须做出严禁设立重点学校、不得在学校内设置或变相设置重点班的规定；停止和取消针对义务教育学校的重点、实验、示范等类型学校的省、市、县级评选和认定，以鼓励学校在具有共同基础的前提下规范办学，形成特色。

（二）示范性高中或重点高中招生制度改革实行指标切块分配制度，给薄弱学校发展空间

为切实改善薄弱学校发展面临的困境，需要通过生源的改善，给予薄弱学校发展空间。为此，需要进一步完善示范性高中和重点高中的指标分配和招生录取办法。逐步推广将示范性、重点校等优质高中部分招生指标均衡分配到初中的招生制度，并逐步扩大比例，以促进义务教育阶段学校的均衡发展。具体来说，就是把示范性高中和重点高中的招生计划定向分配，每所学校按照初三毕业生的人数获得升学指标。指标平均分配意味着每所初中每年都有固定比例的初中毕业生升入优质高中，这样可以使各初中学校的升学竞争压力大大下降。这种示范性高中和重点高中的录取名额分配政策，会给相对的薄弱初中学校以很大的发展空间。

此外，还要在规范保送生、特长生招生机制的基础上，进一步推行优秀初中毕业生免试推荐（保送）升学等方式，以鼓励综合素质优秀、学有专长的学生，促进学生全面而富有个性的发展。

第五节 加强监测和督导，推动与保障政府履行职能与职责

一、强化义务教育均衡发展的专项监督制度，跟踪监测各地义务教育的发展情况

（一）建立义务教育均衡发展的督导评估指标体系

国家督导团需及时研究制定《义务教育均衡发展督导评估指标体系》。各地根据实际情况，参照国家《义务教育均衡发展督导评估指标体系》，研究制定本地义务教育均衡发展督导评估指标体系，对本地义务教育发展状况

进行评估，对本地区人民政府推动义务教育均衡发展的工作开展督导检查，将评估检查结果作为评价各区教育工作的重要指标。国家督导团应建立教育公平监测体系，建立多元综合的教育公平发展指标。把办学条件均衡发展状况，如，生均预算内教育事业费、预算内公用经费、校舍建筑面积、教学仪器设备值、教师学历合格率、高级教师比例和公众教育满意度作为监测区域教育公平发展状况的重要指标。督导评估还应该包括加强对学校管理和规范办学行为等内容，如，义务教育阶段不得设立或变相设立重点学校，学校内实行均衡编班，均衡配备任课教师，不得分设重点班和非重点班等。教育行政部门不得下达升学指标，不得以学生升学情况奖惩学校、校长和教师，不准公布学生考试排名。学校不得以任何形式违反国家和省里的有关规定向学生收取费用。督导评估结果要作为考察主要领导干部政绩的重要内容和进行表彰奖励的依据。

（二）对义务教育阶段学校的办学条件、教育管理和教育质量进行动态监测

在《义务教育均衡发展督导评估指标体系》的指导下，筛选具有代表性的义务教育公平指标，加快构建各省义务教育宏观监测系统，及时为义务教育差距提供预警。通过对义务教育阶段学校的办学条件、教育管理和教育质量进行动态监测，客观反映不同地区、不同学校义务教育的实施水平；以新课程改革颁布的各学科课程标准为依据，建立教学质量基本标准。各省借鉴国际学生质量评价的思路和方法（如 TIMSS、PISA 测试），结合各省省情，科学设计标准参照系的评价工具，定期对义务教育学校进行抽样测评，形成各省义务教育质量监控体系，反馈各地区不同学校的学习质量差异信息，为有关部门有针对性地实施教学指导和改进提供依据。

各级教育行政部门要建立和完善义务教育均衡发展的监测制度，定期对辖区内义务教育学校的办学条件、教师水平和教学质量进行监测和分析，及时向当地政府报告义务教育均衡发展状况和遇到的突出问题，及时解决问题，对教育教学质量水平长期较差的学校，可以组织教研人员和优秀教师对其进行业务指导，或选派有经验的教育行政干部、校长到这些学校工作，以帮助这些学校尽快改变落后面貌。

（三）各级教育督导部门深入开展义务教育均衡发展专项督导工作，定期发布各地《教育督导评估报告》

《中华人民共和国义务教育法》专门规定，将义务教育均衡发展列为

人民政府教育督导机构督导的重要内容之一，教育督导要依法履行职能，积极推动义务教育的均衡发展。为此，加强对义务教育均衡发展状况的督导检查，积极推动义务教育的均衡发展，是各级教育督导机构当前贯彻落实《义务教育法》的重点。为此，必须将义务教育均衡发展状态的监测与教育管理工作相结合，更好地为各地教育行政管理部门的宏观决策和政策制定服务。各级教育督导部门要深入开展义务教育均衡发展专项督导工作，加强对均衡发展状况的督导评估，并定期发布《督导评估报告》，将督导结果纳入各级领导干部的政绩考核，作为表彰奖励和责任追究的重要依据。

各级教育督导部门要将均衡发展作为义务教育督导评估的重要内容，对义务教育均衡发展程度进行督导检查和有效监测，依据法律的规定推动义务教育城乡之间、区域之间、校际之间的均衡发展。实现义务教育均衡发展的关键在于按照均衡的原则优化教育资源配置。教育督导要积极推动地方政府合理配置教育资源，以办好每一所学校为目标，针对当前存在的突出问题，加大投入，努力改善农村学校和城镇薄弱学校的办学条件，加快中小学校标准化建设步伐，缩小学校之间办学条件的差距，促进学校之间实现资源共享。要推动地方政府落实“除向农村地区学校和薄弱学校倾斜外，应当均衡安排义务教育经费”的法律要求，同时设立专项资金扶持农村地区、民族地区实施义务教育，实现区域内义务教育均衡发展。师资力量的均衡是义务教育均衡发展中最重要的环节。教育督导要促进地方政府均衡配置学校师资力量，保证同一区域内义务教育公办学校教师享有大体相当的工资水平，组织校长、教师的培训和流动。要高度关注弱势群体受教育问题，推动地方政府和有关部门进一步完善家庭经济困难子女、农民工子女接受义务教育的工作机制，保障家庭经济困难的适龄儿童、少年和农民工子女接受义务教育。

规范办学行为也是实现义务教育均衡发展的重要方面，教育督导要按照义务教育均衡发展的原则，强化对义务教育办学行为的督导检查，促进地方政府和学校规范办学行为，纠正将学校分为重点学校和非重点学校、在学校内部分设重点班和非重点班的错误做法，促进所有学校的共同发展和提高，关注每一个学生的健康成长。

实现义务教育均衡发展，促进教育公平，既是重大而紧迫的课题，也是长期而艰巨的任务。教育督导必须立足于社会主义初级阶段的基本国情，提高对义务教育均衡发展督导重要性的认识，加强对教育督导工作的统筹，在各类督导评估中重视和加强对义务教育均衡发展的督导检查，必要时开展专项督导，促进义务教育均衡发展中实际问题的解决。并将督导结果以《义务教育督导评估》报告的形式，定期向社会公布。

二、建立政府落实教育公平目标的问责制

（一）推行教育行政领导问责制，提高政府的执行力和公信力

在坚持信息公开的同时，要实行严格的教育行政领导问责制，督促各单位负责人履行职责，合法使用国家的预算资金。推行教育行政领导问责制，是保障义务教育公平的重要方面。推行教育行政领导问责制必须对义务教育公平的政府责任，进行“定责”与“问责”，实现权力和责任的统一。对推行义务教育过程中种种不足的行为，或者不严格执行法律的行为提出问责的要求，做出具体的规定。具体来说，教育行政领导问责方式包括诫勉谈话、书面检讨、通报批评、引咎辞职、组织处理、纪律处分和追究法律责任等。凡被问责的单位和个人，将实行“一票否决”，取消其年度内一切评先评优的资格，不得提升、调动。凡被纪律处分的问责领导，年度考核按不称职等次确定，取消晋职、晋级资格，并视情况另做组织调整。切实通过推行教育行政领导问责制，提高政府执行力和公信力。

（二）各地根据目标实施情况，开展有效监督

认真落实《政府信息公开条例》，大力推进政务公开，开展效能监督。首先，各地应根据本地义务教育公平推进的具体情况，确定今后各项义务教育公平推进的目标与时间进程；其次，把各项工作分解到各职能部门分头落实，明确完成时限，然后以公告、公示的形式向社会公布，接受社会监督；最后，对各职能部门的工作进行评价，对未能完成义务教育公平推进目标的责任人进行惩处。

教育预算资金分配和使用的透明化，是政府工作透明化的重要组成部分，开展效能监督，可以有效保证各项工作按时完成。特别是对教育经费的使用，必须建立一整套信息公开制度，通过公开预算的分配和使用情况，满足公众的知情权。

三、积极推进教育公平的社会监督制度建设

充分利用舆论及社会监督的力量，促进义务教育公平化进程。鼓励社会

各界和广大人民群众，采取多种形式和办法，支持学校建设，参与学校管理，积极为教育发展贡献力量。新闻媒体要以高度的社会责任感，坚持正确的舆论导向，加强舆论监督。为此，通过保障公民、社会团体及行业组织的知情权、参与权，让社会力量在义务教育的评价、监督、资助等方面发挥积极作用，形成接受社会监督、社会广泛参与、与社会各界互动的基本教育督导评估新机制，并定期将义务教育公平的督导结果以适当方式向社会公布，以形成基础教育均衡发展、公正公平的社会舆论监督机制，接受舆论和社会监督，形成义务教育公平的良好舆论氛围。

具体的社会监督办法，可以通过学校设立社会监督电话、意见箱等，并有专人负责管理，接受社会监督，对于群众反映的关于有悖义务教育公平的信访举报，要及时组织、协调、配合主管部门调查，对违反有关教育公平规定的问题进行纠正，并追究相关责任人的法律责任；对反映事情有出入的进行澄清，做到每件必查，件件有结果；还可以通过建立学校领导与所在地区联系制度，听取和了解所在地区群众的反映与意见；或者通过不定期向学生、家长发放“征求意见卡”，进行满意度调查和聘请社会义务监督员，定期召开有关人员座谈会、征求意见等形式。虽然办法不同，但宗旨是一致的，就是通过广泛接受社会监督、切实推进义务教育的公平，保障每个学生都拥有同等的接受义务教育的权利。

附　　录

附表1 分地区分性别小学毕业生升学率（%）

地 区	2002年			2006年		
	合 计	男 童	女 童	合 计	男 童	女 童
合计	97.02	97.48	96.51	100.06	99.99	100.12
东部	98.23	98.73	97.67	99.32	99.15	99.50
中部	98.97	99.44	98.45	100.35	100.26	100.44
西部	93.08	93.53	92.56	100.61	100.69	100.52
北京	99.60	99.37	99.85	99.92	99.14	100.74
天津	97.08	96.88	97.29	98.28	97.88	98.72
河北	98.06	97.64	98.50	99.13	98.01	100.33
辽宁	98.09	97.89	98.30	99.61	98.46	100.87
上海	100.76	100.75	100.77	99.95	99.63	100.31
江苏	98.25	99.44	96.91	101.27	101.40	101.13
浙江	101.26	101.76	100.71	100.87	101.26	100.44
福建	97.68	98.45	96.84	99.57	99.76	99.36
山东	99.92	100.71	99.05	100.62	100.85	100.36
广东	96.20	97.05	95.25	97.29	97.51	97.03
海南	91.49	92.58	90.21	95.18	93.53	97.17
山西	97.55	97.92	97.15	98.94	97.36	100.65
吉林	95.03	95.15	94.90	102.13	100.51	103.91
黑龙江	98.35	97.81	98.91	98.93	98.59	99.29
安徽	99.86	100.90	98.72	99.97	101.18	98.63
江西	98.91	101.01	96.54	99.45	100.93	97.75
河南	100.53	100.03	101.07	99.69	99.44	99.97
湖北	98.29	99.84	96.56	102.55	102.53	102.57
湖南	98.74	98.70	98.79	101.53	100.62	102.56
内蒙古	99.18	99.76	98.55	100.79	99.62	102.11
广西	94.95	95.73	94.04	101.22	101.11	101.35
重庆	95.11	95.48	94.70	101.94	102.06	101.81
四川	96.14	96.33	95.93	103.49	103.66	103.29
贵州	88.21	89.72	86.39	97.80	99.06	96.37
云南	85.39	85.55	85.21	96.34	96.34	96.34
西藏	72.13	69.26	75.72	93.10	94.87	91.06
陕西	93.79	93.63	93.96	102.44	101.25	103.80
甘肃	92.25	93.84	90.43	99.63	100.71	98.45
青海	92.00	93.55	90.24	97.25	97.63	96.80
宁夏	90.96	91.84	89.95	99.42	100.04	98.72
新疆	96.83	96.45	97.22	101.53	101.23	101.84

附表 2　分地区分城乡小学大专及以上学历教师比例（%）

地　区	2002 年				2006 年			
	合　计	城　市	农　村	城乡差值	合　计	城　市	农　村	城乡差值
合计	33.09	57.15	28.62	28.53	62.07	82.54	58.50	24.04
东部	38.96	60.01	33.70	26.31	67.77	84.29	63.65	20.64
中部	32.31	55.97	28.36	27.61	58.10	80.67	54.72	25.95
西部	26.79	52.96	23.24	29.72	59.62	81.15	57.06	24.09
北京	63.00	71.96	56.33	15.63	86.56	89.70	83.94	5.76
天津	43.16	53.20	36.28	16.92	74.06	78.24	71.22	7.02
河北	41.16	62.75	37.94	24.81	70.53	83.82	68.93	14.89
辽宁	36.84	61.91	27.34	34.57	60.15	83.24	51.24	32.00
上海	60.44	60.13	60.77	-0.64	86.92	88.53	85.19	3.34
江苏	42.37	56.15	39.42	16.73	69.70	79.91	66.92	12.99
浙江	33.39	50.16	28.11	22.05	74.60	83.98	71.11	12.87
福建	22.28	43.19	19.11	24.08	56.09	77.93	53.43	24.50
山东	37.24	60.38	32.10	28.28	61.10	85.09	57.08	28.01
广东	42.59	67.25	36.41	30.84	72.32	87.39	67.98	19.41
海南	29.90	67.74	25.69	42.05	56.61	84.90	52.80	32.10
山西	33.74	54.62	29.01	25.61	63.06	81.12	58.94	22.18
吉林	61.23	76.31	58.49	17.82	75.46	88.11	73.16	14.95
黑龙江	42.93	65.88	38.18	27.70	69.17	83.19	65.87	17.32
安徽	21.67	45.43	18.11	27.32	50.67	72.31	47.15	25.16
江西	22.90	46.12	20.67	25.45	46.85	73.27	44.77	28.50
河南	31.21	60.41	27.96	32.45	56.05	84.46	53.19	31.27
湖北	37.46	52.65	32.19	20.46	59.92	80.48	55.47	25.01
湖南	24.19	50.65	20.56	30.09	56.66	80.66	53.80	26.86
内蒙古	32.69	56.89	27.21	29.68	67.13	82.47	62.99	19.48
广西	20.36	46.13	17.58	28.55	56.43	78.00	54.46	23.54
重庆	37.67	47.20	33.21	13.99	69.43	86.63	67.44	19.19
四川	26.32	53.18	23.86	29.32	61.54	81.06	59.51	21.55
贵州	15.68	42.78	13.08	29.70	47.92	71.73	45.97	25.76
云南	19.35	51.80	17.80	34.00	55.84	79.20	54.42	24.78
西藏	10.53	27.13	8.24	18.89	59.78	74.02	58.10	15.92
陕西	32.79	62.97	28.52	34.45	63.78	84.88	60.89	23.99
甘肃	23.72	53.11	19.93	33.18	51.55	80.17	48.31	31.86
青海	40.09	54.49	37.84	16.65	75.77	78.80	75.37	3.43
宁夏	30.61	53.05	27.77	25.28	65.16	81.57	61.54	20.03
新疆	42.07	63.07	37.94	25.13	65.66	84.15	61.99	22.16

附表3 分地区分城乡小学生均仪器设备值（元）

地 区	2006年			
	合 计	城 市	农 村	城乡倍率
合计	295	695	224	3.10
东部	474	924	358	2.58
中部	221	550	170	3.24
西部	177	404	150	2.69
北京	1 298	1 182	1 415	0.84
天津	585	672	532	1.26
河北	354	461	338	1.36
辽宁	381	602	285	2.11
上海	1 992	2 444	1 514	1.61
江苏	463	768	382	2.01
浙江	502	705	426	1.66
福建	329	479	306	1.57
山东	265	594	200	2.97
广东	614	1 400	414	3.38
海南	213	525	166	3.17
山西	265	328	249	1.32
吉林	589	1 619	308	5.25
黑龙江	315	531	252	2.10
安徽	132	446	86	5.19
江西	148	306	135	2.26
河南	141	341	121	2.81
湖北	286	532	234	2.28
湖南	314	836	240	3.48
内蒙古	253	269	246	1.09
广西	158	474	132	3.59
重庆	297	946	238	3.97
四川	182	427	157	2.71
贵州	107	289	92	3.13
云南	122	449	99	4.54
西藏	230	633	192	3.30
陕西	248	471	209	2.25
甘肃	147	340	126	2.70
青海	190	393	158	2.49
宁夏	218	361	184	1.96
新疆	191	221	183	1.20

附表4 分地区分城乡小学生均预算内事业费（元）

地 区	2002年				2006年			
	合 计	城 镇	农 村	城乡倍率	合 计	城 镇	农 村	城乡倍率
合计	813	1 119	708	1.58	1 634	1 975	1 506	1.31
东部	1 040	1 410	856	1.65	2 141	2 690	1 885	1.43
中部	655	838	601	1.39	1 329	1 477	1 279	1.16
西部	729	922	681	1.35	1 405	1 509	1 371	1.10
北京	2 889	2 793	3 039	0.92	5 363	4 933	6 228	0.79
天津	1 849	2 241	1 252	1.79	4 125	4 846	3 434	1.41
河北	712	934	653	1.43	1 737	1 709	1 748	0.98
辽宁	901	1 103	774	1.42	2 221	2 347	2 138	1.10
上海	4 390	4 813	3 849	1.25	9 410	9 940	8 583	1.16
江苏	1 015	1 320	895	1.47	2 474	2 756	2 310	1.19
浙江	1 455	1 514	1 307	1.16	2 940	3 051	2 883	1.06
福建	987	1 096	915	1.20	1 987	2 028	1 974	1.03
山东	829	1 168	762	1.53	1 645	1 957	1 571	1.25
广东	979	1 336	799	1.67	1 580	2 365	1 174	2.01
海南	738	859	688	1.25	1 603	1 603	1 602	1.00
山西	722	731	719	1.02	1 506	1 290	1 586	0.81
吉林	980	1 041	950	1.10	2 114	1 879	2 274	0.83
黑龙江	1 497	1 539	1 474	1.04	2 781	2 541	2 951	0.86
安徽	612	860	576	1.49	1 264	1 468	1 222	1.20
江西	667	695	647	1.07	1 164	1 143	1 172	0.98
河南	469	656	428	1.53	949	1 114	904	1.23
湖北	549	822	461	1.78	1 233	1 551	1 117	1.39
湖南	719	893	675	1.32	1 480	1 604	1 436	1.12
内蒙古	1 083	971	1 148	0.85	2 294	1 753	2 902	0.60
广西	676	979	609	1.61	1 410	1 767	1 313	1.35
重庆	586	754	524	1.44	1 247	1 372	1 205	1.14
四川	617	784	586	1.34	1 139	1 223	1 114	1.10
贵州	533	817	483	1.69	1 055	1 352	981	1.38
云南	957	1 086	927	1.17	1 501	1 445	1 519	0.95
西藏	1 852	2 392	1 724	1.39	2 662	2 873	2 599	1.11
陕西	599	720	554	1.30	1 523	1 387	1 570	0.88
甘肃	675	969	627	1.55	1 363	1 530	1 323	1.16
青海	1 153	1 200	1 128	1.06	2 114	2 014	2 166	0.93
宁夏	964	923	977	0.95	1 391	1 400	1 388	1.01
新疆	1 151	1 355	1 085	1.25	2 069	1 936	2 134	0.91

附表5 分地区分城乡初中九年义务教育实际完成率（%）

地 区	2002 年	2006 年
合计	80.89	84.14
东部	87.84	86.75
中部	84.07	85.81
西部	68.88	78.88
北京	96.00	100.02
天津	89.36	93.47
河北	86.63	89.95
辽宁	80.31	88.63
上海	95.66	95.53
江苏	81.83	90.39
浙江	98.80	96.76
福建	96.06	80.56
山东	92.29	73.21
广东	83.57	93.05
海南	65.15	82.30
山西	88.07	88.22
吉林	78.97	85.52
黑龙江	81.49	90.48
安徽	89.42	90.92
江西	84.71	78.41
河南	93.34	78.43
湖北	70.80	92.30
湖南	78.60	90.27
内蒙古	71.28	78.27
广西	63.01	77.71
重庆	0.00	85.56
四川	55.91	79.79
贵州	50.70	73.30
云南	62.73	75.19
西藏	22.73	60.54
陕西	77.00	84.39
甘肃	72.92	76.58
青海	68.00	80.46
宁夏	77.45	72.88
新疆	78.47	87.15

附表6　分地区分城乡初中本科及以上学历教师比例（%）

地　区	2002年				2006年			
	合　计	城　市	农　村	城乡差值	合　计	城　市	农　村	城乡差值
合计	19.68	43.05	14.10	28.95	41.08	68.46	35.27	33.19
东部	23.46	47.03	16.27	30.76	48.44	72.88	41.43	31.45
中部	19.11	40.56	14.59	25.97	37.18	63.78	32.20	31.58
西部	14.85	38.09	10.49	27.60	35.88	65.22	31.46	33.76
北京	53.01	68.89	39.86	29.03	80.76	85.18	76.86	8.32
天津	27.90	45.27	15.62	29.65	59.68	72.75	52.00	20.75
河北	13.68	35.57	9.62	25.95	45.64	70.13	41.60	28.53
辽宁	24.40	44.68	12.46	32.22	41.56	67.95	26.82	41.13
上海	64.01	65.44	61.89	3.55	83.53	84.01	82.98	1.03
江苏	27.16	47.36	22.28	25.08	46.63	66.11	41.58	24.53
浙江	30.25	48.52	23.93	24.59	67.05	78.44	62.47	15.97
福建	12.69	37.98	7.90	30.08	46.17	71.09	42.45	28.64
山东	20.76	40.64	15.14	25.50	46.19	75.00	40.17	34.83
广东	23.31	53.88	15.64	38.24	40.18	70.89	31.13	39.76
海南	21.38	51.39	16.87	34.52	40.95	76.34	33.33	43.01
山西	16.58	38.22	10.59	27.63	35.75	60.26	28.88	31.38
吉林	43.65	65.10	37.31	27.79	62.33	79.54	57.58	21.96
黑龙江	21.62	42.95	14.86	28.09	46.42	66.23	38.51	27.72
安徽	20.22	38.49	16.93	21.56	36.62	54.30	33.22	21.08
江西	17.19	35.53	14.54	20.99	33.57	56.27	31.02	25.25
河南	15.07	39.21	11.65	27.56	29.82	63.47	25.38	38.09
湖北	20.26	36.95	13.95	23.00	39.08	67.85	33.30	34.55
湖南	15.27	36.96	12.25	24.71	35.52	63.58	32.08	31.50
内蒙古	17.53	32.34	12.66	19.68	45.69	59.40	40.61	18.79
广西	8.95	31.64	6.15	25.49	25.35	57.70	21.59	36.11
重庆	21.33	32.76	15.00	17.76	53.67	82.81	49.86	32.95
四川	14.47	43.60	10.50	33.10	37.42	68.06	33.57	34.49
贵州	10.89	38.16	6.75	31.41	25.07	59.19	21.08	38.11
云南	13.85	45.63	11.21	34.42	38.32	73.84	35.33	38.51
西藏	34.05	40.66	31.96	8.70	54.97	55.75	54.81	0.94
陕西	13.51	45.43	7.99	37.44	31.87	69.11	26.24	42.87
甘肃	11.61	31.89	8.08	23.81	26.41	58.46	21.77	36.69
青海	21.18	40.06	16.64	23.42	43.08	58.52	40.73	17.79
宁夏	23.65	42.40	19.94	22.46	65.02	78.00	60.79	17.21
新疆	23.75	42.38	18.75	23.63	40.33	63.37	34.97	28.40

附表7 分地区分城乡初中生均仪器设备值（元）

地 区	2006年			
	合 计	城 市	农 村	城乡倍率
合计	417	764	352	2.17
东部	626	1 112	501	2.22
中部	336	544	300	1.81
西部	259	353	246	1.43
北京	1 073	610	1 546	0.39
天津	578	671	523	1.28
河北	439	440	439	1.00
辽宁	585	810	473	1.71
上海	2 930	3 340	2 463	1.36
江苏	533	904	455	1.98
浙江	834	1 035	753	1.37
福建	481	682	453	1.51
山东	498	968	398	2.43
广东	699	1 592	475	3.35
海南	334	329	335	0.98
山西	373	622	300	2.08
吉林	460	886	349	2.54
黑龙江	415	624	338	1.84
安徽	171	345	144	2.40
江西	236	627	196	3.21
河南	250	482	224	2.15
湖北	520	625	502	1.25
湖南	469	354	487	0.73
内蒙古	342	314	355	0.89
广西	257	491	233	2.10
重庆	280	457	263	1.74
四川	263	334	254	1.31
贵州	232	372	218	1.70
云南	174	254	168	1.52
西藏	269	214	276	0.78
陕西	322	320	322	1.00
甘肃	189	308	174	1.77
青海	224	168	234	0.72
宁夏	397	619	324	1.91
新疆	292	330	282	1.17

附表8 分地区分城乡初中生均预算内事业费（元）

地区	2002年				2006年			
	合计	城镇	农村	城乡倍率	合计	城镇	农村	城乡倍率
合计	961	1 231	796	1.55	1 897	2 200	1 717	1.28
东部	1 240	1 601	952	1.68	2 560	3 082	2 204	1.40
中部	752	928	673	1.38	1 494	1 670	1 410	1.18
西部	852	980	776	1.26	1 603	1 686	1 551	1.09
北京	3 285	3 430	2 945	1.16	7 024	6 518	8 536	0.76
天津	1 984	2 348	1 409	1.67	4 290	5 401	3 188	1.69
河北	787	912	717	1.27	1 704	1 716	1 696	1.01
辽宁	1 140	1 429	867	1.65	2 769	3 203	2 401	1.33
上海	4 257	4 307	4 082	1.06	10 326	10 515	9 859	1.07
江苏	1 179	1 455	991	1.47	2 282	2 631	2 048	1.29
浙江	1 716	1 793	1 468	1.22	3 799	3 984	3 686	1.08
福建	1 066	1 170	938	1.25	1 946	2 439	1 828	1.33
山东	914	1 222	842	1.45	2 282	2 624	2 166	1.21
广东	1 279	1 503	992	1.51	2 119	2 636	1 545	1.71
海南	932	1 143	797	1.43	1 660	1 731	1 604	1.08
山西	878	937	844	1.11	1 687	1 642	1 715	0.96
吉林	1 111	1 193	1 042	1.14	2 130	2 262	2 005	1.13
黑龙江	1 090	1 463	863	1.70	2 452	2 896	2 060	1.41
安徽	659	843	608	1.39	1 205	1 296	1 178	1.10
江西	675	702	650	1.08	1 321	1 240	1 370	0.90
河南	601	760	540	1.41	1 195	1 311	1 142	1.15
湖北	791	973	697	1.40	1 425	1 775	1 286	1.38
湖南	757	951	699	1.36	1 822	1 760	1 847	0.95
内蒙古	1 070	1 059	1 083	0.98	2 269	2 088	2 599	0.80
广西	782	871	728	1.20	1 498	1 629	1 420	1.15
重庆	773	827	733	1.13	1 502	1 453	1 534	0.95
四川	721	812	678	1.20	1 371	1 221	1 454	0.84
贵州	580	742	512	1.45	1 191	1 411	1 083	1.30
云南	1 088	1 238	1 006	1.23	1 761	1 859	1 683	1.10
西藏	2 856	2 872	0	—	2 949	2 949	0	—
陕西	733	786	698	1.13	1 476	1 539	1 447	1.06
甘肃	828	1 029	747	1.38	1 550	1 604	1 524	1.05
青海	1 398	1 611	1 080	1.49	2 258	2 368	2 095	1.13
宁夏	1 067	1 068	1 066	1.00	1 839	1 891	1 794	1.05
新疆	1 418	1 535	1 339	1.15	2 526	2 563	2 501	1.02

附表9 2006年分地区小学生均预算内事业费县际差异（元）

地 区	最低20%县	最高20%县	20%倍率	加权差异系数	基尼系数
合计	885	4 057	4.58	0.89	0.30
东部	978	5 287	5.40	1.02	0.34
中部	814	2 915	3.58	0.55	0.25
西部	900	3 320	3.69	0.54	0.23
北京	3 917	7 747	1.98	0.22	0.11
天津	2 810	6 295	2.24	0.30	0.17
河北	1 086	2 885	2.66	0.64	0.18
辽宁	1 142	5 540	4.85	2.57	0.31
上海	7 185	16 471	2.29	0.30	0.13
江苏	1 479	4 810	3.25	0.45	0.24
浙江	2 252	4 564	2.03	0.24	0.13
福建	1 263	3 457	2.74	0.37	0.19
山东	864	3 523	4.08	0.57	0.28
广东	767	4 298	5.60	0.82	0.36
海南	1 092	2 139	1.96	0.26	0.14
山西	1 065	2 121	1.99	0.24	0.13
吉林	1 416	3 476	2.46	0.32	0.18
黑龙江	1 884	4 227	2.24	0.28	0.15
安徽	926	2 664	2.88	0.34	0.17
江西	862	1 729	2.01	0.24	0.13
河南	628	1 847	2.94	0.77	0.19
湖北	713	2 471	3.47	0.45	0.24
湖南	987	2 567	2.60	0.37	0.18
内蒙古	1 578	4 170	2.64	0.33	0.17
广西	922	2 685	2.91	0.42	0.23
重庆	905	2 181	2.41	0.35	0.16
四川	800	2 391	2.99	0.41	0.19
贵州	665	1 916	2.88	0.42	0.22
云南	1 084	2 496	2.30	0.31	0.17
西藏	2 007	4 287	2.14	0.28	0.14
陕西	1 027	2 604	2.54	0.34	0.17
甘肃	941	2 898	3.08	0.92	0.18
青海	1 485	4 478	3.02	0.36	0.18
宁夏	1 054	2 190	2.08	0.25	0.13
新疆	1 303	5 911	4.54	0.64	0.25

附表 10　2006 年分地区小学生均仪器设备值县际差异（元）

地　区	最低 20% 县	最高 20% 县	20% 倍率	加权差异系数	基尼系数
合计	74	958	12.91	1.62	0.51
东部	131	1 332	10.20	1.08	0.48
中部	69	825	11.90	2.67	0.48
西部	60	479	7.99	0.89	0.38
北京	368	2 344	6.37	0.56	0.28
天津	276	1 237	4.47	0.74	0.25
河北	153	735	4.81	0.66	0.30
辽宁	129	883	6.87	0.76	0.35
上海	879	4 238	4.82	0.48	0.25
江苏	158	1 213	7.66	0.80	0.42
浙江	214	851	3.97	0.44	0.24
福建	122	644	5.26	0.99	0.34
山东	86	711	8.23	0.84	0.40
广东	137	1 707	12.42	1.10	0.54
海南	97	592	6.09	0.92	0.34
山西	63	624	9.84	1.85	0.46
吉林	176	2 731	15.51	3.83	0.57
黑龙江	116	726	6.27	0.70	0.33
安徽	49	625	12.77	1.41	0.47
江西	49	505	10.30	1.40	0.46
河南	64	389	6.10	0.73	0.35
湖北	147	706	4.80	0.65	0.29
湖南	108	1 118	10.32	2.27	0.48
内蒙古	139	484	3.48	0.43	0.22
广西	68	478	7.00	0.77	0.35
重庆	158	759	4.80	0.74	0.30
四川	71	479	6.78	0.88	0.35
贵州	50	220	4.45	0.61	0.29
云南	41	287	6.99	0.89	0.39
西藏	4	756	175.22	2.59	0.57
陕西	123	520	4.25	0.62	0.29
甘肃	50	418	8.35	0.81	0.39
青海	17	498	30.01	0.81	0.40
宁夏	87	436	5.02	0.59	0.33
新疆	56	509	9.11	0.76	0.37

附表 11 2006 年分地区小学大专及以上学历教师比例县际差异（%）

地 区	最低 20% 县	最高 20% 县	20% 差值	加权差异系数	基尼系数
合计	42.29	85.87	43.58	0.25	0.14
东部	48.45	88.07	39.62	0.21	0.12
中部	40.83	83.99	43.16	0.25	0.15
西部	39.69	83.95	44.26	0.25	0.14
北京	77.19	93.21	16.02	0.07	0.04
天津	66.20	88.01	21.81	0.10	0.05
河北	55.58	85.88	30.30	0.15	0.08
辽宁	42.01	89.16	47.15	0.30	0.17
上海	80.40	91.12	10.72	0.04	0.02
江苏	57.03	85.89	28.86	0.16	0.09
浙江	62.96	87.38	24.42	0.11	0.06
福建	41.44	78.02	36.58	0.21	0.12
山东	41.98	83.58	41.60	0.24	0.13
广东	52.64	90.19	37.55	0.20	0.11
海南	46.07	73.46	27.39	0.18	0.10
山西	40.91	84.06	43.15	0.24	0.14
吉林	64.92	90.29	25.37	0.11	0.06
黑龙江	49.23	88.55	39.32	0.20	0.12
安徽	38.68	73.68	35.00	0.23	0.13
江西	34.19	71.22	37.03	0.24	0.13
河南	41.40	83.23	41.83	0.24	0.13
湖北	44.37	83.56	39.19	0.22	0.12
湖南	42.50	80.41	37.91	0.22	0.12
内蒙古	51.42	85.89	34.47	0.19	0.11
广西	43.20	75.96	32.76	0.19	0.11
重庆	54.44	86.75	32.31	0.16	0.09
四川	49.84	85.10	35.26	0.19	0.11
贵州	26.43	73.47	47.04	0.36	0.20
云南	36.20	73.81	37.61	0.24	0.13
西藏	36.12	84.62	48.50	0.28	0.16
陕西	47.84	81.05	33.21	0.18	0.10
甘肃	32.65	79.12	46.47	0.30	0.17
青海	66.91	92.42	25.51	0.10	0.06
宁夏	47.34	82.09	34.75	0.19	0.11
新疆	41.05	89.97	48.92	0.27	0.15

附表 12　2006 年分地区初中生均预算内事业费县际差异（元）

地　区	最低 20% 县	最高 20% 县	20% 倍率	加权差异系数	基尼系数
合计	996	5 035	5. 05	0. 84	0. 32
东部	1 086	6 773	6. 23	0. 88	0. 37
中部	901	3 284	3. 65	0. 52	0. 25
西部	1 030	3 824	3. 71	0. 66	0. 23
北京	5 136	11 425	2. 22	0. 29	0. 14
天津	2 545	8 660	3. 40	0. 47	0. 25
河北	982	3 808	3. 88	0. 92	0. 26
辽宁	1 418	6 614	4. 66	1. 27	0. 31
上海	8 031	16 009	1. 99	0. 23	0. 11
江苏	1 201	5 729	4. 77	0. 62	0. 31
浙江	2 639	5 881	2. 23	0. 28	0. 15
福建	1 177	4 059	3. 45	0. 45	0. 22
山东	1 023	5 178	5. 06	0. 61	0. 32
广东	969	5 729	5. 91	0. 85	0. 38
海南	1 166	2 435	2. 09	0. 28	0. 16
山西	1 177	2 540	2. 16	0. 29	0. 16
吉林	1 330	4 248	3. 19	0. 43	0. 23
黑龙江	1 383	5 274	3. 81	0. 50	0. 26
安徽	804	2 385	2. 97	0. 39	0. 20
江西	991	2 066	2. 08	0. 26	0. 13
河南	752	2 383	3. 17	0. 46	0. 22
湖北	847	3 208	3. 79	0. 52	0. 26
湖南	1 259	3 175	2. 52	0. 45	0. 18
内蒙古	1 551	4 018	2. 59	0. 31	0. 16
广西	1 027	2 618	2. 55	0. 36	0. 19
重庆	1 148	2 720	2. 37	0. 31	0. 14
四川	952	3 071	3. 22	0. 50	0. 19
贵州	690	2 199	3. 19	0. 48	0. 22
云南	1 262	3 129	2. 48	0. 34	0. 18
西藏	1 668	6 134	3. 68	0. 90	0. 25
陕西	982	2 467	2. 51	0. 35	0. 18
甘肃	1 034	3 284	3. 18	0. 42	0. 20
青海	1 801	7 701	4. 28	0. 50	0. 19
宁夏	1 360	2 379	1. 75	0. 21	0. 11
新疆	1 517	7 042	4. 64	1. 16	0. 29

附表13　2006年分地区初中生均仪器设备值县际差异（元）

地　区	最低20%县	最高20%县	20%倍率	加权差异系数	基尼系数
合计	107	1 260	11.75	2.04	0.47
东部	170	1 837	10.79	1.86	0.47
中部	113	1 074	9.47	2.26	0.43
西部	73	600	8.22	0.69	0.34
北京	330	2 303	6.97	0.90	0.40
天津	108	1 150	10.61	0.71	0.35
河北	179	891	4.97	0.72	0.30
辽宁	229	1 366	5.96	0.65	0.32
上海	1 295	5 394	4.16	0.46	0.24
江苏	169	1 549	9.18	0.86	0.43
浙江	273	1 595	5.85	0.65	0.29
福建	95	2 486	26.29	7.26	0.63
山东	172	1 269	7.40	0.81	0.39
广东	188	2 062	10.95	1.09	0.50
海南	179	1 013	5.65	0.66	0.27
山西	95	846	8.91	0.88	0.41
吉林	176	1 316	7.47	0.91	0.41
黑龙江	164	1 132	6.90	0.77	0.35
安徽	74	533	7.19	0.83	0.37
江西	79	778	9.81	2.62	0.41
河南	136	566	4.16	0.55	0.27
湖北	186	2 265	12.18	3.37	0.51
湖南	197	1 110	5.62	1.14	0.34
内蒙古	103	768	7.43	0.71	0.34
广西	119	640	5.40	0.67	0.30
重庆	142	463	3.27	0.45	0.21
四川	72	566	7.85	0.70	0.32
贵州	113	441	3.89	0.54	0.27
云南	58	372	6.41	0.65	0.35
西藏	0	1 061	—	1.47	0.68
陕西	158	547	3.46	0.45	0.25
甘肃	59	465	7.90	0.77	0.35
青海	17	545	32.88	0.68	0.36
宁夏	184	743	4.03	0.54	0.30
新疆	42	879	21.08	0.91	0.46

附表 14　2006 年分地区初中本科及以上学历教师比例县际差异（%）

地　区	最低 20% 县	最高 20% 县	20% 差值	加权差异系数	基尼系数
合计	18. 83	73. 58	54. 75	0. 47	0. 27
东部	21. 09	79. 50	58. 41	0. 43	0. 25
中部	20. 27	69. 34	49. 07	0. 44	0. 24
西部	16. 38	67. 17	50. 79	0. 49	0. 27
北京	72. 35	90. 47	18. 12	0. 09	0. 05
天津	46. 22	79. 46	33. 24	0. 22	0. 12
河北	27. 09	72. 22	45. 13	0. 34	0. 19
辽宁	15. 77	79. 33	63. 56	0. 58	0. 33
上海	75. 42	89. 26	13. 84	0. 05	0. 03
江苏	27. 55	73. 01	45. 46	0. 36	0. 21
浙江	51. 57	84. 78	33. 21	0. 15	0. 09
福建	24. 97	72. 00	47. 03	0. 32	0. 18
山东	22. 65	72. 95	50. 30	0. 37	0. 21
广东	15. 28	78. 39	63. 11	0. 62	0. 34
海南	15. 54	73. 86	58. 32	0. 49	0. 27
山西	15. 44	64. 54	49. 10	0. 50	0. 28
吉林	43. 71	84. 19	40. 48	0. 23	0. 13
黑龙江	23. 32	71. 17	47. 85	0. 38	0. 22
安徽	25. 63	60. 04	34. 41	0. 30	0. 16
江西	20. 85	58. 22	37. 37	0. 36	0. 20
河南	16. 63	62. 44	45. 81	0. 47	0. 24
湖北	23. 40	75. 35	51. 95	0. 41	0. 22
湖南	21. 25	63. 89	42. 64	0. 39	0. 21
内蒙古	28. 66	65. 75	37. 09	0. 26	0. 15
广西	11. 51	57. 70	46. 19	0. 55	0. 28
重庆	32. 95	78. 60	45. 65	0. 29	0. 17
四川	20. 32	68. 99	48. 67	0. 44	0. 24
贵州	12. 68	46. 90	34. 22	0. 51	0. 27
云南	15. 09	62. 08	46. 99	0. 45	0. 25
西藏	38. 17	76. 24	38. 07	0. 22	0. 12
陕西	16. 60	55. 84	39. 24	0. 52	0. 26
甘肃	10. 69	53. 12	42. 43	0. 53	0. 28
青海	19. 27	55. 55	36. 28	0. 27	0. 15
宁夏	41. 90	81. 17	39. 27	0. 20	0. 11
新疆	23. 72	67. 74	44. 02	0. 37	0. 20

附表 15 2006 年分地区小学生均预算内事业费县际差异（元）

地 区	最低 20% 县	最高 20% 县	20% 倍率	差异系数
合计	859	3 187	3.71	0.73
东部	908	3 412	3.76	0.64
中部	786	2 660	3.38	0.66
西部	895	3 216	3.59	0.85
北京	4 723	8 154	1.73	0.21
天津	2 675	3 394	1.27	0.10
河北	1 053	2 469	2.35	0.34
辽宁	1 001	2 782	2.78	0.41
上海	7 039	9 757	1.39	0.13
江苏	1 344	4 038	3.01	0.42
浙江	2 285	3 954	1.73	0.27
福建	1 248	2 824	2.26	0.32
山东	796	2 563	3.22	0.46
广东	735	2 498	3.40	0.59
海南	1 030	2 243	2.18	0.32
山西	1 073	2 116	1.97	0.27
吉林	1 472	3 554	2.42	0.42
黑龙江	2 045	3 908	1.91	0.29
安徽	912	2 419	2.65	0.54
江西	822	1 705	2.07	0.31
河南	628	1 455	2.32	0.35
湖北	682	1 875	2.75	0.46
湖南	987	2 021	2.05	0.30
内蒙古	1 609	4 265	2.65	0.48
广西	913	2 630	2.88	0.53
重庆	867	1 610	1.86	0.32
四川	800	2 796	3.50	1.07
贵州	616	1 751	2.84	0.46
云南	1 078	2 538	2.35	0.43
西藏	2 000	3 808	1.90	0.34
陕西	1 040	2 720	2.62	0.44
甘肃	942	2 139	2.27	0.59
青海	1 476	4 198	2.84	0.53
宁夏	1 064	2 146	2.02	0.31
新疆	1 281	4 271	3.33	0.76

附表 16　2006 年分地区初中生均预算内事业费县际差异（元）

地　区	最低 20% 县	最高 20% 县	20% 倍率	差异系数
合计	969	3 623	3. 74	0. 98
东部	997	4 260	4. 27	0. 71
中部	880	2 665	3. 03	0. 62
西部	1 046	3 480	3. 33	1. 33
北京	6 880	12 975	1. 89	0. 30
天津	2 338	2 984	1. 28	0. 10
河北	941	2 812	2. 99	0. 50
辽宁	1 255	3 249	2. 59	0. 38
上海	8 337	11 439	1. 37	0. 13
江苏	1 066	4 388	4. 11	0. 63
浙江	2 564	5 115	2. 00	0. 25
福建	1 119	2 544	2. 27	0. 31
山东	896	3 692	4. 12	0. 56
广东	950	3 176	3. 34	0. 61
海南	1 124	2 087	1. 86	0. 25
山西	1 170	2 372	2. 03	0. 27
吉林	1 273	3 765	2. 96	0. 55
黑龙江	1 226	3 918	3. 20	0. 73
安徽	767	2 108	2. 75	0. 50
江西	985	1 845	1. 87	0. 41
河南	741	1 790	2. 42	0. 35
湖北	841	2 337	2. 78	0. 47
湖南	1 248	2 704	2. 17	0. 29
内蒙古	1 522	4 121	2. 71	0. 50
广西	1 031	2 402	2. 33	0. 39
重庆	1 114	1 816	1. 63	0. 26
四川	991	3 793	3. 83	2. 54
贵州	721	1 796	2. 49	0. 36
云南	1 217	2 955	2. 43	0. 42
西藏	1 622	4 626	2. 85	1. 35
陕西	979	2 460	2. 51	0. 48
甘肃	1 045	2 742	2. 62	0. 76
青海	1 691	7 576	4. 48	1. 37
宁夏	1 316	2 206	1. 68	0. 18
新疆	1 490	4 213	2. 83	0. 56

附表17 2006年分地区县级小学生均预算内事业费分档（%）

地 区	合 计	<1 000元	≥1 000元/<1 200元	≥1 200元/<1 500元	≥1 500元/<2 500元	≥2 500元
合计	100	12.19	9.98	17.46	36.12	24.25
东部	100	6.18	7.05	13.24	37.39	36.14
中部	100	18.07	12.91	20.46	34.16	14.40
西部	100	12.43	10.06	18.60	36.69	22.23
北京	100	0.00	0.00	0.00	5.26	94.74
天津	100	0.00	0.00	0.00	0.00	100.00
河北	100	4.02	7.04	18.09	56.78	14.07
辽宁	100	3.17	8.73	14.29	38.10	35.71
上海	100	0.00	0.00	0.00	0.00	100.00
江苏	100	0.00	0.84	10.08	32.77	56.30
浙江	100	0.00	0.00	0.00	15.69	84.31
福建	100	0.00	5.15	15.46	55.67	23.71
山东	100	14.12	11.18	15.29	36.47	22.94
广东	100	19.01	14.79	19.72	25.35	21.13
海南	100	4.35	8.70	8.70	78.26	0.00
山西	100	5.34	9.16	31.30	51.15	3.05
吉林	100	1.37	1.37	8.22	46.58	42.47
黑龙江	100	1.77	0.00	1.77	30.09	66.37
安徽	100	13.33	17.50	23.33	35.00	10.83
江西	100	17.74	25.81	26.61	29.84	0.00
河南	100	46.49	14.59	23.24	14.05	1.62
湖北	100	28.00	12.80	17.60	32.00	9.60
湖南	100	9.56	15.44	22.79	47.06	5.15
内蒙古	100	0.00	0.00	7.21	45.05	47.75
广西	100	13.04	7.83	19.13	46.96	13.04
重庆	100	20.93	23.26	30.23	18.60	6.98
四川	100	29.53	19.17	17.10	22.80	11.40
贵州	100	32.65	15.31	26.53	23.47	2.04
云南	100	4.96	6.38	23.40	55.32	9.93
西藏	100	0.00	0.00	0.00	35.37	64.63
陕西	100	7.63	11.86	28.81	39.83	11.86
甘肃	100	14.14	18.18	23.23	34.34	10.10
青海	100	2.00	0.00	6.00	42.00	50.00
宁夏	100	3.85	15.38	34.62	38.46	7.69
新疆	100	1.87	2.80	14.95	33.64	46.73

附表18　2006年分地区县级小学生均仪器设备值分档（%）

地　区	合　计	<100元	≥100元/<200元	≥200元/<300元	≥300元/<500元	≥500元
合计	100	16.55	28.73	19.88	18.97	15.87
东部	100	5.32	17.83	19.40	26.28	31.18
中部	100	17.92	33.37	19.88	17.82	11.02
西部	100	24.89	33.98	20.30	13.77	7.06
北京	100	0.00	0.00	11.11	5.56	83.33
天津	100	0.00	10.00	5.00	15.00	70.00
河北	100	2.14	17.11	23.53	37.97	19.25
辽宁	100	10.66	8.20	24.59	33.61	22.95
上海	100	0.00	0.00	0.00	5.00	95.00
江苏	100	1.89	14.15	16.98	16.04	50.94
浙江	100	5.05	6.06	7.07	38.38	43.43
福建	100	4.65	26.74	24.42	31.40	12.79
山东	100	11.43	30.71	21.43	19.29	17.14
广东	100	3.60	22.30	17.99	17.27	38.85
海南	100	9.09	40.91	36.36	9.09	4.55
山西	100	22.83	40.16	19.69	11.81	5.51
吉林	100	0.00	12.16	25.68	29.73	32.43
黑龙江	100	8.03	23.36	23.36	31.39	13.87
安徽	100	33.33	29.63	16.67	14.81	5.56
江西	100	39.52	37.10	6.45	9.68	7.26
河南	100	25.16	42.77	16.98	11.32	3.77
湖北	100	2.50	30.00	25.83	20.83	20.83
湖南	100	4.92	40.98	27.05	18.03	9.02
内蒙古	100	3.96	28.71	36.63	21.78	8.91
广西	100	22.22	38.46	16.24	14.53	8.55
重庆	100	0.00	22.50	42.50	20.00	15.00
四川	100	20.62	36.08	21.65	15.98	5.67
贵州	100	48.31	42.70	6.74	2.25	0.00
云南	100	42.64	41.86	11.63	3.10	0.78
西藏	100	37.18	20.51	8.97	16.67	16.67
陕西	100	5.50	33.94	33.03	19.27	8.26
甘肃	100	33.33	33.33	16.09	10.34	6.90
青海	100	39.13	28.26	15.22	10.87	6.52
宁夏	100	13.64	27.27	22.73	36.36	0.00
新疆	100	23.97	32.23	20.66	13.22	9.92

附表 19 2006 年分地区县级小学大专及以上学历教师比例分档（%）

地 区	合 计	<40	≥40/<60	≥60/<80	≥80
合计	100	6.11	32.06	42.57	19.26
东部	100	2.82	23.25	47.13	26.80
中部	100	7.42	37.90	39.03	15.65
西部	100	7.77	34.51	41.75	15.98
北京	100	0.00	0.00	22.22	77.78
天津	100	0.00	0.00	75.00	25.00
河北	100	0.00	15.51	60.96	23.53
辽宁	100	6.56	27.05	37.70	28.69
上海	100	0.00	0.00	10.00	90.00
江苏	100	0.00	14.15	50.94	34.91
浙江	100	0.00	5.05	63.64	31.31
福建	100	9.30	54.65	29.07	6.98
山东	100	7.86	36.43	40.00	15.71
广东	100	0.00	21.58	46.76	31.65
海南	100	0.00	59.09	36.36	4.55
山西	100	7.09	34.65	42.52	15.75
吉林	100	0.00	2.70	56.76	40.54
黑龙江	100	2.92	14.60	52.55	29.93
安徽	100	10.19	55.56	31.48	2.78
江西	100	20.16	57.26	18.55	4.03
河南	100	6.92	44.65	36.48	11.95
湖北	100	4.17	34.17	44.17	17.50
湖南	100	5.74	48.36	35.25	10.66
内蒙古	100	0.99	22.77	49.50	26.73
广西	100	5.13	48.72	39.32	6.84
重庆	100	0.00	20.00	50.00	30.00
四川	100	1.03	31.44	51.55	15.98
贵州	100	21.35	50.56	22.47	5.62
云南	100	12.40	45.74	39.53	2.33
西藏	100	12.82	41.03	30.77	15.38
陕西	100	0.00	46.79	43.12	10.09
甘肃	100	29.89	29.89	32.18	8.05
青海	100	0.00	2.17	50.00	47.83
宁夏	100	0.00	27.27	59.09	13.64
新疆	100	6.61	18.18	42.15	33.06

附表 20　2006 年分地区县级小学生均预算内事业费分档（%）

地　区	合　计	<1 000 元	≥1 000 元/<1 200 元	≥2 000 元/<1 500 元	≥1 500 元/<2 500 元	≥2 500 元
合计	100	17. 66	16. 38	21. 51	23. 38	21. 08
东部	100	12. 95	11. 88	15. 00	23. 56	36. 61
中部	100	22. 81	20. 30	25. 43	20. 60	10. 85
西部	100	17. 41	16. 99	23. 85	25. 52	16. 23
北京	100	0. 00	0. 00	0. 00	0. 00	100. 00
天津	100	0. 00	0. 00	0. 00	22. 22	77. 78
河北	100	23. 74	19. 19	19. 70	22. 22	15. 15
辽宁	100	3. 45	6. 03	18. 10	33. 62	38. 79
上海	100	0. 00	0. 00	0. 00	0. 00	100. 00
江苏	100	6. 09	13. 04	10. 43	30. 43	40. 00
浙江	100	0. 00	0. 00	0. 00	16. 67	83. 33
福建	100	11. 46	13. 54	32. 29	23. 96	18. 75
山东	100	16. 28	11. 63	11. 63	23. 26	37. 21
广东	100	22. 45	16. 33	17. 01	21. 09	23. 13
海南	100	12. 50	20. 83	25. 00	37. 50	4. 17
山西	100	10. 00	26. 15	35. 38	25. 38	3. 08
吉林	100	5. 63	11. 27	19. 72	28. 17	35. 21
黑龙江	100	4. 55	3. 64	14. 55	36. 36	40. 91
安徽	100	34. 75	25. 42	20. 34	16. 10	3. 39
江西	100	28. 46	31. 71	28. 46	8. 13	3. 25
河南	100	43. 33	17. 78	27. 78	8. 89	2. 22
湖北	100	31. 20	21. 60	15. 20	22. 40	9. 60
湖南	100	8. 70	20. 29	35. 51	28. 26	7. 25
内蒙古	100	3. 54	6. 19	23. 01	38. 05	29. 20
广西	100	23. 97	16. 53	29. 75	25. 62	4. 13
重庆	100	13. 95	37. 21	27. 91	11. 63	9. 30
四川	100	31. 68	22. 77	21. 29	12. 87	11. 39
贵州	100	46. 94	22. 45	18. 37	10. 20	2. 04
云南	100	6. 99	16. 08	35. 66	29. 37	11. 89
西藏	100	5. 13	2. 56	8. 97	38. 46	44. 87
陕西	100	19. 83	24. 14	31. 90	21. 55	2. 59
甘肃	100	19. 79	26. 04	17. 71	20. 83	15. 63
青海	100	0. 00	6. 12	8. 16	32. 65	53. 06
宁夏	100	0. 00	15. 38	46. 15	34. 62	3. 85
新疆	100	2. 73	6. 36	20. 00	43. 64	27. 27

附表 21 2006 年分地区县级初中生均仪器设备值分档（%）

地 区	合 计	<100 元	≥100 元/<200 元	≥200 元/<300 元	≥300 元/<500 元	≥500 元
合计	100	28.88	20.48	14.57	16.37	19.70
东部	100	13.64	14.48	13.01	20.67	38.20
中部	100	27.81	24.30	15.86	17.20	14.83
西部	100	42.57	22.25	14.78	12.05	8.36
北京	100	5.56	5.56	0.00	16.67	72.22
天津	100	15.00	10.00	10.00	20.00	45.00
河北	100	13.30	15.96	18.09	29.79	22.87
辽宁	100	9.32	7.63	15.25	25.42	42.37
上海	100	0.00	0.00	0.00	0.00	100.00
江苏	100	14.56	10.68	8.74	19.42	46.60
浙江	100	5.00	9.00	5.00	18.00	63.00
福建	100	38.37	22.09	12.79	9.30	17.44
山东	100	13.57	15.00	13.57	22.86	35.00
广东	100	10.14	21.74	14.49	17.39	36.23
海南	100	18.18	27.27	27.27	9.09	18.18
山西	100	33.59	23.44	17.97	14.06	10.94
吉林	100	15.07	26.03	9.59	17.81	31.51
黑龙江	100	14.71	20.59	16.18	24.26	24.26
安徽	100	52.29	21.10	12.84	9.17	4.59
江西	100	48.78	21.95	8.94	13.01	7.32
河南	100	30.82	30.19	16.35	17.61	5.03
湖北	100	14.88	30.58	10.74	18.18	25.62
湖南	100	9.84	19.67	31.15	22.13	17.21
内蒙古	100	31.68	12.87	16.83	26.73	11.88
广西	100	29.41	32.77	14.29	14.29	9.24
重庆	100	25.00	37.50	27.50	5.00	5.00
四川	100	45.23	25.63	14.57	7.54	7.04
贵州	100	47.19	28.09	14.61	7.87	2.25
云南	100	62.79	20.93	10.08	6.20	0.00
西藏	100	58.67	5.33	6.67	14.67	14.67
陕西	100	20.18	30.28	21.10	22.02	6.42
甘肃	100	60.92	17.24	12.64	5.75	3.45
青海	100	55.81	11.63	11.63	13.95	6.98
宁夏	100	13.64	27.27	22.73	13.64	22.73
新疆	100	38.71	16.13	15.32	9.68	20.16

附表 22　2006 年分地区县级初中本科及以上学历教师比例分档（%）

地　区	合　计	<30	≥30/<40	≥40/<50	≥50
合计	100	31.48	18.92	15.50	34.09
东部	100	21.17	13.73	14.78	50.31
中部	100	31.93	22.66	15.65	29.76
西部	100	39.74	20.09	15.96	24.21
北京	100	0.00	0.00	0.00	100.00
天津	100	0.00	5.00	10.00	85.00
河北	100	15.34	23.28	23.81	37.57
辽宁	100	33.90	14.41	6.78	44.92
上海	100	0.00	0.00	5.00	95.00
江苏	100	13.59	10.68	17.48	58.25
浙江	100	0.00	2.00	5.00	93.00
福建	100	17.44	11.63	31.40	39.53
山东	100	21.43	17.86	17.86	42.86
广东	100	47.10	12.32	5.80	34.78
海南	100	40.91	18.18	9.09	31.82
山西	100	47.66	18.75	10.94	22.66
吉林	100	1.37	2.74	15.07	80.82
黑龙江	100	22.79	19.85	16.91	40.44
安徽	100	16.51	36.70	29.36	17.43
江西	100	33.33	31.71	17.07	17.89
河南	100	57.23	13.84	9.43	19.50
湖北	100	23.14	25.62	9.92	41.32
湖南	100	31.97	28.69	19.67	19.67
内蒙古	100	11.88	23.76	31.68	32.67
广西	100	66.67	17.50	3.33	12.50
重庆	100	5.00	20.00	22.50	52.50
四川	100	33.00	27.00	18.00	22.00
贵州	100	73.03	11.24	11.24	4.49
云南	100	34.88	23.26	18.60	23.26
西藏	100	1.32	11.84	25.00	61.84
陕西	100	62.39	20.18	10.09	7.34
甘肃	100	66.67	16.09	4.60	12.64
青海	100	39.53	16.28	25.58	18.60
宁夏	100	0.00	9.09	9.09	81.82
新疆	100	31.45	22.58	16.13	29.84

参考文献

中文文献

[1] 柴葳. 坚持以科学发展观统领教育事业改革发展　这五年，教育发展又好又快 [N]. 中国教育报，2008-03-04 (2).

[2] 陈晓东. 宁夏将实行城乡教师统一工资制度 长期在农村任教可获生活交通等补贴 [N]. 中国教育报，2007-09-18 (1).

[3] 重庆市信息中心. 重庆统筹城乡教育发展的主要做法及成效 [EB/OL]. (2008-06-16) [2009-06-12]. http://www.moe.edu.cn/edoas/website18/00/info1213586972877400.htm.

[4] 董城，杜弋鹏. 每年新增教育经费的70%将用于农村 [EB/OL]. (2007-08-22) [2008-04-13]. http://nc.people.com.cn/GB/61156/61901/6152685.html.

[5] 方烨，马会. 专家：改善民生时不我待　六大领域有望突破[N]. 经济参考报，2007-11-09 (7).

[6] 马晓丹. 贵州省下拨农村义务教育公用经费7.59亿 [N]. 中国教育报，2008-04-20 (2).

[7] 郭炳德. 加大投入增强农村义务教育保障能力 [N]. 中国教育报，2006-06-16 (1).

[8] 国家西部地区“两基”攻坚领导小组办公室. 民生之本　强国之基：西部地区“两基”攻坚报告 [M]. 北京：人民教育出版社，2008.

[9] 国家西部地区“两基”攻坚领导小组办公室编. 国家西部地区“两基”攻坚知识问答 [M]. 北京：人民教育出版社：2004.

[10] 国务院法制办公室. 中华人民共和国义务教育法（最新修订版）[M]. 北京：中国法制出版社，2006.

[11] 郝文婷. 内蒙古今年教育支出预算增长 67.9%，新增 1.7 亿元补助 14.3 万名蒙语授课寄宿学生 [J]. 中国教育报，2008-02-14（1）.

[12] 胡锦涛. 高举中国特色社会主义伟大旗帜 为夺取全面建设小康社会新胜利而奋斗——在中国共产党第十七次全国代表大会上的报告[M]. 北京：人民出版社，2007.

[13] 江苏省妇联. 江苏出台全国首家省级关爱农村留守儿童实施意见 [EB/OL].（2006-10-23）. http://www.women.org.cn/allnews/06/4420.html.

[14] 李帆. 破解"软件均衡"的难题——四川省成都市武侯区城乡学校"捆绑"发展纪实 [J]. 人民教育，2007（1）：12-19.

[15] 李伦娥. 湖南今年起新设地方教育费附加"十一五"末教育经费可增加 425 亿元 [EB/OL].（2008-05-21）[2010-07-13]. http://edu.people.com.cn/GB/7042281.html.

[16] 林芹. 福建改造 3 760 所学校危房 危改工程成绩显著 [EB/OL].（2007-11-06）[2008-05-12]. http://news.fznews.com.cn/dsxw/2007-11-6/200711682N-2P8dYY161454.shtml.

[17] 刘华，王英诚. 人满为患 VS 门可罗雀：中小学教育资源失衡之痛 [EB/OL]. [2005-09-26]. http://news.xinhuanet.com/focus/2005-09/26/content_3543761_1.htm.

[18] 全国农村中小学现代远程教育办公室. 架起通向未来的桥梁——中国农村中小学现代远程教育工程 [M]. 北京：人民教育出版社，2008.

[19] 十届全国人大二次会议秘书处. 中华人民共和国宪法 [M]. 北京：中国民主法制出版社，2004.

[20] 王友文. 教育优先发展战略地位不断得到加强和落实 [N]. 中国教育报，2008-03-05（2）.

[21] 吴铎思. 厦门：降低入学门槛 让农民工子女都能上公办校 [EB/OL].（2007-11-15）[2010-06-12]. http://www.chinanews.com.cn/edu/zcdt/news/2007/11-15/1078053.shtml.

[22] 杨东平. 教育蓝皮书：深入推进教育公平：2008 [EB/OL].（2008-05-06）[2010-06-12]. http://www.china.com.cn/info/zhuanti/08jylps/node_7044087.htm.

[23] 郑玉清. 当代美国联邦政府教育平等政策的发展及其启示 [J]. 世界教育信息，2007（7）.

[24] 中国发展门户网．江西省 5 大模式实施“留守儿童关爱工程”[EB/OL]．(2006－10－18) [2010－07－12]．http：//cn. chinagate. cn/population/2006－10/18/content_ 2357881. htm.

[25] 中华人民共和国教育法 [M]．北京：中国法制出版社，2001.

责任编辑　刘　灿　王利华
版式设计　沈晓萌
责任校对　曲凤玲
责任印制　曲凤玲

图书在版编目（CIP）数据

中国义务教育公平推进实证研究／张珏，张振助编著．—北京：教育科学出版社，2011.4
（中央教育科学研究所2008年度科研业务费专项资金项目成果丛书／袁振国主编）
ISBN 978－7－5041－4892－6

Ⅰ．①中…　Ⅱ．①张…　②张…　Ⅲ．①义务教育－研究－中国
Ⅳ．①G522.3

中国版本图书馆CIP数据核字（2010）第005572号

出版发行	教育科学出版社		
社　址	北京·朝阳区安慧北里安园甲9号	市场部电话	010－64989009
邮　编	100101	编辑部电话	010－64981245
传　真	010－64891796	网　址	http://www.esph.com.cn
经　销	各地新华书店		
制　作	北京金奥都图文制作中心		
印　刷	北京人卫印刷厂	版　次	2011年4月第1版
开　本	169毫米×239毫米　16开	印　次	2011年4月第1次印刷
印　张	19.75	印　数	1－3 000册
字　数	332千	定　价	40.00元